KB005061

플랫폼이 콘텐츠다

STREAMING, SHARING, STEALING
: Big Data and the Future of Entertainment by Michael D. Smith, Rahul Telang

Copyright © 2016 Massachusetts Institute of Technology
All rights reserved.
This Korean edition was published by ECON Publishers, Inc. in 2018 by arrangement
with Michael D. Smith and Rahul Telang c/o ICM/Sagalyn through KCC(Korea Copyright
Center Inc.), Seoul.

이 책은 (주)한국저작권센터(KCC)를 통한 저작권자와의 독점계약으로 이콘출판(주)에서 출간되었습니다.
저작권법에 의해 한국 내에서 보호를 받는 저작물이므로 무단전재와 복제를 금합니다.

플랫폼이 콘텐츠다

마이클 스미스, 라훌 텔랑 지음
임재완 김형진 옮김
조대곤 감수

Streaming Sharing Stealing

: Big Data and the Future of Entertainment

가장 소중한 친구이자 사랑하는 아내,
론다 스미스에게
_마이클

삶을 기쁨으로 채워주는 아들 소믹과 시범
그리고 사랑하는 아시위니에게
_라훌

✎   크리스 앤더슨의 롱테일 전략에 아니타 앨버스의 블록버스터 전략을 섞는다. 콘텐츠 플랫폼에서 고객 데이터를 가져다가 분석한 뒤 고객별 취향 필터로 걸러낸다. 개별 고객들이 원하는 시간, 원하는 장소, 원하는 스크린에 담아, 원하는 가격으로 서빙한다.

21세기 엔터산업에서 미슐랭 가이드 별 3개를 받고 싶은가? 본서의 레시피를 정독하기 바람!

김영걸 (KAIST 글로벌리더십 센터장, KAIST 발전재단 상임이사)

✎   엔터테인먼트 업계에서 데이터는 더 이상 참고 자료가 아니다. 성공 확률을 높이기 위해 반드시 필요한 의사결정의 수단이다. 이 책은 이미 다가온 미래 엔터테인먼트 산업에서 데이터가 얼마나 중요한 역할을 하고있는지에 대해 말해주고 있다.

김진우 (가온차트 수석연구위원)

✎   본서는 엔터테인먼트 산업에서 콘텐츠와 플랫폼 사이의 팽팽한 긴장관계에 관한 깊이있는 분석과 인사이트를 제시하고 있다. 그리고 그 기저에 중요한 '데이터'의 역할에 대해서 자세히 설명하고 있다. 다

른 어떤 산업보다 많은 데이터를 갖고 있는 곳은 엔터테인먼트 산업이다. 제작과정에서 발생하는 데이터, 사용자들의 행동 데이터, 광고관련 데이터, 심지어는 검색량의 60~90%가 셀럽에 대한 검색어일 만큼 다양한 데이터가 방대하게 존재하고 있지만 이에 대한 활용도는 낮은 실정이다. 지금까지 엔터테인먼트 산업에서 중요하게 생각되던 것은 콘텐츠였기 때문인 이유도 있지만, 방대하고 다양한 데이터를 어떻게 활용해야 하는지에 대한 방향을 잡지 못하고 있는 것이 더 큰 문제이다. 본서는 과거 엔터테인먼트 산업의 여러 사례들과 예리한 데이터 분석을 통해 이에 대한 가이드를 제시하고 있다. 여기에 더해 역자가 제시하고 있는 국내 콘텐츠사의 플랫폼 대응 전략은 관련 산업 종사자에게 도움이 될 시사점을 제시하고 있다.

도준웅, 마이셀럽스 설립자, 한국 1호 CDO (최고디지털책임자 CJ그룹)

전통적인 인쇄 책자에서부터 킨들과 같은 전자책으로, TV 방송에서 유튜브나 넷플릭스와 같은 인터넷 기반 VOD로, 디지털 정보통신기술의 발전은 전통적인 미디어에 기초한 엔터테인먼트 산업을 송두리째 변화시키고 있는 것으로 보인다. 신기술의 등장과 정착은 엔터테인먼트 산업 전반에 다양한 질문을 제기한다. 블록버스터 전략이 적절한가, 롱테일 법칙을 전제하는 것이 적절한가? 불법복제는 얼마나 매출을 줄이는가? 아니, 혹시 오히려 매출을 늘리는 효과가 있는 것은 아닌가? 그리고, 과거에는 존재하지 않았던 각종 시장자료와 소비패턴에 관한 정보를 활용하는 방법은 없을까? 이 책은 엔터테인먼트 산업의 디지털 혁명이 진행되고 있는 현장인 미국에서의 생생한 정보를 토대로 많은 이슈들에 대한 비전을 제시하고 있다. 오늘날 엔터테인먼트 산업이 나아가는 방향을 이해하기 위해서는 꼭 읽어보아야 할 책이다.

박병호 (KAIST 정보미디어 연구센터장)

🚫 『Streaming, Sharing, Stealing』 원서 제목이 눈길을 끌었다. 한 챕터를 읽고 빠져들었다.

마지막 장까지 기대를 저버리지 않았다. 번역을 하고싶은 마음이 차올랐다. 더 발빠른 사람들이 있었다. 저자들의 카네기멜론 대학 제자인 카이스트 경영대학의 조대곤 교수와 그의 제자들이 번역을 해냈다. 방송과 영화, 음악 산업에 데이터가 왜 중요하냐고 어떻게 활용하느냐고 묻는 사람을 위한 책이다. 엔터테인먼트 산업계 공룡들의 몰락과 뉴 골리앗의 등장을 구체적인 스토리텔링으로 풀어간다. 테크놀로지가 미친 영향을 수많은 학술연구를 통해 뒷받침한다. 이제 미디어산업분석의 바이블은 단연코 이 책이다. 저자들의 통찰력과 분석력에 경의를 표한다. 성실하고 진지한 역자들의 공헌에 감사할 따름이다.

정재민 (KAIST 정보미디어 경영대학원장)

🚫 지난 수년간 게임 업계에서 플랫폼의 변화와 함께 일어난 지각 변동을 체험하고, 또 지난 2년은 미국에서 사업을 하며 미국과 유럽의 음악 산업을 가까이서 관찰한 나에게 이 책은 그동안 궁금해하고 알고 싶었던 모든 것을 명쾌하게 설명해주었다. '하우스 오브 카드'로 상징되는 넷플릭스의 컨텐츠 전략으로 시작하며 음악 업계에서 지난 수십년간 일어난 변화, 그리고 불법 복제의 경제학을 학문적으로, 그러면서도

실질적으로 다루고 있어 그 내용에 빠져들게 만든다.

　　결국 우리가 주목해야 하는 것은 '힘의 이동'이다. 힘의 이동이 일어날 때마다 부의 이동이 일어나고, 이를 먼저 보고 그 물결을 타는 사람들은 기회와 부, 그리고 더 나아가 행복을 잡는다. 지금은 그 어느때보다도 다양한 곳에서, 그리고 더 큰 크기로 힘의 이동이 일어나고 있다. 오늘날 아마존이 승승장구하고, 넷플릭스가 안타에 이어 또 안타를 치는 것은 결코 우연이 아니다. 그 뒤에는 힘의 이동을 볼 줄 아는 경영자와, 또 이를 기꺼이 실험하도록 허용하는 회사의 문화와 철학이 있다. 굳이 엔터테인먼트 업계에 일하는 사람이 아니더라도, 이 책이 그러한 힘의 이동을 바라보는 시각을, 쉽게, 그러면서도 상세하게 알려줄 것이다.

조성문 (실리콘밸리 BigBrainLab, Inc. 대표, 『스핀 잇』 저자)

✎　과거 엔터테인먼트 산업의 성공과 실패 사례를 통해 현재 급변하는 시장 속, 플랫폼과 콘텐츠가 나아가야 할 방향을 제시 하고 있다. 출판, 음악, 영화 등 콘텐츠 산업에 종사하는 사람들이라면, 디지털 시대로 오면서 변화된 산업의 흐름을 한번에 볼 수 있고, 향후 데이터를 왜 활용해야 하는지, 마케팅은 어떻게 해야 하는지에 대한 도움이 될 수 있을 것이다. 엔터테인먼트 사업의 미래에 대한 고민이 있거나, 창업을 준비 중인 사람은 사고의 포인트를 어디에 두어야 하는지 도움이 될 것이다.

차세리 (카카오게임즈 마케팅 실장)

이 책은 UCC, 롱테일 시장, 불법 복제 등의 디지털 기술이 몰고 온 거대한 폭풍이 글로벌 엔터테인먼트 산업을 어떻게 바꾸고 있는지를 보여주고 있습니다. 디지털 기술의 발전으로 인해 기존의 콘텐츠 회사들이 쥐고 있던 시장 주도권은 이제 고객 데이터를 소유한 플랫폼 회사들로 이동하고 있습니다.

한국의 엔터테인먼트 시장은 우리가 본 서에서 제안한 내용들을 적용하기에 완벽한 환경을 지니고 있습니다. 기술을 리드하고 있을 뿐만 아니라 오랜 기간에 걸쳐 엔터테인먼트 시장이 활발하게 형성되어 왔습니다. CJ E&M과 넷플릭스를 포함한 여러 국내외 회사들이 수많은 영화를 제작해 왔습니다. 이러한 이유로 한국의 엔터테인먼트 회사들은 미국 엔터테인먼트 회사들이 직면한 도전에 동일한 위협을 느낄 수밖에 없습니다. 미국의 경우, 기존 사업방식은 이미 한계에 직면했고 새로운 형태의 시장 진입자로부터 급작스러운 공격을 받고 있습니다.

우리는 지난 10년간 글로벌 엔터테인먼트 산업에 대해 실증적 연구를 진행했고 우리가 새롭게 발견한 지식들을 공유하기 위해 본서를 집필하였습니다. 우리의 목적은 이 책을 읽는 독자들과 그들이 속한 회사가 이러한 변화에 성공적으로 적응할 수 있게 돕는 데 있습니다. 효과적인 플랫폼을 개발하고, 고객 데이터를 확보하여 실제 비즈니스에 적용할 수 있는 방법을 제안할 것이며, 기술적 발전으로 인한 도전과 신생 기업에 효과적으로 대응하는 전략도 보여드릴 것입니다.

전세계적으로 엔터테인먼트 산업에서 빠르고 파괴적인 변화가 일어나고 있음은 부정할 수 없는 사실입니다. 많은 산업 분석가들은 이러한 변화로 기존의 엔터테인먼트 회사들이 사라질 것이라고 주장하고 있습니다. 그러나 우리는 이들의 밝은 미래를 예견하고자 합니다. 이들이 지금까지 항상 해왔던 것처럼 '새로운 시장 기회에 따르는 위험을 과감하게 감수하고, 신인 발굴에 의욕적으로 투자하며, 아티스트와 관객들을 이어주는 창의적인 방법들을 찾아 산업의 큰 그림을 그리고 이를 현실로 만드는 것'에 엔터테인먼트 산업에서의 성공 요소가 존재하기 때문입니다.

한국의 엔터테인먼트 산업도 마찬가지입니다. 우리는 독자들이 이 책을 통해 디지털 시대를 위한 창의적인 글로벌 비즈니스 전략을 찾는데 도움이 되기를 희망합니다. 감사합니다.

라훌 텔랑, 마이클 스미스

어렸을 때 무엇이 남자다운가에 대해 들은 적이 있다.
이제 그 나이가 됐고 나는 내가 할 수 있는 모든 것을 해보려고 노력했다.
그런데 내가 어떤 노력을 하든 예전의 나로 돌아가는 느낌을 받았다.

레드 제플린,
〈Good Times, Bad Times〉 중에서

I. 흥망성쇠

1
하우스 오브 카드

새끼 고양이는 모두 자라서 어른 고양이가 된다. 접시의 우유를 조용히 할짝거리는 작고 얌전한 새끼 고양이들은 처음엔 전혀 위협적이지 않다. 하지만 일단 발톱이 자라고 나면 평소 먹이를 주던 주인의 손마저 할퀴어 피가 나게 할 수도 있다.
프랭크 언더우드, 넷플릭스 오리지널 시리즈 〈하우스 오브 카드House of Cards〉 중에서

오늘날 음악, 영화, 출판 등 엔터테인먼트 산업들은 최고의 시절과 최악의 시절을 함께 맞고 있다. 새로운 기술들 덕분에 자비 출판 작가, 인디 뮤지션 등 지금까지 소외받았던 크리에이터들은 창작활동과 마케팅에 필요한 강력한 수단을 갖게 되었고, 소비자들 역시 다양한 좋은 작품들을 즐길 수 있는 기회를 얻게 되었다. 이러한 변화들로 인해 엔터테인먼트 산업의 새로운 황금시대를 열고 있다. 그러나 이러한 새로운 기술은 콘텐츠 제작과 소비자들에게 큰 영향력을 행사해왔던 기업들의 힘을 약화시키고 있으며, 기존에 잘 작동해왔던 사업 모델과 새로운 사업 모델 사이에서 균형을 찾으려는 경영자들의 결정을 어렵게

만들고 있다. 이러한 변화를 맞닥뜨린 많은 회사들이 오히려 시장에서 주도권을 상실하며 어려움을 겪고 있다.

시장에서의 힘의 축이 이동한 가장 단적인 사례가 바로 넷플릭스의 자체 콘텐츠 제작이다. 기술이 엔터테인먼트 산업 시장의 판도를 바꿔나가는 모습을 다양한 방식으로 보여주고 있는 넷플릭스의 사례는 매우 흥미로워 보인다.

이 이야기는 미디어 라이츠 캐피털Media Rights Capital, MRC의 공동 창업자인 모데카이 위직Mordecai Wiczyk과 아시프 사추Asif Satchu가 〈하우스 오브 카드〉라는 새로운 TV 시리즈의 방영권을 따내려 여러 대형 방송사를 돌던 2011년 2월에 시작된다. 영국 BBC 방송에서 방영된 같은 이름의 미니 시리즈에서 모티프를 얻은 이 정치 드라마는 업계 주요 관계자들의 주목을 끌었다. 그중에는 영화감독 데이비드 핀처David Fincher, 아카데미 시상식 후보에 오른 적이 있는 작가 뷰 윌리몬Beau Willimon, 아카데미 남우주연상 수상에 빛나는 배우 케빈 스페이시Kevin Spacey 등이 있었다. 당시 HBO, Showtime, AMC 등 주요 영화 관련 케이블 채널들과 편성을 협의하던 위직과 사추는 텔레비전 방영 이후 온라인 스트리밍 서비스를 목적으로 넷플릭스와 협의하기 시작했다.[1]

방송사들과 협상하는 과정에서, MRC는 오직 이 드라마의 파일럿 에피소드와 전체적인 스토리 라인에만 포커스를 맞추었다. 이런 미팅들은 대개가 파일럿 제작을 위한 투자를 받는 것이 목적이다. 대형 방송사가 보유한 강력한 권한인 편성 기회를 놓고, 양질의 콘텐츠로 무장한 다수의 제작사들이 경쟁하는 것이다. '샷shot'이라 불리는 이 절차는, 업계의 오랜 전통이자 관행이었다. 폭스 네트워크Fox Network의 엔터테인먼트 사업 대표였던 케빈 레일리^{Kevin Reilly}는 이렇게 말한 바 있다. "우린 일종의 독점 사업자입니다. 텔레비전에서 뭔가를 방영하고 싶다면 당연히 가장 먼저 대형 방송사를 찾아가야 합니다."[2]

파일럿 에피소드의 시청률은 방송사가 향후 이 드라마를 본격적으로 편성할 때 성공을 가늠하는 기준이 된다. 30분 혹은 60분의 파일럿 에피소드가 방영되는 동안, 작가는 이 드라마의 캐릭터와 구성, 앞으로 전개될 전체적인 스토리 라인을 보여주어야 한다. 이 작업은 최적의 조건에서도 어려운 작업인데, 〈하우스 오브 카드〉의 경우는 특히 더 어려웠다. 2013년, 케빈 스페이시는 "우리는 꽤나 시간이 걸리는 이야기를 들려주고자 한다. 스토리는 복잡하고 다층적이며, 출연진들의 캐릭터는 복합적이라 시간이 지나야 진정한 모습이 드러나고, 등장인물 간의 관계 정립도 극이 어느 정도 전개되어야 가능하다"고 말하기도 했다.

파일럿이 긍정적 반응을 얻어 투자를 받더라도 제작자들에게는 어떠한 보장도 없으며, 주도권은 여전히 방송사에 있다. 의사 결정 과정에서 파일럿 프로그램이 유망하다고 판단, 투자를 결정하면, 방송사는 일단 6~12개 회차의 에피소드를 제작해줄 것을 제작사에 요청하지만 이런 경우는 흔치 않다. 대개의 경우 방송사는 파일럿 프로그램에 부정적 평가를 내리고, 제작사는 새로운 기획을 시작한다.

방송사 입장에서 파일럿 프로그램의 방영은 시청자들의 호응 정도를 미리 알아볼 수 있는 기회이지만, 재정적으로는 여전히 부담스러운 방법이다. 파일럿 한 편을 제작하는 데는 보통 5백만~6백만 달러(한화 약 57~68억원)[3]가 든다. 때로는 실제 편성으로 이어지지 못하는

파일럿 제작에 800만 달러(한화 약 91억원)가 들기도 한다.[4]

넷플릭스 경영진을 만나기 전까지 MRC의 위직과 사츄는 〈하우스 오브 카드〉에 대해 기존 방송사들로부터 엇갈린 답변을 들었다. 드라마의 콘셉트나 제작진의 역량에 대해서는 긍정적이었으나, 파일럿 제작에 선뜻 투자하겠다고 나서는 방송사가 없었다. 아무래도 〈웨스트 윙〉(2006)의 실패 이후 정치 드라마는 성공하지 못할 거라는 엔터테인먼트 업계의 고정관념 때문인 것 같았다.[5]

그러나 넷플릭스는 달랐다. 넷플릭스에서 콘텐츠 전략을 총괄하는 테드 사란도스Ted Sarandos는 기존 방송사 관계자들과는 달리 〈하우스 오브 카드〉의 이야기 구조나 드라마 콘셉트를 평가하는 데 큰 관심이 없었고, 업계에 떠돌던 고정관념에도 신경쓰지 않았다. 대신 그는 넷플릭스의 3천3백만 가입자들에게서 수집한 개인별 시청 습관 데이터에 집중했다. 이를 통해, 사란도스는 제법 많은 가입자들이 데이비드 핀처 감독이 제작한 작품과 케빈 스페이시가 출연한 작품을 좋아한다는 사실을 발견했으며, 오리지널 BBC 시리즈를 보려고 DVD를 빌리는 가입자가 무시할 수 없는 규모라는 것 또한 알 수 있었다. 이를 통해 사란도스는 〈하우스 오브 카드〉의 성공을 확신할 수 있었고,[6] 방송사 편성 없이 넷플릭스에서 바로 공개해도 좋겠다는 결정을 내릴 수 있었다.[7]

넷플릭스는 여기서 한 걸음 더 나아갔다. 넷플릭스는 파일럿 제작비로 5백만 내지 6백만 달러를 투자해서 반응이 좋을 경우 반시즌 혹은 한 시즌을 제작하는 기존의 방식을 탈피했다. 대신 전체 에피소드 26편, 즉 두 시즌을 한 번에 제작할 수 있는 1억 달러(한화 약 1,143억원)를 제작이 들어가기 전에 투자하기로 결정했다. 넷플릭스는 자체적으로 보유한 데이터 분석 역량을 통해 잠재 고객의 수요를 개별적으로 예측함에 따라, 〈하우스 오브 카드〉의 성공을 확신했기 때문에, 기존 방송사들의 조심스러운 파일럿 제작 관행을 따를 필요가 없었던 것이다.

기존의 방송사들은 파일럿으로 시장을 테스트하는 전략을 따르지 않은 넷플릭스에 대해 놀라면서도 대체로는 부정적인 반응을 보였다. 대표적인 예로, AOL TV 작가인 모린 라이언Maureen Ryan은 〈하우스 오브 카드〉의 제작 계획이 발표된 직후인 2011년 3월, 넷플릭스의 시도가 성공하기 어려울 거라는 기사를 쓰기도 했다. 그녀의 결론은 다음과 같았다.

혹시 넷플릭스가 또 위험한 붉은 깃발을 펄럭일 수 있을까? 넷플릭스와 MRC는 파일럿도 만들지 않고 드라마를 만들려고 한다. 데이비드 핀처 감독은 지금까지 대본이 짜인 드라마를 제작하는 스타일이 아니었다. 우리는 곧잘 방송사 경영진들을 비웃지만 적어도 그들은 자신들이 말하는 바에 대해 잘 알고 있다. 그동안 파일럿 드라마들은 더 나은 방향으로 수정되면서 발전해왔고, 그 방향이 최선일 때도 있다.[8]

그러나 넷플릭스가 달랐던 것은, 단지 파일럿을 만들지 않기로 한 것만이 아니었다. 넷플릭스는 일주일에 한 편씩 작품을 선보이는 전통적인 편성 대신 13편에 달하는 에피소드 전체를 한 번에 공개했다. 이전까지 전례가 없던 전략이었다. 대개의 방송사들은 대다수 시청자들의 요구를 반영한 결과에 따라 유사한 프로그램 편성 방안을 갖고 있다. 만약 13시간짜리 프로그램을 한 번에 편성하면 그날 하루 동안은 다른 프로그램들을 방영할 수 없게 되는 것이다. 넷플릭스는 이 부분에서 확실한 장점을 갖고 있었다. 넷플릭스 회원들은 특정한 시간에 실시간으로 전송되는 일정한 프로그램을 볼 필요 없이 언제든 편하게 콘텐츠를 볼 수 있었고, 심지어 전 시즌을 '한 번에 몰아보기'binge watching'가 가능했다. 보도된 바에 따르면 67만 명에 달하는 회원들이 〈하우스 오브 카드〉 시즌2를 몰아보기로 시청했다고 한다.[9] 게다가, 회원들은 매달 이용료를 지불하기 때문에 드라마 시작 전이나 중간에 광고를 봐야 하는 불편함을 겪지 않아도 되었다.[10]

〈하우스 오브 카드〉의 '한 번에 13편 모두 공개하기 전략'은 시청자들에게 새로운 기회와 탄력 있는 시청 방법을 제공했을 뿐 아니라, 메인 작가인 뷰 윌리몬에게도 새롭고도 유연한 창작의 기회를 열어주었다. 보통 드라마를 집필할 때 그는, 각 회당 30분 편성에는 22분으로, 60분 편성에는 44분으로 정확하게 분량을 맞춰야 했다. 또한 매회 초에는 시청자들이 놓치거나 잊고 있던 예전의 스토리를 상기시켜줘야 했고, 중반부에는 (방송 콘텐츠의 주 수입원인) 광고 때문에라도 극의 흐름을 잠시 늦추어야 했다. 그리고 극의 말미에는 다음 회에 대한 기대감을 심어주기 위해 작은 갈등이나 딜레마가 될 장치를 마련해야 했다. 그러나 한꺼번에 모두 공개하기 전략 앞에서 이런 고민들은 필요없게 되었다. 윌리몬은 온전히 '13시간짜리 영화'를 집필하는 데 에너지를 쏟으면 되었다.[11]

또한 6개 혹은 12개 에피소드를 계약하던 기존의 관행과는 달리, 2개 시즌을 미리 계약함으로써, 작가진들은 좀더 충실하게 스토리를 발전시킬 수 있는 시간을 확보할 수 있었다. 2013년, 할리우드 리포터

The Hollywood Reporter와의 인터뷰[12]에서 사란도스는 다음과 같이 말했다. "〈하우스 오브 카드〉의 작가들은 처음부터 26시간짜리 드라마를 만든 다는 것을 잘 알고 있었고, 이에 맞춰 집필하고 있었다. 우리는 작가들에게 창의적인 놀이터를 제공해주었고, 이에 따라 드라마는 더 좋아질 수 있었다."

넷플릭스의 월 정액제 중심의 구독 기반subscription-based 사업 모델과 주문형 서비스 온디맨드on-demand 콘텐츠 전략은 작가들에게 또 다른 면에서 창의성을 발휘할 기회를 주었는데, 예를 들어 〈하우스 오브 카드〉는 주인공 프랭크 언더우드가 이웃집의 다친 개를 목 졸라 죽이는 장면으로 시작하는데, 이 장면은 이 드라마에 호의적이었던 넷플릭스 내 관계자들의 심기까지도 불편하게 만들 정도였다. 2014년 아스펜 아이디어 페스티벌Aspen Ideas Festival에서 이 드라마의 작가 윌리몬은 이렇게 회상했다. "처음에 사람들은 내가 개를 죽이지 못할 거라고 하더군요. 첫 30초 만에 시청자의 절반을 잃어버릴 거라고도 했죠. 저는 핀처 감독에게 가서 물었어요. '이봐, 난 이 오프닝이 마음에 들어. 그런데 사람들은 우리가 개를 죽이면 시청자 절반을 잃을 거라고 해. 어떻게 생각해?' 잠시 생각하더니 그가 대답하더군요. '난 신경쓰지 않아.' 그래서 저 역시 대답했죠. '나도 그래.' 그리고 그가 말하더군요. '한번 해봅시다!'"[13]

그전의 텔레비전 드라마 제작 과정을 떠올려보면, 작가와 감독이 자유롭게 창의력을 발휘하는 이와 같은 분위기는 상상할 수 없었던 것이 사실이다. 아스펜 아이디어 포럼에서도 마찬가지였는데, 업계에서 오래 일한 마이클 아이스너Michael Eisner는 "만약 제가 이렇게 폭력적인 장면을 넣으려 했다면, 전 아마 방송사 사장에게 불려갔다가, 다시 이사회 의장에게 불려간 다음, 10분 뒤엔 곧장 잘릴 거예요"라고 말하기도 했다.

그렇다면, 이런 장면이 왜 다른 방송사에서는 불가능하고 넷플릭스에서는 가능한 것일까? 첫째, 넷플릭스는 광고를 기반으로 한 사업 모델을 추구하지 않으므로 광고주의 눈치를 볼 필요가 없다. 둘째, 넷플릭스는 다양한 온디맨드 콘텐츠를 제공하기 때문에 각 시청자들에게 다양한 선택권을 줄 수 있었다. 기존의 시스템에서 시청자들은 방송국이 편성, 제공하는 일련의 프로그램만을 볼 수 있었으므로, 방송사들은 가능한 한 많은 시청자들에게 인기를 얻을 만한 콘텐츠를 선택하여 적절한 시간대에 제공하는 것이 중요했다. 그러나 넷플릭스에 가입한 이용자들 중 프랭크 언더우드의 행동에 혐오감을 느낀 사람이라면 총 10만 시간이 넘는 전체 넷플릭스 콘텐츠에서 다른 프로그램을 선택하면 된다. 또 하나 더욱 중요한 사실은, 넷플릭스가 이 자극적인 장면에 사람들이 어떤 반응을 보였는지 살펴봄으로써, 이용자들의 취향과 선호에 대해 중요한 정보를 얻을 수 있었다는 점이다. 이에 대해 윌리몬은 이렇게 말했다. "만약 당신이 개 살해 장면을 싫어한다면, 이 드라마는 당신을 위한 콘텐츠가 아닌 겁니다."

수집된 고객 데이터를 효과적으로 분석하여 개인화된 이용자 맞춤형 서비스를 만들어내는 넷플릭스의 능력은 콘텐츠를 홍보하는 새로운 방식을 제안한다. 그동안 방송사들은 닐슨이나 여타 설문조사 자료를 통해 시청자 정보를 얻었지만, 이들 개개인에 대해서는 깊이 알지 못했다. 설사 시청자들을 잘 이해하고 있었다 하더라도 이들에게 콘텐츠를 효과적으로 홍보할 만한 방법이 없었다. 방송사들이 새로운 프로그램을 홍보하기 위해서는 유사 프로그램의 방영 결과에 의존할 수밖에 없었다. 그전의 방송을 시청했던 이들이 유사한 새 프로그램에도 관심을 가질 것이라 판단했기 때문이다. 그러나 넷플릭스는 가입제를 기반으로 함에 따라 이용자 한 명 한 명을 파악하고 있기 때문에 〈하우스 오브 카드〉를 통해 다양한 시도를 할 수 있었다. 각 시청자들이 어떤 콘텐츠를, 얼마나 오래, 어떤 디바이스로 시청하는지 데이터를 수집할 수 있었고, 이러한 실제 시청 습관을 바탕으로 각각의 이용자들에게 효과적인 맞춤형 마케팅을 할 수 있었다. 심지어 넷플릭스는 한 프로그램에 대해 다양한 예고편[14]을 만드는 시도도 했는데, 케빈 스페이시를 좋아하는 회원들을 위해서는 그를 중심으로 한 예고편을, 또 강인한 여성 지도자를 좋아하는 회원들을 위해서는 여자 주인공을 중심으로 한 예고편을 만들었으며, 데이비드 핀처 감독의 영화를 좋아하는 회원들을 위해 영화적 분위기를 강조한 예고편까지 만들었다.[15]

이처럼 넷플릭스가 디지털 채널을 통해 콘텐츠를 홍보하고 시청자를 늘려가는 동안, TV 시청률이 낮아지고 광고 수익이 줄어들 것을 우려한 방송사들은, 오히려 디지털 채널의 활용을 꺼렸다. 디지털 채널을 그들의 수익을 저해하는 일종의 위협으로 여긴 대형 방송사 관계자들은, 디지털 채널을 통해 자신들의 콘텐츠를 공급하는 것을 재검토하기 시작했다. 물론 그들의 선택이 잘못되었다고 할 수는 없다. 황금알을 낳는 거위를 죽이는 것은 어떤 사업이든 망하는 지름길이니까.

일반적으로 TV 프로그램은 시청률을 잠식하지 않도록 본방송이 방영되고 나서 1~4일이 지난 뒤에 디지털 채널로 유통되었다. 이는 다른 콘텐츠 산업에도 일종의 표준이 되었다. 하드커버 도서나 블루레이 디스크 같은 고가 제품의 매출을 보호하기 위해, 페이퍼백이나 DVD 대여 같은 저가 제품의 사용성과 품질을 상대적으로 떨어뜨리고 공개 일정을 늦추는 것이 대표적인 예다. 이와 같은 가격차별화 전략은 상품을 개별적으로 판매하는 사업 모델에서 대체로 유효했다.

가격차별화 전략이 효과를 발휘하려면, 소비자가 느끼는 사용 가능성, 편리성, 품질 등을 사업자가 통제할 수 있어야 한다. 아날로그 시대에는 창작자들이 이런 시도를 할 수 있는 가능성이 없지 않았으나, 디지털 시대에는 이것이 꽤 힘들어졌다. 소비자들은 이제 더 이상 TV 프로그램을 거실의 대형 텔레비전을 통해 본방송을 보거나, 1~4일을 더 기다려 다른 디지털 채널을 통해 재방송을 보지 않아도 되었다. 광고도 없고, 화질도 좋고, 첫 방송 후 며칠을 기다릴 필요도 없이 거의 바로 볼 수 있는 불법 복제물이 있었으니까. 같은 맥락에서 비트 토렌트[BitTorrent]와 같은 파일 공유 사이트의 트래픽이 2008년 북미 인터넷 트래픽의 31%를 차지했다는 사실은 그리 놀랍지도 않다.[16]

미국에서 방영한 프로그램을 수개월이 지난 후에야 볼 수 있는 해외에서 이런 불법 복제 문제는 더욱 심각하다. 외국의 프로그램을 시청할 수 있는 다른 채널이 없었던 시절, 미국의 프로그램을 들여오려면 일단 그 프로그램의 언어를 번역하고 홍보 전략을 세우는 등 기본적으로 선행되어야 할 절차가 있었으므로, 해외 시장의 시청자들은 일정 시간이 지난 후에야 과거 미국에서 방영된 인기 프로그램을 볼 수 있었다. 그러나 만약 당신이 스웨덴에 살고 있는데, 미국의 친구들이 페이스북 등을 통해 〈언더 더 돔[Under the Dome]〉의 새 에피소드에 대해 이야기를 나누고 있다고 가정해보자. 인터넷 불법 복제물을 구할 방법이 있다면 스웨덴 방송에서 그 에피소드가 공식적으로 방송이 되기까지 2개월[17]이나 참는 것은 매우 어려운 일이다.

불법 복제물과 싸우는 하나의 방법으로, 온라인 검색을 어렵게 하고 불법 다운로드한 이용자에게 법적인 책임을 부과할 수도 있을 것이다. 그러려면 제작 스튜디오들은 수천 개에 달하는 검색 엔진과 불법 복제물 유통 사이트에 그들의 콘텐츠가 제거되도록 요청해야 한다. 이 방법은 물론 효율적일 수 있으나, 그만큼 많은 노력과 주의가 필요해서 어쩌면 끝이 없는 두더지 게임을 하는 것과 비슷하다고도 할 수 있을 것이다.[18]

그러나 넷플릭스는 〈하우스 오브 카드〉를 유통하는 데 있어 본질적으로 차별화된 전략을 펼쳐 보였다. 넷플릭스의 사업 모델은 주문형 콘텐츠가 모여 있는 일종의 결합상품bundling 플랫폼에 대한 접근권을 판매하는 것이었다. 물리적 상품이라면 개별 제품마다 제작 및 유통 비용이 들어가기 때문에 이와 같은 대규모 결합은 거의 불가능하다. 그러나 디지털 콘텐츠는 한곳에 모아놓는 대규모 결합이 가능했다. 게다가 경제 효과 분석 방법론을 바탕으로 한 어느 연구에 따르면 대규모 결합 중심의 사업 모델이 개별 상품 판매형 사업 모델보다 많은 수익을 창출한다고 한다.[19]

이와 같은 결합상품 전략은 판매자가 소비자에게 보다 새로운 방식으로 가치를 전달할 수 있게 해주는 반면, 가격차별화 전략은 기본적으로 제품의 매력을 감소시켜 저가 상품 구매 고객들에게만 어필할 수 있다. 넷플릭스의 CEO인 리드 헤이스팅스Reed Hastings는 이를 '의도된 불만족managed dissatisfaction'[20]이라고 불렸는데, 넷플릭스는 이러한 의도된 불만족 대신 편리성과 접근성에 집중할 수 있었다. 2013년 당시 41개국의 모든 회원들은 불법 복제물에 대한 법적, 도덕적, 기술적 위험에 대한 염려에서 벗어나 어떤 기기에서도 이용이 편리한 단일 플랫폼을 통해 〈하우스 오브 카드〉와 다른 콘텐츠들을 감상할 수 있었다. 심지어 넷플릭스는 시청자가 어떤 부분을 보고 있었는지 추적할 수 있어서, 시청을 잠시 멈추거나 기기를 바꾸어도 곧장 이어서 콘텐츠를 즐길 수 있도록 했다. 넷플릭스는 시청자가 불법 복제물에서 얻을 수 있는 이익보다 더 큰 가치를 전달하고 이에 대해 정당한 수수료를 매김으로써, 시청자들이 넷플릭스를 불법 복제물보다 더 중요하게 여기기를 바랐고, 표면적으로 이 전략은 통하는 것 같았다. 2011년 넷플릭스는 북미 지역 인터넷 트래픽의 22.2%를 차지해 비트 토렌트의 트래픽(21.6%)을 처음으로 따라잡았고,[21] 2015년에는 이 격차가 더 벌어져서 넷플릭스는 36.5%를 차지한 반면 비트 토렌트는 6.3%에 불과했다.[22]

결국 넷플릭스의 플랫폼과 사업 모델이 기존 제작사와 방송사를 뛰어넘는 독특한 이점들을 지니고 있음을 보여준 것이다.

- 인기가 있을 만한 콘텐츠를 발견하는 새로운 방식 : 많은 비용이 드는 파일럿 프로그램 편성이 아닌 관객에 대한 섬세한 관찰
- 콘텐츠 유통에 대한 새로운 방식 : 불특정 다수를 위한 방송이 아닌 개인화된 채널
- 콘텐츠를 홍보하는 새로운 방식 : 시청자별 취향에 따른 개인화된 홍보 메시지

- 콘텐츠 제작에 대한 탄력적 접근 : 30분, 60분 편성 방식과 중간 광고 배제
- 작가들의 창의성 발휘가 가능한 수준의 자율성 보장 : 특정 관객만을 만족시키기 위한 주문형 콘텐츠
- 불법 복제물과 싸우기 위한 새로운 대비책 : 무조건 제어하기보다 시청자 편의성에 집중
- 콘텐츠 수익화를 위한 보다 새롭고 경제적인 방식 : 단일 제품 중심의 판매가 아닌 결합형 판매 방식

이러한 전략들은 넷플릭스가 디지털 영화 산업에서 승자가 될 수 있음을 보여주고 있는 듯하다. 물론 아닐 수도 있다. 결국 넷플릭스는 구글, 아마존, 애플 등과 같이 고객 데이터를 얻기 위해 콘텐츠에 보조금을 지급하고, 고객 로열티를 강화하고, 하드웨어를 판매하는 기업들의 도전에 직면할 것이다. 또한 넷플릭스는 훌루Hulu.com와 같은, 자신들의 디지털 콘텐츠를 유통하기 위해 제작, 유통, 판매가 통합된 플랫폼을 활용하는 제작사들로부터도 도전을 받게 될 것이다.

우리는 이 책에서 어떤 예언을 하려는 것이 아니다. 차세대 엔터테인먼트 산업에서 어떤 기업이 선두에 서게 될지는 아직 알 수 없다. 그러나 우리는 디지털 기술이 엔터테인먼트 산업을 어떻게 바꾸고 있는지에 대해서는 잘 알고 있다. 우리는 지난 10년간 카네기 멜론 대학의 교수로서 엔터테인먼트 산업과 관련한 디지털 기술의 영향에 대해 심도 있는 연구를 진행해왔다. 우리는 영화사, 음반 제작사, 출판사 등에 종사하는 수많은 인재들과 협업을 진행했다. 이 협업에는 고급 통계와

여러 데이터 분석 기법들이 쓰였으며, 덕분에 디지털 기술이 엔터테인먼트 산업의 어떤 부분들을 바꾸고 있는지에 대해 면밀하게 살펴볼 수 있었다. 우리는 그것이 불법이든 합법이든, 디지털이든 아날로그든, 많은 사람들이 사용하는 대부분의 채널들을 들여다보았으며, 엔터테인먼트 기업들의 각종 마케팅과 전략적 선택들에 대해서도 연구를 진행했다. 덕분에 우리는 놀라운 사실들을 찾을 수 있었다. 우리가 진행한 연구들은 저작권 산업을 위한 정책과 경영 전략에 대해 새로운 관점들을 제공했으며, 업계의 리더들과 엔터테인먼트 업계에서 발견할 수 있는 데이터들에 대해 기존과는 다른 시각으로 바라볼 수 있게 했고, 또한 각 기업들이 직면하고 있는 어려움과 해결책에 대해서도 면밀하게 분석했다.

그런데 연구를 진행할수록, 우리는 좀더 일반적인 질문을 던질 수밖에 없었다. "과연 디지털 기술이 엔터테인먼트 산업의 시장 주도권을 전반적으로 바꾸고 있는가?"

역사적인 관점에서 보자면, 이 질문에 대한 대답은 '아니요'에 가깝다. 지난 100여 년 동안 엔터테인먼트 산업의 시장 주도권은 사실상 3~6개의 출판사, 음반 제작사, 영화 제작사에 집중되었던 것이 사실이다. 그리고 이런 '메이저' 회사들은 콘텐츠가 창작, 유통, 소비되는 방식이 바뀌어도 그들 나름의 시장 지배력을 유지해오고 있었다. 20세기에는 값싼 페이퍼백 출판 방식, 워드프로세서와 전자 출판 소프트웨어들, 카세트테이프·VHS비디오·CD·DVD 등 다양한 녹음 기술들, 라디오, TV, 멀티플렉스 영화관, 워크맨, 케이블 TV 등 다양한 혁신이 있었으나, 이런 모든 변화에도 불구하고 메이저 회사들은 그들만의 주도권을 유지할 수 있었다.

이 주도권의 핵심은 희소한 자원을 두고 작은 회사들보다 자연스럽게 경쟁우위를 점할 수 있는 규모의 경제에 있었다. 메이저 회사들은 영세한 기업들과는 달리 홍보 및 유통 채널을 장악하고 막강한 콘텐츠 제작을 위한 자금력과 기술력을 보유하는 한편, 소비자들이 언제 어떤 방식으로 콘텐츠를 소비할 수 있는지 결정하는 주체가 되었다.

20세기 전반에 걸쳐 지속되어온 이러한 사실을 볼 때, 디지털 또는 정보통신기술의 발전이 엔터테인먼트 산업 시장의 주도권을 이동시키는 유일한 요인이라고 단정하긴 어렵다. 그런데 만약 여러 변화가 복합적으로 발생하면 어떻게 될까? 디지털 기술과 정보통신기술이 동시에 발전하면서 희소성의 원칙을 근본적으로 바꾸고, 결과적으로 시장 지배력과 수익구조에도 영향을 미치게 된다면? 이 질문에 대답하기 위해 디지털 기술이 가져온 다음의 변화들을 살펴보자.

• **디지털 유통 채널의 발달**

디지털 유통 채널은 무한에 가까운 재고를 갖게 되었다. 덕분에 기존처럼 제한된 편성 상황이나 일정한 물리적 진열 공간의 제약을 받지 않게 되었다.

• **불법 복제물 유통 채널의 발달**

전 세계에 만연해 있는 불법 복제물 유통 채널은 기존 콘텐츠 제작자들이 비디오 콘텐츠 시청 시점이나 시청 방식에 대한 주도권 행사를 어렵게 만들었다.

- **획기적으로 저렴해진 프로그램 제작 기술**

기존에는 막대한 제작비와 기술적 노하우를 가진 몇몇의 제작자들만 콘텐츠를 만들 수 있었다. 그러나 이제는 쉽고 저렴한 제작 기술이 보편화되면서, 새로운 콘텐츠 제작과 창의적인 시도가 급증하고 있다.

- **새로운 유통 강자의 등장(아마존, 애플, 넷플릭스, 유튜브)**

새로운 유통 강자들은 무한에 가까운 '가상의 진열 공간$^{shelf\ space}$'을 활용해 콘텐츠 유통에 있어 전 세계적인 지배력을 확보하기 위한 새로운 방식의 규모의 경제를 선보이고 있다.

- **보다 발전된 디지털 기술과 저장 능력**

새로운 유통 강자들은 자신들의 플랫폼을 통해 소비자 개인의 행태와 취향을 수집, 보관, 분석할 수 있게 되었고, 이를 통해 기존에는 알 수 없었던 '소비자의 관심'이라는 중요하고 희귀한 자원을 얻게 되었다.

그동안 수많은 전문가들이 엔터테인먼트 산업의 개별적 변화에 대해 다양한 논의를 해왔으나, 이를 전체적인 관점에서 조망하거나 여러 데이터를 바탕으로 눈에 띄는 변화 양상들의 복합적인 요인들에 대해 엄밀하게 분석한 경우는 드물었다. 우리가 이 책에서 해보려는 시도는 바로 그것이다. 이 책을 통해 독자들은 엔터테인먼트 산업에서 디지털 기술이 경제적 변화와 함께 어떻게 희소성의 원리를 바꾸고 있는지, 그리고 시장 주도권과 수익 측면에서 어떤 위협이 되고 있는지, 전체적인 관점에서 실증적으로 목격하게 될 것이다. 사실 이런 변화는 이미 시작되었다.

——○——

이는 우리 모두에게 영향을 미치는 문제다. 만약 당신이 영화 제작사나 음반 업계 혹은 출판사의 경영자라면, 이런 변화가 당신의 사업에 어떤 영향을 미칠 것인지 그리고 이에 어떻게 대응해야 할 것인지 궁금할 것이다. 당신이 정책을 만드는 입장이라면, 이런 변화가 사회에 어떤 영향을 미칠 것인지 또한 정부가 문화적으로 중요한 산업에 지속적인 활력을 불어넣으려면 어떻게 해야 하는지 궁금할 것이다. 당신이 엔터테인먼트 콘텐츠를 소비하는 소비자라면 디지털 기술로 인해 어떤 콘텐츠가 만들어지고 또 어떤 방식으로 콘텐츠가 유통될 수 있을지 궁금할 것이다. 이 책에는 이 모든 궁금증에 대한 답이 담겨 있다. 우리는 엔터테인먼트 산업에 대한 지식과 시장 데이터를 바탕으로, 지난 10년간의 연구결과들을 통합적으로 제시하고자 한다. 기술의 발전이 어떻게 엔터테인먼트 산업을 바꾸고 있으며 100년 동안 이 업계를 지배해온 사업 모델이 어떤 이유로 위협받고 있는지 살펴볼 것이며, 주요 출판사, 음반 제작사 그리고 영화사들이 이에 대해 어떻게 대응해야 하는지 실질적인 대안도 제시하고자 한다.

앞 문단의 마지막 문장에 주목해주기를. 많은 전문가들은 비웃을 수도 있을 것이다. 그들은 기술의 발전이 엔터테인먼트의 희귀성을 약화시키고 있고, 이에 따라 엔터테인먼트 산업 자체가 점점 사양길로 들어가고 있다고 여기고 있기 때문이다. 그러나 우리는 이에 강력하게 반대한다. 우리가 연구한 바에 따르면, 엔터테인먼트 산업의 미래는 밝다. 물론 IT기술은 특정 사업 모델의 수익성을 약화시키기도 한다. 그러나 IT기술은 개인화, 수익화, 다양성, 편리성의 수준을 한 차원 더 끌어올리며 소비자에게는 새로운 가치를, 기업에게는 새로운 성장 동력을 가져다주고 있다.

엔터테인먼트 산업의 시장 지배력과 수익구조에 대한 역사적 흐름을 이해하지 못하면 새로운 기회의 불씨를 잘 살리기가 어렵다. 다음 장에서 우리는 2가지 근본적인 질문을 던지고자 한다. '왜 엔터테인먼트 업계는 기존의 방식대로만 시장에 대응하려는 것일까?' 그리고, '어떠한 요소들이 소수의 몇몇 기업이 시장을 장악할 수 있게 만들었을까?'

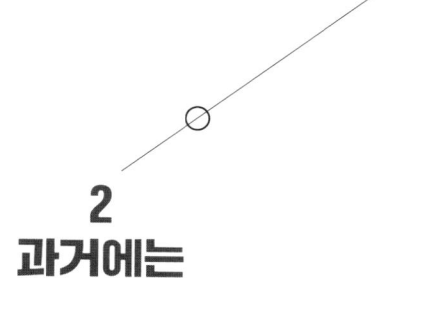

2
과거에는

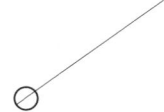

주사위 한 판에 운명을 걸지 말자. 같은 불행이 또 일어나진 않을 거야.
휴이 루이스 앤 더 뉴스Huey Lewis and the News, 〈Back in Time〉 중에서

얼마 전 우리는 한 엔터테인먼트 기업의 CEO를 초청해 강연을 들은 적이 있었다. 그는 엔터테인먼트 산업의 속성과 어려움에 대해 귀중한 의견을 나누어주었다. 그런데 그때 우리를 멈칫하게 하는 내용이 있었다. 인터넷의 발전과 영향력에 대해 이야기를 나누던 중, 누군가 질문을 던졌다. "수십 년간 엔터테인먼트 업계를 지배하던 몇몇 메이저 업체에 과연 인터넷이 위협적인가요?" 초청 연사는 이 질문에 즉답을 피하며 다음과 같이 말했다. "엔터테인먼트 업계의 주요 회사들은 지난 100년간 기업 활동을 이어왔고, 다들 그럴 만한 비결이 있었습니다." 누가 들어도 당연한 내용이었지만 그 한마디엔 묵직한 숨은 뜻이 담겨

있었다. 그 답변은 부정할 수 없는 사실인 동시에, 다른 업계에게서도 흔히 찾아볼 수 있는 어떤 비애를 담고 있었다. 그런데 그는 한 가지는 모르고 있는 것 같았다. 오늘날 엔터테인먼트 업계가 겪고 있는 기술적 변화가 이전의 변화와는 상당히 다르다는 점이었다. 이 변화는 엔터테인먼트 산업의 기존 체계를 위협하고 있으므로 회사를 잘 이끌고 싶은 CEO라면 이런 변화들을 이해하고 적극적으로 받아들이려고 노력해야 할 것이다.

엔터테인먼트 업계에 어떤 변화가 일어나고 있는지 살펴보기 전에, 그 강연의 이면을 먼저 들여다보자. 엔터테인먼트 업계에서는 왜 소수의 몇몇 기업들에게 시장 주도권이 집중될까? 어떤 경제원리의 바탕 위에서 메이저 회사들이 영세 업체들을 상대로 우위를 점하고 있는 것일까? 제작, 마케팅, 유통 기술이 계속해서 발전하고 있음에도 불구하고 이런 현상은 왜 지속되고 있을까?

1장에서 영화 시장에 대해 주로 이야기했으니 이번 장에서는[1] 음악 시장을 주로 다루어보고자 한다. 엔터테인먼트 산업의 모든 분야가 대개 비슷한 발전 단계를 겪기 때문이다. 우선 기본적인 사항들을 알아보자. 21세기 엔터테인먼트 산업의 변화를 이해하려면 먼저 20세기에 어떤 변화가 있었는지 파악할 필요가 있을 것이다.

———o———

1800년대 후반까지 음악 산업은 엄밀히 말해 음악 '출판' 산업에 가까웠다. 당시에는 집에서 음악을 들으려면 종이에 인쇄된 악보를 사야 했다. 즉, 상점에 가서 시트 뮤직◆을 구입한 다음, 거실에서 피아노를 연주하는 식이었다. 일종의 홈 엔터테인먼트 시스템을 갖고 있던 것이다. 뉴욕, 특히 틴 팬 앨리$^{Tin Pan Alley}$라고 알

◆ sheet-music. 미국 파퓰러 송의 악보. 1곡 단위로 멜로디, 가사, 피아노 반주가 붙어 있다. 우리나라에서는 피스^{piece}라고 불렸다.

려진 맨해튼의 한 지역은 시트 뮤직 사업의 중심지였다. 19세기 말, 중산층이 늘어나면서 시트 뮤직 판매도 급증했는데, 1892년에는 찰스 해리스$^{Charles K. Harris}$의 〈애프터 더 볼$^{After the Ball}$〉[2]의 시트가 2백만 장이나 팔리기도 했다. 이처럼 시트 뮤직 시장이 커지자, 당시 음악 출판 회사들은 귀에 착 감기고 연주하기 쉬운 대중적인 곡을 작곡할 줄 아는 작곡가들과 계약을 했다. 시트 뮤직 시장의 앞날은 마냥 밝아 보였다.

그러나, 변화는 이미 시작되고 있었다. 1877년, 전신기술에 관심이 많았던 젊은 발명가 토마스 에디슨$^{Thomas Edison}$은 소리를 녹음하고, 저장하고 다시 재생할 수 있는 기기를 만들었다. 이 기기는 나팔관, 진동판, 바늘, 주석박朱錄箔으로 감싼 실린더로 구성되어 있었으며 작동법도 쉬웠다. 실린더에 달린 손잡이를 돌리면서 나팔관에 대고 말을 하면 목소리가 녹음되는 방식이었다. 목소리가 진동판을 떨게 만들어 바늘이 주석박에 자국을 남기게 되고, 녹음된 소리를 들으려면 이 작동법을 역으로 하면 되었다. 바늘을 주석박에 새겨진 홈의 첫 부분에 올려놓으면 바늘이 움직이면서 진동판을 떨게 하고, 자연스럽게 소리가 나는 것이었다. 그리고 나팔관은 이 소리를 증폭시켰는데, 마치 벽을 통해 엿듣는 것처럼 희미하면서도 어딘가 으스스한 소리가 나팔관을 통해 다시 나타나는 듯했다. 에디슨은 지체없이 이 기기에 '축음기^{phonograph}'라는 이름을 붙여 특허를 냈지만, 대부분의 신기술이 그렇듯 정작 에디슨

자신은 이 기술이 가진 잠재적인 가능성을 알아차리지 못했다. 녹음의 품질도 그다지 좋지 않았고, 사람마다 개별적으로 녹음을 해야 했기에, 당시의 축음기는 신기한 발명품에 지나지 않았고, 이후 1년 동안 에디슨은 또 다른 발명품인 '전구'에 전념했다.

그사이 다른 이들이 축음기를 발전시키기 위해 애썼는데, 1885년, 주석박이 아닌 밀랍 실린더에 녹음을 하는 그래퍼폰graphophone이 특허를 받자, 에디슨은 다시 축음기 연구에 박차를 가하고, 마침내 1888년 밀랍 실린더를 활용한 발전된 형태의 축음기를 발명한다. 그리고 얼마 지나지 않아 한 사업가가 두 기기의 사업권을 모두 구입하고 북미 축음 회사North American Phonograph Company를 설립한다. 이 회사의 설립 목적은 비즈니스용 받아쓰기 기기—연설, 담화 등을 나중에 다시 듣거나 받아적기 위한 목적의 일종의 녹음기—를 만드는 것이었다. 그러나 사업은 순조롭지 않았고, 얼마 못 가 부도를 맞고 말았다. 기회를 포착한 에디슨은 다시 축음기 사업권을 사들여 동전으로 작동하는 오락용 주크박스를 만들었고, 여기에서 수익이 발생하기 시작했다.

1889년, 에디슨은 주크박스 제작사인 컬럼비아 축음 회사Columbia Phonograph Company와 함께 밀랍 실린더로 녹음한 음반을 팔기 시작했고, 이렇게 음악 '레코딩' 산업이 탄생하게 되었다. 그러나 또다시 불길한 조짐이 일었다. 같은 해, 그래머폰gramophone이라 이름 붙인 새로운 녹음용 기기가 등장한 것이다. 에밀 벌리너Emile Berliner가 발명해 1887년에 특허를 등록한 이 기기는 앞서 발명된 축음기나 그래퍼폰의 작동 방식과 다르지 않게 펜이 진동하며 녹음을 하는 원리로 작동했지만, 실린더 대신 평평하고 복사가 쉬운 디스크, 즉 레코드판을 사용한다는 점이

달랐다. 1889년 한 장난감가게를 위해 처음으로 레코드판을 만든 벌리너는, 이듬해부터 일반 소비자에게 그래머폰과 레코드판을 판매하기 시작했다. 이는 당시 에디슨과 컬럼비아가 팔고 있던 축음기나 실린더 제품과 자연스럽게 경쟁관계를 형성했다. 대량 생산이 가능한데다 실린더보다 보관이 수월한 그래머폰과 레코드판이 업계의 표준 모델로 자리잡을 조짐이 보이자 컬럼비아 사는 벌리너가 자신들의 특허를 침해했다고 주장했고, 이는 곧 대형 법적 소송으로 이어졌다. 그리고 1901년 법원은 두 회사 모두 레코드판을 판매할 수 있다고 판결, 결국 벌리너의 손을 들어주었고, 이에 벌리너는 다른 동료들과 함께 빅터 토킹 머신 컴퍼니Victor Talking Machine Company를 설립했다.

빅터와 컬럼비아가 생산한 기기들은 빠르게 시장을 장악해나갔고, 실린더 방식을 고집하던 에디슨도 결국 변화를 받아들여, 빅터보다 품질이 좋은 레코드판을 생산하는 기술을 발명했지만, 소비자들은 이미 저렴하고 사용하기 무난한 빅터에 만족하고 있었다. 이는 엔터테인먼트 업계에서 반복되는 시나리오의 한 형태다. 즉, 새로운 기회를 처음 발견한 선발 업체가 시장을 선점하더라도, 이들은 결국 '그럭저럭 괜찮은' 기술력을 바탕으로 소비자를 자신의 플랫폼으로 끌어들이는 후발 업체와 함께 시장을 움직이게 되는 것이다.

1900년대 첫 20년간 빅터와 컬럼비아는 레코드 재생 기기가 아닌 레코딩 그 자체에 중점을 두었고, 이에 따라 수익 극대화와 시장 지배력 확보 측면에서도 자신들을 중간자로 자리매김했다. 한편으로는 녹음이 가능한 뮤지션들을 고용해 음악 산업의 상부를 차지하고, 다른 한편으로는 제작, 유통, 마케팅에 대한 운영권을 확보해 음악 산업의 하부를 차지하는 형태였다. 맨해튼의 틴 팬 앨리에는 작곡가와 작사가들의 저작권을 관리하는 회사가 따로 생길 정도였다.

이러한 사업 구조 덕분에 레코딩 로열티는 음악 산업에서 가장 큰 수익원이 되었다. 빅터만 해도 1915년 한 해 판매된 레코드 수량이 1,860만 장, 1910년부터 1919년까지 글로벌 시장에서 판매된 레코드가 5,000만 장에 달한다는 기록이 있었다. 세계 제1차 대전이 끝난 뒤, 1920년에는 미국에서만 1억5천만 장의 레코드가 팔렸고, 라디오 방송이 등장하는 1923년까지 이런 흐름은 계속되었다. 이후 레코드 판매는 몇 년간 하락세를 그리며 컬럼비아의 존립을 위태롭게 할 정도였으나, 같은 기간 전자식 녹음 기술과 재생 기술이 발달하면서 음질이 월등히 나아지자 판매 실적 역시 회복되었다. 1929년, '그래머폰 열풍'이 불면서 레코드 산업은 다시 호황을 맞았다.

그러나 곧이어 대공황이 닥쳤다. 1929년부터 1933년까지, 미국 내 레코드 판매는 1억5천만 장에서 1천만 장으로 곤두박질쳤으며, 시트 뮤직의 판매 역시 돌이킬 수 없을 정도로 급락했다. 생존을 위해 회사들의 합병이 이어지면서 과점寡占이 발생했다. 이때의 사태는 2000년 하버드 경영대학원Harvard Business School의 'BMG엔터테인먼트BMG Entertainment'라는 제목의 케이스 스터디에서 다음과 같이 다뤄지기도 했다.

에디슨은 사업을 접었고, 라디오의 인기 덕분에 세를 키운 미국 라디오 조합Radio Corporation of America, RCA이 빅터 사를 인수했으며, 1931년에는 경쟁사였던 컬럼비아Columbia, 팔로폰Parlophone, 그래머폰 컴퍼니Gramophone Company가 합병해 영국에 본사를 둔 EMIElectric and Musical Industries가 되었다.

EMI의 미국 사업은 또 다른 라디오 방송사인 CBS가 맡았다. 합병을 통해 등장한 RCA/Victor, EMI, CBS Records가 음악 산업을 이끌게 된 것이다. 이들은 50년이 지난 1999년까지도 음악 산업을 선도하는 상위 다섯 회사들 중 세 개의 핵심회사들로 여전히 건재했다.[3]

1930년대와 1940년대에 데카^{Decca}와 같이 주목할 만한 신생 음반 회사들이 등장하기도 했지만, 음악 산업은 여전히 몇 개의 기업이 주도하고 있었다. 위에서 언급한 케이스 스터디에 따르면, 1946년에서 1952년까지 상위 6개 회사가 골드 레코드—싱글 100만 장, LP 50만 장 이상이 팔린 레코드의 가수에게 주는 상—를 달성한 163개 음반 중 158개를 제작했으며, 빌보드 Top Pop Records 차트의 67%를 RCA와 데카의 음반들이 차지하고 있었다.[4]

시장에서의 실적은 큰 수익으로 이어졌으나, 이후 등장한 거대한 흐름에는 취약할 수밖에 없었다. 1950년대, 로큰롤의 시대가 도래한 것이다. 당시 주요 기업들은 로큰롤이라는 장르에 대해 그리 심각하게 생각하지 않았다. 십대나 수익이 크지 않을 소수의 팬들에게나 인기를 끌 일시적인 유행처럼 보였다. 어느 아동 발달 전문가는 뉴욕 타임즈에 찰스턴과 지터버그가 유행할 때 어떤 일이 있었는지를 언급하며 이렇게 말했다. "다른 유행들처럼 그렇게 그냥 지나가고 말 겁니다."[5]

사실 대부분의 청중들에게 로큰롤은 별다른 관심을 끌지 못했다.

당시 타임Time은 "마치 조용한 일요일 오후에 모터사이클을 탄 무리가 전속력으로 지나가며 내는 음악 같다"고 평을 했다.[6] 프랭크 시나트라 Frank Sinatra는 더욱 심하게 평을 했는데, 파리 매거진Paris Magazine과의 인터뷰에서 그는 이렇게 말했다. "로큰롤은 가짜다. 멍청이들이 바보같이 중얼거리면서 음흉하고 선정적이고 더러운 가사로 만드는 음악이다. 불량배들이 싸울 때 듣는 음악 정도는 될 것이다."[7]

　로큰롤이 불량하다고 생각하는 사람은 시나트라뿐만이 아니었다. 뉴욕 타임즈는 다음과 같은 질문을 던졌다. "로큰롤이라는 게 대체 무엇인가? 마치 종교 집회처럼 십대들을 거침없게 만드는 이 음악의 정체는 과연 무엇인가? 이런 일탈에 누가 책임을 져야 하는가? 이대로라면 우리 십대들은 지옥으로 갈지도 모른다." 타임은 로큰롤이 흑인들의 음악이라는 주장을 멈추지 않았는데, 거기에는 "정글을 닮은 끈기"와 "활력 넘치는" 박자가 있다는 사실을 근거로 들었다.[8] 미국 남부의 분리주의자들은 이 의견에 동조하며 로큰롤이 하느님께서 주신 은혜를 전복시키려는 흑인들의 책략이라고 주장했으며,[9] 북부의 한 정신과 의사는 "로큰롤이라는 음악은 야만적이고 집단적인 형태의 전염병"이라고 분석했다.[10] 전국의 주요 인사들은 라디오 방송사에 로큰롤을 틀지 말 것을 요구했고,[11] 일부 지역에서는 과도한 흥분을 유발한다는 이유로 로큰롤 콘서트 개최를 금지시키기도 했다. 일례로 당시 보스턴 시장 존 하인스John B. Hynes는 "무책임한 문제아들이 이런 공연에 모인다. 보스턴에서는 로큰롤 콘서트를 금지한다"고 발표했다.[12]

　물론 모든 사람들이 로큰롤을 혐오의 대상으로 여기지는 않았다. 알랜 프리드Alan Freed는 로큰롤이 젊은이들에게 인기를 끄는 것은 자연스러운 현상이라고 반박했다. 그는 젊은이들이 거리에서 문제를 일으키는 것보다 공연장에서 음악을 듣고 춤을 추며 스트레스를 날리는 것이 더 낫다고 생각했다. 뉴욕 타임즈와의 인터뷰에서 그는 "젊은이들이 다양한 음악을 듣다보면 자신이 정말 어떤 음악을 좋아하는지 알게 되고, 그렇게 모든 음악을 즐기게 된다"며 로큰롤의 긍정적인 면을 강조했다.[13]

그러나, 당시의 대형 음반 회사들은 로큰롤 음반을 발매하면 그동안 쌓아 올린 명성에 금이 가고 기존의 핵심 고객들이 떠나가지 않을까 우려했다. 이들은 로큰롤의 성장 가능성이 희박하고 음악적 질이 낮으며 문화적으로도 이질적이라는 이유로, 그때까지 든든한 수익원이 되어주고 있던 성인 대상의 음반 시장에 계속 집중했다.

그들의 계산은 곧 상당히 잘못된 것으로 판명났고, 로큰롤은 대박이 났다. 날렵하고 재빠른 소규모의 음반 회사들이 로큰롤 시장에 적극 뛰어들었고, 1962년 42개의 회사가 차트에 이름을 올렸다. 실수를 깨달은 대형 음반 회사들은 곧 로큰롤 가수들과 거액의 계약을 맺기 시작했다. RCA는 엘비스 프레슬리[Elvis Presley]와, 데카는 버디 홀리[Buddy Holly]와 각각 계약을 체결했다. 그러나 로큰롤 시장에 대한 그들의 방심은 상당히 비싼 대가를 치러야 했다. 1950년대 후반, 차트 상위 10위를 차지한 147개 음반 중 101개가 인디 음반사에서 제작된 곡이었다. 일시적이긴 했으나 1950년대와 1960년대 사이에 대형 음반 제작사들이 주도권을 빼앗긴 셈이다.

그렇지만 대형 음반 회사들은 다시 시장 주도권을 되찾을 수 있었다. '집중'을 선호하는 음악 산업의 경제적 구조가 그 비결이었다. 산업의 규모가 커지고 점점 더 복잡해짐에 따라, 규모의 경제가 필요했는데, 큰 회사들은 작은 회사들보다 장기적 생존에 유리한 구조를 갖추고 있다. 규모가 큰 회사일수록 곡을 녹음하거나 뮤지션들을 홍보하는 데드는 고정비 부담이 적었고, 다양한 사업 기회를 통해 실패에 대한 위험 부담을 덜 수도 있었으며, 미디어 홍보 채널을 비롯해 음반 유통사 및 뮤지션들과의 협상 능력에서도 우위를 점할 수 있었다. 라디오가 중요한 홍보 채널이 되면서, 대형 음반 회사들은 더욱 큰 강점을 갖게 되었다. 이들은 자사의 곡이 방송되도록 방송사에 금전적 압박을 가할 수도 있었다.

1970년대 중반, 대형 음반 회사들은 시장에서 자신들을 중간자적 위치로 다시금 자리매김하며, 시장 지배력을 정비해나가는 전략을 펼쳤다. 뮤지션들과의 협상 능력을 높이는 한편, 상대적으로 네트워크 역량이 부족한 유통 채널과 프로모터들까지 장악해나간 이들은, 1980년대와 1990년대 들어서는 작은 음반 회사들을 적극적으로 인수해나갔다. 앞서 언급한 하버드 경영대학원의 케이스 스터디에 따르면, 1995년 전 세계 음반 시장의 85%를 메이저 음반사 6개가 차지하고 있었는데, BMG 엔터테인먼트, EMI, 소니 뮤직 엔터테인먼트, 워너 뮤직 그룹, 폴리그램, 유니버설 뮤직 그룹이 그들이다.

1990년대 후반은 거의 모든 엔터테인먼트 산업이 성장하는 시기였다. 음악 시장에서는 레코드판과 테이프 방식이 CD로 대체되어 수익률이 좋아졌다. 1995년 후반, 국제 음반 산업 협회의 발표에 따르면 "연간 음반 판매량은 매년 정점을 찍으며 성장한 결과 38억 장이 팔렸고, 금액으로는 400억 달러를 기록했다. 이는 10년 전 판매량보다 80%

가 더 늘어난 수치로, 같은 기간 전 세계 음악 시장은 2배 이상 커졌다."[14]

—○—

20세기가 지나는 동안 음악 산업의 기본 구조는 변함이 없었다. 축음기를 제작, 생산하기 위해 시작된 몇몇 기술과 비즈니스가 다양한 형태와 품질의 레코드판 같은 여러 혁신들을 만들어내며 음악 산업의 근간을 이루었다. 음악을 대중적으로 퍼뜨리는 최초의 채널이 되어준 고품질 라디오는 홍보 방식에도 변화를 가져왔으며, 8트랙 테이프는 곡을 녹음하고 재생하는 기기를 들고 다니기 편하게 만들어주었다. 카세트테이프는 휴대성뿐 아니라 불법 녹음도 가능하게 해주었으며, MTV는 새로운 홍보 채널인 동시에 음악을 소비하는 다른 방식이 있음을 알려주었고, CD는 레코드판과 테이프를 대체하며 급성장했다. 로큰롤의 시대를 제외하면, 이런 변화들을 겪는 와중에도 대형 음반 회사들은 음악 시장을 지속적으로 지배했다. 누가 보더라도 대단한 성적이었다. 이들 성공의 비결은 2가지였다. 첫째, 시장에 새로운 콘텐츠를 제공하는 데 발생하는 비용과 위험을 효과적으로 관리한 것. 둘째, 유통 채널의 시작과 끝을 밀착 관리하며 협상력을 유지한 것.

위험 관리 측면을 좀더 살펴보자. 엔터테인먼트 시장에서 어느 인물이, 어떤 상품이 성공할지 예측하는 일은 상당히 어렵다. 윌리엄 골드만William Goldman은 자신의 회고록에서 영화 산업의 어려움을 묘사한 적이 있다. "영화 업계에서 사업이 어떻게 될지 정확히 예측할 수 있는 사람은 한 명도 없을 것이다. 항상 미루어 짐작해야 했고, 그 짐작이 맞았다고 해도 어느 정도 지식이 있는 상태에서 하는 추측에 불과했다. 이 말은, 결국 아무도 모른다는 뜻이다."[15]

윌리엄의 이러한 회고는 20세기의 엔터테인먼트 산업이 성공적인 사업 기회를 찾기 위해 직감에 의존했다는 의미다. 어떤 가수 혹은 어떤 앨범이 시장에서 얼마나 좋은 성적을 낼지, 음반사는 데이터를 활용하기보다 비과학적인 예측에 의존할 수밖에 없었다. 핵심 소비자 그룹 focus group을 조직하거나 과거 콘서트의 관객수에 대해 연구를 시도한 기업들도 있었으나, 그 측정 방법이 지나치게 개략적이고, 모수가 작아 일반화하기에는 무리가 있었다. 때문에 기업들은 내부 A&R[Artist & Repertoire]팀에 의존할 수밖에 없었으나, 이 팀의 구성원들조차 자사의 사업에 막연하게 낙관적이거나, 뛰어난 '본능'에만 의지해 업무를 진행했다.

이들에게 또 다른 성공 비결이 있다면, 그것은 신인 뮤지션과의 계약과 홍보에 돈을 아끼지 않는다는 점이었다. 1990년대, 메이저 음반회사들이 앨범 한 장을 출시하고 홍보하는 데는 약 30만 달러가 들었는데,[16] 이는 당연히 앨범이 실패하면 회복할 수 없는 돈이었다. 지금까지 이 비용은 계속 증가 추세를 보이고 있는데, 2014년 세계음반산업협회의 보고에 따르면 한 뮤지션과 계약을 맺은 뒤 이 계약이 종료될 때까지 메이저 음반 회사들은 약 50만에서 200만 달러의 비용을 들였다고 한다. 투자금을 회수할 수 있는 뮤지션들은 10~20% 정도뿐이었고, 그 중에서도 일부 뮤지션들만 인기있는 스타가 되었다. 그러나 그 소수의 스타들이 모든 것을 가능케 해주었다. 위의 보고서에 따르면, 성공한 프로젝트 몇 건의 수익이 한 음반사에 소속된 뮤지션 전체를 위한 투자금으로 사용된다.[17] 이런 점에서 엔터테인먼트 분야의 메이저 회사들이 운영되는 방식은 벤처 캐피털 회사의 운영 방식과 비슷하다. 벤처 투자가들은 자신들이 진행하는 대부분의 투자가 위험하다는 걸 알지만, 그중 몇 건만 성공해도 나머지에서 손해본 금액들을 모두 만회할 수 있다고 믿는다. 그러다 보니 규모가 큰 메이저 회사들은 수익이 좋지 않은 상황에서도 어느 정도 버틸 수 있지만, 작은 회사들은 보다 쉽게 폐업의 위기를 맞게 된다.

회사의 규모는 뮤지션들과 계약을 맺을 때에도 중요한 역할을 한다. 메이저 회사들은 종종 자본을 활용해 작은 회사들의 뮤지션들을 끌어오기도 하는데, 독립 음반 회사 소속의 가수가 인기를 끌면 메이저 회사들이 더 좋은 조건을 걸고 영입해오는 것이다. 이렇게 메이저 회사들은 시장을 장악하게 된다. 유명하고 뛰어난 뮤지션들이 소속된 회사라는 사실은 새로운 뮤지션들에게 어필이 되고, 스타 뮤지션에게서 나온 수익은 신인 뮤지션들을 홍보하는 데 필요한 투자를 가능하게 해준다.

어떤 회사들은 성공 가능성이 높은 뮤지션들을 미리 알아보고 계약을 맺는 일 자체를 사업의 초석으로 삼기도 했다. 홍보와 유통 역시 중요하다. 일단 한 뮤지션을 스타로 키우기로 결정했다면 우선 라디오에서 그 뮤지션의 음악이 들리고, 음반가게에서 앨범이 팔리고, 큰 무대에 캐스팅될 수 있도록 지속적인 투자를 이어가야 한다. 회사는 대중들에게 소속 뮤지션을 알릴 수 있는 모든 수단을 동원해야 하는데, 이런 노력은 뮤지션들에게 매력적인 소속사로 어필하게 된다. 메이저 회사들은 가능성 있는 뮤지션들을 알아볼 뿐만 아니라, 나아가 한 명의 뮤지션을 스타로 만드는 모든 방법을 동원한다. 물론 음반을 알리고 유통시키는 작업은 도박과 같아서 리스크가 만만치 않다. 이 때문에 작은 회사들은 실력 있는 뮤지션들을 확보하는 데 있어 메이저 회사들과 경쟁이 되지 않는다.

라디오에서 신곡을 홍보하는 데는 어떤 어려움이 있을까. 1950년 대에는 라디오가 가장 중요한 홍보 채널 중 하나였으므로, 경쟁이 치열했다. 한 조사에 따르면 1990년대 메이저 음반 회사들은 일주일에 평균 135곡, 96개 앨범을 출시했다. 그러나 라디오에서 들을 수 있는 신곡들은 일주일에 3~4곡뿐이었다.[18] 음반 회사들은 신곡을 방송에 내보내기 위해 온갖 방법을 동원해야 했는데, 이는 결국 청취율이 높은 라디오 방송사 입장에서는 메이저 음반 회사들의 스타들과 윈윈하는 관계를 맺을 수도 있다는 뜻이었다. 음반 회사들은 콘서트 티켓이나 백스테이지 입장권, 인터뷰 기회 등을 제공하고, 방송사들은 그들의 신곡이 방송될 수 있도록 해주었다.

메이저 음반사들은 방송에서 특정 곡을 틀어주는 대가로 라디오 DJ나 방송사에 뒷돈을 챙겨주기도 했는데, 실제로 2000년대 초반까지만 해도 음반 회사들은 라디오에서 자신들의 신곡을 틀게 하기 위해 홍보 대행사들에게 수천 달러를 지불했다.[19] 메이저 회사들은 미국 전역의 200~300개 방송사들을 상대로 온갖 노력을 들였다. '리포팅 스테이션reporting stations'이라 불린 이런 지역 방송사들은 방송 데이터 시스템 Broadcast Data System에 매주 자신들이 튼 곡을 리포팅함으로써 차트를 만드는 역할을 했다.[20] '음악 연합의 미래the Future of Music Coalition'라는 조직을 만들어 이끌고 있는 마이클 브레이시[Michael Bracey]는 2003년 당시 시장의 상황을 다음과 같이 요약했다. "음반사가 원하는 곡을 라디오에서 더 자주 내보내는 비결은 두꺼운 팬층도 곡의 퀄리티도 아니다. 중요한 것은 라디오 방송사를 압박하고 움직이게 할 수 있는 재원이다."[21]

그러나 유통 채널이 없으면 홍보도 무용지물이다. 음반 회사가 수익을 올리기 위해서는 홍보 채널을 통해 알린 곡을 소비자가 실제로 구매할 수 있게 해야 한다. 디지털 이전 시대 즉 인터넷이 없던 시대에는 실제 음반을 진열할 수 있는 장소가 매우 제한적이었다. 대부분의 음반 매장은 보통 3,000장에서 5,000장 정도만 재고로 보유하고 있었다. 1990년대에 가장 많은 앨범을 보유했다고 알려진 매장이 약 5,000~15,000장 정도였다.[22] 대형 음반 회사들이 라디오 방송사를 상대로 펼쳤던 전략은 음반 매장에도 적용되었다. 음반 회사들은 소속 스타 가수의 매장 내 인터뷰, 확장판 앨범, 무료 사은품 등의 혜택을 제공함으로써 음반 매장의 안정적 수익을 보장해주고 그 대가로 신곡을 진열할 수 있는 공간을 약속받았으며, 소속 스타 가수의 입지를 소비자들에게 확실히 알리기 위해 매장에서 가장 잘 보이는 공간을 유료로 확보하기도 했다.

메이저 음반 회사들은 회사의 규모와 협상력, 자본 등을 이용해 홍보 및 유통 채널에 막강한 영향력을 행사했다. 뮤지션과 곡의 저작권을 보유하고, 레코드판, 테이프, 그리고 CD를 제작하면서, 이들은 라디오 방송사와 음반 판매점 쪽에서 따를 수밖에 없는 계약 조건을 강요했는데, 이러한 모든 상황은 가수들과 계약을 하는 데도 회사가 우위를 점할 수 있게 해주었다. 홍보와 유통 채널이 중요한 가수 쪽에서는 규모가 큰 회사가 필요했다. 제작비와 유통에 소요되는 각종 비용과 리스크 등을 생각한다면 선택의 여지가 없었다.

이 챕터를 시작하면서, 우리는 왜 몇몇 소수의 회사들이 20세기 전반에 걸쳐 음악 시장을 지배할 수 있었는지 물었다. 답은 2가지로 정리할 수 있다. 첫째는, 음반을 제작하는 데 드는 비용과 위험을 감수할 수 있는 큰 기업에 유리할 수밖에 없는 음반 시장의 특성 때문이다. 뮤지션들이나 홍보 및 유통 채널과의 협상력에 있어서도 규모를 통해 우위를 점할 수 있는 회사들에 유리했다. 둘째, 20세기 후반까지만 해도 음악 시장의 기술적 변화가 메이저 음반 회사들이 누리고 있던 규모의 이점에 크게 위협을 주지 않았기 때문이다.

이같은 현상은 영화나 출판 시장에서 역시 다르지 않았다. 20세기가 거의 끝나갈 무렵, 영화 시장의 80%를 6개의 메이저 영화사—디즈니, 폭스, NBC유니버설, 파라마운트, 소니, 워너브라더스—들이 차지하고 있었다.[23] 마찬가지로, 미국 내 출판 시장의 절반을 6개의 메이저 출판사—랜덤하우스, 펭귄, 하퍼스 콜린스, 사이먼 앤 슈스터, 맥밀란, 아셰트—가 차지하고 있었다.[24] 음악 시장과 마찬가지로, 이러한 메이저 영화사와 출판사들은 콘텐츠 제작에 필요한 자본과 기술력을 보유하고 있었으며—"관객들은 폭발하는 장면을 보고 싶어했는데 그 폭발이라는 것이 우리로서는 돈이 꽤 나가는 작업이었다"고 어느 영화사 대표는 우리에게 귀띔해주기도 했다—홍보와 유통 채널 역시 이들 메이저 회사들이 장악하고 있었다. 20세기 동안 일어난 어떠한 기술적인 발전도 메이저 회사들이 점하고 있던 우위를 약화시키지는 않았다.

1990년대 엔터테인먼트 산업에서 이러한 사업 모델은 매우 견고

하고 지속적인 수익을 보장했기에, 이론의 여지가 없는 것처럼 보였다. 때문에 20년이 지난 지금, 우리 수업에 와주었던 초청 강사는 인터넷이 자신들의 사업에 해가 되지 않았다고 단언했을 것이다. 그러나 우리는 그의 자신감에 어느 정도 문제가 있었다고 판단했다. 그 이유에 대해서는 이 책의 두 번째 파트에서 상세하게 기술할 예정이다. 그전에 꼭 알아두어야 할 것이 있는데, 그것은 엔터테인먼트 산업 특유의 경제학적 특징과 이 특징이 어떻게 가격 정책과 마케팅 전략에 근본적 변화를 가져오게 되었나 하는 점이다.

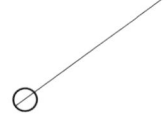

3
석양의 건맨

두 사냥꾼이 같은 먹이를 노릴 때면 결국엔 서로에게 총을 겨누게 된다.
우리는 그러고 싶지 않다.

콜로넬 더글러스 몰티머Colonel Douglas Mortimer, 〈석양의 건맨For a Few Dollars More〉 중에서

정보는 공짜가 되려는 경향이 있다. 반대로 정보는 비싸지려는 경향도 있다. 정보들을
유통하고, 복사하고, 붙이는 과정들을 돈으로 환산하기에는 너무 저렴해서 공짜가 되
려는 경향이 있는 것이다. 반대로 정보를 필요로 하는 누군가에겐 정보가 돈으로 환산
할 수 없을 만큼 너무 소중해서 값이 껑충 뛰는 경향이 있다. 이러한 일종의 긴장 상태
는 쉽게 수그러들지 않는다.

스튜어트 브랜드Stewart Brand, The Media Lab: Inventing the Future at MIT(Viking Penguin, 1987) 중에서

  2장에서는 엔터테인먼트 산업에서 시장 지배력을 확보하게 하는
특징들에 대해 경제학적 관점에서 살펴보았다. 이번 장에서는 콘텐츠
자체의 속성에 대해 살펴보고, 콘텐츠의 특징이 가격 정책과 마케팅 전
략을 어떻게 변화시켰으며, 디지털 시장이 등장함에 따라 이러한 콘텐
츠가 어떤 변화를 겪게 되었는지 알아볼 예정이다. 먼저 2009년으로

돌아가보자. 한 메이저 출판사의 마케팅 연구소 소장이 우리 대학 연구실을 방문해 간단하지만 중요한 질문 하나를 던졌다. "전자책이 뭔가요?"

지난 수십 년간 출판사들은 책을 팔기 위해, 출판 산업에서 확실하게 자리잡은 판매 전략을 따랐다. 일단 고품질의 하드커버 판본을 비싼 값으로 선보이고, 9~12개월이 지나면 같은 책을 상대적으로 품질이 떨어지는 페이퍼백으로 출간하는 것이다. 이러한 기존 전략에 대해 출판사들은 다음과 같이 이야기했다. "우리는 하드커버를 어디에 팔아야 하는지, 그리고 페이퍼백을 어디에 팔아야 하는지 잘 알고 있다. 그러나 전자책에 대해서는 잘 모르겠다. 기존의 판매 전략과 어떻게 연관시켜야 하는가?"

우리를 찾아오기 전, 이 출판사는 하드커버 판본과 전자책을 동시에 출간한 적이 있었다. 이 결정은 다소 의문스러운 데가 있었다. 다른 출판사들의 경우, 하드커버의 매출이 훼손되지 않도록 전자책의 출간을 미루는 것이 보통이었다. 실례로 하퍼-콜린스[Harper-Collins]의 대표인 브라이언 머레이[Brian Murray]는 2009년 9월 새라 페일린[Sarah Palin]의 회고록 『Going Rogue』의 전자책을 하드커버 출간 5개월 후에 내겠다고 발표했다. 크리스마스 전에 하드커버 판매율을 극대화하기 위한 목적이었다.[1] 비아콤[Viacom]의 임프린트인 스크리브너[Scribner] 역시 2009년 11월 스티븐 킹[Stephen King]의 신작 소설 『Under the Dome』을 출간하면서, 6주 후에 전자책을 공개하겠다고 했다. 이 순서에 따라야 하드커버 판매가 늘어난다는 것이 출판사들의 설명이었다.[2] 2010년 초, 아셰트 출판 그룹[Hachette Book Group]과 사이먼 앤 슈스터[Simon & Schuster]는 모든 신간의 전자책

을 하드커버 출간 3~4개월 이후에 하겠다고 발표하기도 했다.[3]

이런 출판사들의 대응에 깔린 가정은, 전자책을 기존 하드커버의 대체재로 인식하는 것이었다. 전자책이 하드커버와 동시에 출간되면, 비싼 돈을 주고 하드커버를 구입하던 소비자들이 저렴한 전자책으로 갈아탈 것이라는 우려도 있었다.[4] 출판사들의 생각은 표면적으로는 맞는 것 같아 보였고, 출판사들이 이와 다른 판매 전략을 펼친 적이 없으므로 반대의 경우를 추정해보는 것도 쉽지는 않다. 비아콤의 『Under the Dome』처럼 전자책을 늦게 발매하는 경우에는 하드커버와 전자책이 각각 얼마나 팔리는지 쉽게 알 수 있지만, 하드커버와 전자책을 동시에 내놓은 경험이 없다면 실제 매출의 변화를 예측하기가 어려워진다. 계량경제학의 상당 부분이 실제 데이터를 활용해 반사실적 추론을 시도한다.

반사실적 추론◆의 한 방법으로, 출판사들이 하드커버와 전자책을 동시에 발매하는 경우와 전자책을 상대적으로 늦게 발매하는 경우의 판매 실적을 비교하는 방법이 있다. 만약 서로 다른 전자책을 각각 다른 시기에 발매한다면 간단한 회귀분석을 할 수도 있다. 독립변수는 전자책이 연기된 일자가 될 것이고, 종속변수는 하드커버의 판매 결과가 될 것이다. 그러나 이러한 접근은 전자책 발매가 연기된 책과 그렇지 않은 책이 본질적으로 동일해야 오류가 생기지 않는다.

◆ 실제로는 발생하지 않았던 상황이나 결과에 대한 가정적인 추론

문제는, 전자책 발매가 연기된 책과 그렇지 않은 책이 동일하지 않다는 점이다. 출판사들은 하드커버가 잘 팔릴 것이라 예상되는 책들의 전자책을 더 늦게 발매하려고 한다. 역으로 생각하면, 하드커버와 전자

책을 동시에 발매하려는 책들은 기본적으로 다른 성격을 가지고 있다고 볼 수 있다. 따라서 전자책 발매를 미루어 하드커버 판매에 변화가 생겼다 하더라도, 이 변화가 전자책 발매를 미루어서인지, 단지 책의 성격이 달라서 그런 것인지는 확신할 수 없다. 경제학자들은 이런 현상을 내생성^{endogeneity}으로 설명한다. 즉, 관측되지 못한 어떤 원인(예를 들면 책의 인기도 같은)이 독립변수(전자책이 발매 연기된 정도)와 종속변수(책의 판매 실적)의 관계에 영향을 미칠 때 발생하는 통계적 문제라는 것이다. 내생성이 존재할 때 인과관계를 밝히기 위해서는 종속변수로부터 영향을 받지 않으면서도 독립변수에 영향을 주는 어떤 사건이나 변수를 찾는 작업이 필요하다.

인과관계를 밝히는 최적의 방법으로는, 연구자가 독립변수를 무작위로 바꿔가며 종속변수 값을 측정하는 이른바 무작위 실험법이 있다. 이를테면 출판사가 여러 책들을 몇 개의 무작위 그룹으로 나눈 다음, 전자책 발매 시기를 하드커버 발매 후 1주, 2주, 3주 등으로 구별해 보는 것이다. 그러나 이런 식의 무작위 실험법은 몇몇 현실적인 이유들 때문에 진행이 어려운 것이 사실이다. 저자나 출판사 입장에서 생계가 걸린 일을 대상으로 매출 감소의 원인이 될지도 모르는 실험을 감행하기란 쉽지 않은 일이다. 사실 필자들은 이번 장의 초반에 언급한 몇몇 출판사들과 함께 무작위 실험법 진행에 대해 몇 개월에 걸쳐 논의한 적이 있다. 그러나 결국 우리는 매출을 염려하는 저자와 출판사의 반대를 극복할 수 없었다.

무작위 실험법이 불가능할 때, 차선책은 무작위 실험법의 특징을 닮은 실제 상황을 분석하는 것이다. 마침 2010년에 비슷한 사건이 벌어졌다. 필자들과 무작위 실험법에 대해 논의한 적이 있는 한 출판사가 당시 아마존과 전자책 가격 책정 문제로 갈등을 겪고 있었다. 2010년 4월 1일, 갈등은 최고조에 이르러 급기야 이 출판사는 아마존 킨들 스토어에서 자사의 모든 책을 철수시키기에 이르렀다. 아마존에서는 하드커버는 판매할 수 있었지만 킨들 버전은 판매가 어렵게 되었다. 이후 아마존과 출판사는 신속히 서로의 의견 차이를 인정하고, 6월 1일 다시 아마존에 전자책을 공급하는 한편, 하드커버와 전자책을 같은 날 발매하는 기존의 전략을 유지하기로 했다. 표3.1은 이 출판사가 아마존과의 갈등으로 전자책 발매를 몇 주간 연기시켰는지 잘 보여준다. 전자책 발매가 연기된 패턴은 한눈에 봐도 무작위 실험법에서 나올 법한 패턴이다. 아마존과 갈등이 있었던 첫 주(4월 4일)에 발매된 하드커버의 킨들 버전은 8주 후인 6월 1일에야 판매가 시작되었다. 마찬가지로 4월 11일이 있는 주에 발매된 하드커버의 킨들 버전은 7주 후에 발매되었다. 4월 18일 발매된 책은 6주 후, 4월 25일 발매된 책은 5주 후에 킨들 버전이 나왔고, 5월 23일 발매된 책은 1주 후에 킨들 스토어에서 볼 수 있었다. 여기에서 주목할 점은, 이 사건의 타이밍이나 발매 스케줄이 책의 인기도에 따른 것이 아니라는 점이다. 따라서 동시 발매된 책의 매출을 통해 발매 연기된 책의 매출이 어느 정도 될지를 추정할 수 있는 유용한 지표를 얻을 수 있다. 본 사례에서 전자책 발매를 늦추는 전략이 매출에 얼마나 영향을 주는지 알아보기 위해 양사간 갈등이 있었던 기간에 발매 연기된 책의 매출과 갈등이 발생하기 바로 전후 기간에 동시 발매된 책의 매출을 서로 비교하였다.[5]

표3.1 아마존과의 갈등으로 연기된 킨들 버전의 출시 일정

	종이책 출시	킨들 버전 출시	연기된 기간 (주)
4월 1일 이전	종이책과 킨들 버전이 동시에 출시		0
4월 4일 주	4월 4일	6월 1일	8
4월 11일 주	4월 11일	6월 1일	7
4월 18일 주	4월 18일	6월 1일	6
4월 25일 주	4월 25일	6월 1일	5
5월 2일 주	5월 2일	6월 1일	4
5월 9일 주	5월 9일	6월 1일	3
5월 16일 주	5월 16일	6월 1일	2
5월 23일 주	5월 23일	6월 1일	1
6월 1일 이후	종이책과 킨들 버전이 동시에 출시		0

자료: Hailing Chen, Yu Jeffrey Hu, and Michael D. Smith, The Impact of eBook Distribution on Print Sales: Analysis of a Natural Experiment, working paper, Carnegie Mellon University, 2016

데이터를 들여다보기에 앞서, 왜 출판사들이 하드커버와 페이퍼백의 발매 시기를 따로 두는지 그 경제적 근거를 먼저 살펴보자. 페이퍼백을 사기 위해 소비자들은 왜 거의 1년에 가까운 시간을 기다려야 할까? 왜 하드커버와 페이퍼백은 동시에 발매하지 않을까? 왜 2가지 다른 버전이 존재하는 것일까?

기본적으로 이 질문에 대한 답은 경제학원론 수업에서 찾을 수 있다. 기업의 목표는 수익의 극대화다. 하지만 책이나 다른 정보재들의 3가지 경제적 특성이 이 목표 달성을 어렵게 한다. 첫째, 책을 만들고 홍보하는 비용—경제학자들은 이를 고정비용이라고 한다—이 추가로 책 한 권을 더 찍어내는 비용—경제학자들은 이를 한계비용이라고

한다—보다 월등히 많이 든다.[6] 둘째, 고객에 따라 책의 가치 역시 상당히 달라진다. 열성 팬들은 높은 가격도 지불할 용의가 있겠지만, 보통 수준의 팬들은 좀더 낮은 가격에 책을 사기를 원한다. 그리고 일반적인 독자들이라면 굳이 비싼 가격에 책을 사지 않는다. 셋째, 소비자들은 자신이 부담해야 할 금액에 일단 부정적인 입장이다. 책과 같은 정보 기반의 상품들은 경제학적인 측면에서 보자면 '경험재'에 속한다. 즉 소비자들이 상품의 가치를 제대로 알기 위해서는 직접 경험해야 하는 것이다. 소비자가 책을 읽고 나면 오히려 지불 의사가 감소되기 때문에 판매자들은 어려움을 겪는다. 따라서 판매자에게는 균형이 중요하다. 한편으로는 소비자들이 제품의 가치를 알 수 있도록 충분한 정보를 제공하면서, 동시에 다른 한편으로는 그 정보가 너무 많아지지 않게 제한함으로써 제품을 사고 싶게 만들어야 하는 것이다.

이런 특징은 책을 비롯한 정보재를 취급하는 기업들로 하여금 여러 문제에 직면하게 한다. 이번 장에서 우리는 세 가지 세부적인 내용에 집중할 것이다. 첫째 제품의 가치 드러내기, 둘째 소비자들에게 알리기, 셋째 경쟁 조율하기가 그것이다.

제품의 가치 드러내기

독자에 따라 책에서 얻는 가치가 다르고, 또 책 한 권을 추가로 제작하는 한계비용이 매우 낮은 상황에서, 출판사들은 지불 의사에 따라 다른 가격을 책정하여 수익을 극대화한다. 고객이 사고 싶은 물건을 마음껏 고를 수 있는 상황이라면, 단일 가격 체계로 수익의 극대화를 추구하기는 어렵다. 출판사가 비싼 가격으로만 책을 판다면 그 가격을 부담할 수 있는 고객만 책을 살 것이므로 보다 싼 가격을 원하는 고객군은 포기하는 것이나 마찬가지다. 반대로 출판사가 애초에 낮은 가격으로 책을 판다면 두 고객군 모두로부터 수익을 올릴 수는 있겠지만, 더 비싼 가격도 수용할 의사가 있는 고객들로부터의 추가 수익은 포기하는 셈이 된다.

물론 이런 분석은 책이나 여타 정보재에만 한정된 것은 아니다. 같은 제품에 대해 소비자들마다 다른 가치를 두는 시장이라면 어디에서나 통하는 분석이다. 그러나 이 분석은 2가지 측면에서 다른 시장보다 정보재 시장에서 중요한 시사점이 있다. 첫째, 정보재는 다른 제품군들보다 품질과 사용성에 차이를 주기 쉽다. 가령 기존의 엔진보다 더 큰 엔진을 만든다거나 기존의 승용차보다 더 좋은 승용차를 만든다고 한다면, 상당한 비용이 추가로 수반된다. 그러나 하드커버를 만드는 비용은 페이퍼백 제작비보다 약간 더 드는 정도다. 심지어 디지털 콘텐츠의 가격 차이는 거의 0에 가깝다. 영화 역시 마찬가지다. HD$^{High-Definition}$ 버전이나 SD$^{Standard-Definition}$ 버전이나 제작비는 크게 차이가 없다. TV 프로그램 한 회 방영 제작비와 그 프로그램의 VOD 한 회 방영 제작비에 큰 차이가 없다. 둘째, 한계비용이 거의 들지 않는다는 정보재의 특성은 다른 제품군들에 비해 더 많은 시장 기회를 창출한다. 예를 들어 승용차 한 대를 만드는 데 15,000달러가 든다고 하면, 자동차 회사는 이 금액을 지불할 의사가 없는 고객들을 포기해야 한다. 반면 출판사의 경우 책 한 권을 추가로 인쇄하는 데 비용이 거의 따로 들지 않기 때문에 모든 사람을 잠재 고객으로 여길 수 있다.

　따라서 정보재를 판매하는 기업에게는 비싼 가격도 지불하려는 고객과 저렴한 가격만 지불하려는 고객을 나누어 수익을 극대화할 수 있는 전략을 찾는 것이 매우 중요하다. 이를 위해 고객들로 하여금 어느 정도의 금액을 부담할 용의가 있는지를 암묵적으로든 명시적으로든 밝히게 해야 한다. 경제학자들이 이른바 '가격차별화'라고 부르는 방법을 적용하는 것이다. 출판사를 비롯해 정보재를 취급하는 기업들은 고객을 완벽하게 '구별'하기 위해 개별 고객의 지불 의사를 정확히 알아야 한다. 이렇게만 된다면 개별 고객을 대상으로 가능한 가장 높은 가격을 책정할 수 있게 된다.[7] 경제학자 아서 피구^Arthur Pigou는 이러한 이상적인 시나리오를 '1차 가격차별'이라고 불렀다.[8] 그러나 대체로 소비자들은 자신의 지불 의사에 대해 그리 솔직한 편이 아니다.[9]

　소비자들의 지불 의사를 정확히 파악하기가 어렵기 때문에 기업들은 2가지 불완전한 옵션을 취하게 된다. 첫째로 각 소비자군들의 관찰 가능한 지불 의사를 바탕으로 가격을 책정한다. 경제학자들은 이를 '3차 가격차별'이라고 부른다. 예를 들어, 영화관에서 청소년이나 노인들은 할인된 가격에 영화를 볼 수 있는데, 학생이나 노년층 소비자들이 다른 소비자군들보다 낮은 가격 지불 능력이 있다고 여겨지기 때문이다. 영화관 측은 신분증 확인이나 멤버십 서비스 등을 통해 소비자들을 분류한다.

　그런데 이 3차 가격차별 전략에는 어느 정도 한계가 있다. 나이나 멤버십 서비스 외에 지불 의사를 드러내 보여주는 장치가 생각보다 많지 않기 때문이다. 게다가 낮은 가격을 원하는 소비자가 제품을 구입한 후 높은 가격에도 지불할 의사가 있는 소비자에게 제품을 되파는 가능성도 존재한다.

기업 입장에서 소비자를 세분화할 수 있는 뚜렷한 기준이나 수단이 없을 경우, 경제학자들이 '2차 가격차별'이라 부르는 전략을 생각해볼 수 있다. 예를 들어 어떤 기업이 지불 의사가 높은 소비자와 지불 의사가 낮은 소비자를 대상으로 서로 다른 버전의 제품을 만든다고 가정해보자. 책을 출판하면서 하드커버와 페이퍼백을 만드는 전략이 2차 가격차별의 전형적인 사례다. 출판사는 하드커버와 페이퍼백을 별도로 발매함으로써 높은 지불 의사를 가진 소비자와 그렇지 않은 소비자를 구별할 수 있게 되는 것이다. 출판사 입장에서 높은 지불 의사를 가진 고객은 품질(더 나은 바인딩과 종이 질), 편의성(읽기 편한 사이즈), 신속성(발매 직후 구입 가능) 등의 가치에 의미를 두어 더 비싼 가격을 부담할 의사가 있다고 판단된다. 그리고 이 분석이 옳다면 페이퍼백보다 하드커버를 먼저 발행해서 높은 지불 의사를 가진 고객이 나중에 저렴한 페이퍼백이 출간될 것을 알고 있음에도 자발적으로 높은 가격을 지불하게 만드는 것이다.

2차 가격차별에서 주의해야 할 점은, 높은 지불 의사를 가진 소비자가 낮은 지불 의사를 가진 소비자 층으로 이동하지 않게 하는 것이다. 이러한 유혹은 소비자가 두 제품의 품질에 차이를 느끼지 않을 때 발생한다. 이는 출판사들이 전자책에 대해 걱정하던 것과 일맥상통한다. 출판사들은 소비자들이 전자책과 하드커버의 가치를 동일하다고 느끼게 될 것이며, 전자책과 하드커버가 동시에 발행될 경우, 하드커버의 매출이 하락할 것이라 걱정하고 있었다. 그러나 우리는 데이터를 통해 이 걱정이 기우에 불과하다는 사실을 발견했다.

앞서 언급한 어느 출판사와 아마존의 갈등으로 파생한 결과를 살펴보자. 여기서 사용된 대조군◆은 83개였으며 실험군◆◆은 99개였다. 대조군은 이 갈등이 벌어지기 4주 전과 그 4주 후에 동시 발매된 전자책과 하드커버로 구성되었고, 실험군은 양쪽의 갈등이 벌어지는 동안 발매된, 즉 하드커버

◆ 실험의 결과를 도출하기 위해 아무런 조작도 하지 않은 그룹

◆◆ 대조군과 달리 실험의 결과를 도출하기 위해 특정한 조작을 가한 그룹

가 발매되고 난 후 1주에서 8주까지 연기된 전자책들로 구성되었다. 관찰 결과 전자책의 발매 연기에 따른 하드커버의 판매량 변화는 거의 없었다. 다시 말하자면, 대부분의 온라인 소비자들은 종이책을 대체재로 생각하지 않는 듯 보였다. 이들은 디지털 콘텐츠 자체에 더 큰 관심을 보였다. 소비자들은 전자책을 하드커버의 저렴한 버전으로 인식하기보다 본질적으로 서로 다른 제품으로 인식하는 듯했다.

좀더 놀라운 사실은, 디지털 소비자들은 물리적 제품에 큰 관심이 없을 뿐 아니라 디지털 콘텐츠의 구매가 불가능할 때 매우 변덕스런 반응을 보이기까지 했다는 점이다. 발매 후 첫 20주간 모든 종류의 전자책 판매 수치를 보면, 하드커버보다 출시가 연기되었던 전자책은 하드커버와 동시에 출시된 전자책보다 40%나 낮은 판매량을 보였다. 이는 전자책이 종이책과는 확실히 다르다는 것을 뜻한다. 또한 디지털 콘텐츠를 사려는 소비자들의 경우, 원하는 시점에 디지털 콘텐츠를 구매할 수 없다면 상당수가 미련 없이 구매 의사를 철회하는 듯했다. 이들은 그저 흥미가 없어졌을 수도 있고, 욕구를 충족시켜줄 다른 제품을 발견했을 수도 있으며, 정품을 사려고 했으나 불법 복제물을 구했을 수도

있다. 어느 경우든 하드커버와 페이퍼백 사이에서 효과가 있었던 2차 가격차별 전략은 하드커버와 전자책 사이에서는 힘을 쓰지 못했다고 결론을 내릴 수 있을 것이다.

물론 2차 가격차별 전략의 힘을 빌리는 정보재 판매 산업에 출판만 있는 것은 아니다. 음반 제작사 역시 비슷한 전략을 추구한다. 일반 앨범과 디럭스 버전의 앨범을 생각해보자. 더 높은 가격도 부담할 용의가 있는 일부 팬들에게는 추가 콘텐츠나 가치를 더해서 디럭스 버전을 판매하고, 그렇지 않은 일반 소비자들에게는 상대적으로 낮은 가격에 일반 버전 앨범을 판매한다.

영화 산업에서의 2차 가격차별 전략에 비하면 출판사나 음반 제작사의 전략은 그리 복잡할 것도 없다. 그림3.1은 영화 콘텐츠를 품질, 소비 방식, 가격에 따라 다양화하고 시간차를 두어 6개 창구를 통해 유통하는 전형적인 출시 전략을 보여주고 있다. 그 첫 번째 창구는 극장이다. 60일 후에는 호텔과 여객기에서 출시가 되고, 120일 후에는 DVD로 출시된다. 극장에서 상영되고 난 후 6개월에서 2년이 지나면 유료 케이블 TV나 광고비로 운영되는 여러 TV 채널에 편성이 된다.

그림3.1 1998년~2005년 영화 콘텐츠의 일반적인 출시 흐름

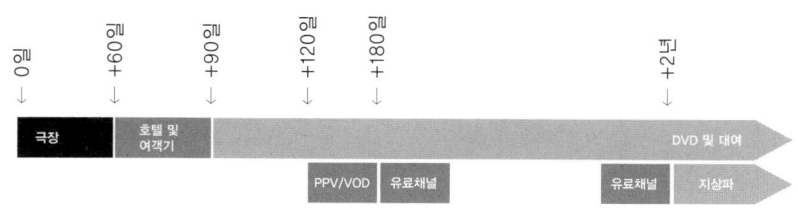

영화사들은 소비 방식과 품질에 따라 출시 창구를 세분화하기도 한다. 소비 방식은 소장용 혹은 대여용에 따라 나뉘고, 품질은 블루레이$^{Blu-Ray}$ 화질인지 DVD 화질인지, 혹은 보너스 콘텐츠가 있는지 없는지 등에 따라 나뉜다. 일례로 2005년 〈반지의 제왕: 반지 원정대〉의 DVD가 출시될 때 영화사 뉴 라인 시네마$^{New\ Line\ Cinema}$는 3가지 버전의 DVD를 제작했다. 첫째는 일반 팬들을 위한 30달러짜리 2-disc 와이드 스크린 에디션, 둘째는 열성팬을 위한 40달러짜리 플래티넘 시리즈 스페셜 에디션, 셋째는 극열성팬을 위한 80달러짜리 소장용 에디션이었다.

디지털 유통 채널은 출판 시장에서와 마찬가지로 영화 시장의 유통창구를 복잡하게 만들었다(그림3.2는 영화사들이 온라인과 오프라인 창구를 통해 영화를 발매하는 스케줄을 간략하게 담고 있다). 이런 이유로 영화사들 역시 출판사들이 고민했던 다음과 같은 궁금증을 갖게 되었다. "아이튠즈 같은 디지털 채널이 기존 채널에 얼마나 영향을 줄까" "아이튠즈에서의 소장용 판매가 대여용 판매나 넷플릭스 같은 스트리밍 서비스와 비교해 어느 정도 경쟁력이 있을까?" 그리고 이들보다 더 중요한 질문은 "이런 새로운 유통 채널을 활용해 기존의 고객 차별화 전략을 어떻게 강화시킬 것인가?" 하는 것이다.

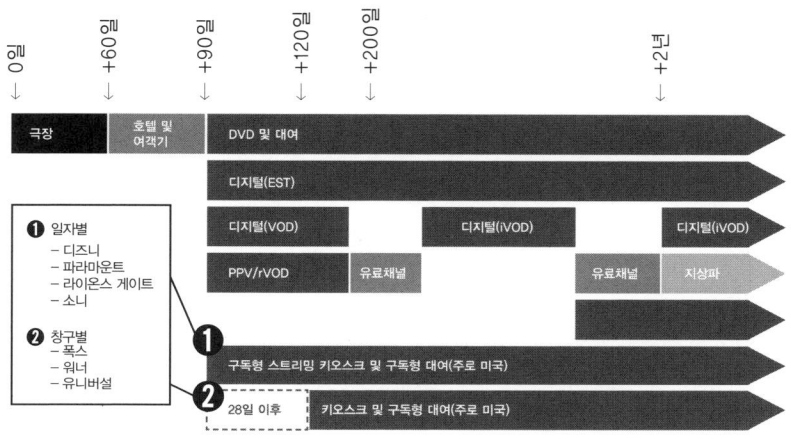

그림3.2 2014년 영화 콘텐츠의 일반적인 출시 흐름

출판사의 전자책 전략과 마찬가지로 해답
은 데이터에 있다. 데이터 분석을 통해 제품 차
별화와 자기잠식효과◆ 간의 상호 작용에 대한 이해를 높일 방법을 찾
을 수 있다. 더불어 한쪽 채널에서 매출이 높게 나오면 다른 채널에서
도 매출이 높게 나오는 상호 보완적인 제품 차별화 전략을 데이터에서
찾을 수 있다.

◆ 신제품이 기존 자사의 제
품에 손해를 끼치는 현상

소 비 자 들 에 게 알 리 기

2010년 초, 우리는 실제로 채널 간의 상호 보완성이 존재함을 확

인할 기회가 있었다. 당시 우리는 한 메이저 영화사와 함께 HBO, 시네맥스Cinemax, 쇼타임Showtime과 같은 유료 케이블 채널에서의 영화 방영이 DVD 판매에 어떤 영향을 주는지 연구하고 있었다.

유료 케이블 채널이나 영화사 관계자 모두 유료 채널에서의 영화 방영이 DVD나 다른 유통 채널을 대신하는 대체재가 될 것이라 여겼다. 가령 HBO 같은 경우에는 인터넷/모바일을 통해 접할 수 있는 새로운 채널들(특히 아이튠즈)이 HBO 시청률과 구독자 수에 위협이 될 거라는 우려가 컸다. 결국 이들은 HBO와 계약이 된 영화들이 자사 채널로 방영되는 동안에는 다른 채널(특히 유료 케이블 방송이나 아이튠즈)에서 시청이 불가능하도록 요구하기도 했다. 다만 DVD는 오프라인 매장 주인들에게 일일이 진열대에서 치우도록 하는 작업이 거의 불가능에 가까웠기 때문에 이런 제약을 두지 않았다.

HBO 방영 기간에도 DVD 판매가 지속된 덕분에 우리는 HBO에서의 방영이 DVD 매출에 어떤 영향을 주는지 측정할 수 있었다. 먼저 2008년 1월부터 2010년 6월까지 미국의 4대 유료 채널 (HBO, Showtime, Cinemax, Starz)에서 방영된 314개 영화의 DVD 판매 실적과 극장 매출을 모두 집계했다.[10] 예상대로 블록버스터 영화들이 매출의 대부분을 차지했다. 극장 매출 가운데 상위 10% 영화들이 전체 매출의 48%를 차지했고, 나머지 52%는 그다지 유명하지 않은 영화들이었다. 즉 상위 10%를 뺀 90%가 이른바 무명 영화였다. 이런 패턴은 DVD 시장에서도 비슷했다. 극장 매출의 48%를 차지하는 영화들이 DVD 출시 첫 달부터 유료 채널에 방영되기 전 달까지 DVD 매출의 48%를 기록하는 모습을 보였다.

소수의 몇몇 영화들이 극장과 DVD 시장의 초반 매출의 큰 비중을 차지하는 이유는 무엇일까? 영화 팬들이 원하는 좋은 영화가 정말 몇 개뿐이라서 이런 집중적인 매출 패턴이 나타날 수도 있고, 주변 사람들이 보는 영화를 따라 보기 때문일 수도 있을 것이다. 그러나 이러한 매출 패턴의 상당 부분은 영화 유통 과정에 따른 것으로 볼 수 있다. 영화는 대개 극장에서 먼저 개봉되는데, 상영관 수가 제한되어 있으므로 관객들이 극장에서 접할 수 있는 영화 역시 그 수가 제한된다. 게다가 영화사는 극장 매출을 기반으로 DVD 마케팅에 힘을 쏟기 때문에 앞서 언급한 비대칭적인 매출 패턴이 DVD 발매 초기에 발생하는 것이다.

그런데 재미있는 것은, 영화가 유료 케이블 채널에서 방영되고 난 후에는 극적인 변화를 보인다는 점이다. 유료 케이블 채널 방영이 DVD 매출을 견인하는 데 있어서, 그 증가세는 유명하지 않은 영화들에서 더 컸다. 그렇다. 바로 롱테일Long Tail이라고 부르는 현상이다. 잘 알려지지 않은 영화들의 DVD 매출이 전체 매출에서 차지하는 비중은 유료 채널 방영 전 달 52%에서 방영 다음 달 65%까지 올랐다.[11]

이는 시청자들로 하여금 극장 상영기간에 발견하지 못한 영화를 유료 채널이 발견할 수 있는 기회를 제공했기 때문으로 보인다. 특히 전체 극장 매출의 1/4을 차지하는 블록버스터 영화들의 경우, DVD를 구매할 잠재 고객 중 89%는 이미 그 영화 내용을 알고 있어서 DVD 매출이 오를 여지가 더 이상 없게 된다. 다시 말해 영화에 관심을 가질 만한 사람들 대부분은 이미 그 영화를 잘 알고 있다는 해석이 가능하다.

반면 전체 극장 매출의 하위 1/4을 차지하던 인기 없는 영화들의 경우에는 이야기가 달라진다. 이 영화들의 경우 유료 채널에 방영이 될 시점엔 오직 57%의 시청자들(잠재적 DVD 소비자들)만 영화가 어떤 내용인지 알고 있었다. 나머지 43%는 이 영화들을 알지 못하는 상태였다. 인기 없는 영화들은 대중에게 알려질 기회도 적고 극장에서 쉽게 보기도 힘든 영화였기 때문이다. 극장은 당연히 수익을 높이기 위해 대중적으로 인기가 있을 만한 영화를 한정된 스크린에서 상영한다. 따라서 팬들에게 인기를 얻을 수도 있었던 일부 영화들이 알려질 기회조차 얻지 못하는 것이다.

　이러한 분석은 일부 영화들이 유료 채널 방영 이전에 시청자들에게 왜 알려지지 못했는지를 설명해준다. 그러나 유료 채널을 통해 방영되는 기간 중에 벌어지는 변화에 대해서는 설명하기가 쉽지 않다. 유료 채널을 통한 영화 편성은 극장이나 DVD를 통한 유통과 어떤 점에서 차이가 있을까? 한 가지 분명한 차이점은, 극장과 DVD는 개별 영화 단위로 결제를 하는 반면, 유료 채널은 월정액을 결제하고 방영되는 모든 영화를 '무료로' 볼 수 있다는 것이다. 유료 채널 시청자들은 영화 한 편을 더 보기 위해 추가로 결제를 하지 않기 때문에 티켓 가격 15달러를 내야 하는 극장에서라면 보지 않았을 영화를 보게 된다. 이런 식으로 유료 채널 시청자들은 모르고 지나칠 뻔한 영화를 알 수 있게 되는 것이다.[12]

　그러나 이런 식의 영화 정보 습득은 영화 유통 채널들이 충분히 차별화되었을 때 가능하다. 예를 들어, 시청자가 유료 채널에서 영화를 본 다음 DVD 구입을 원할 수도 있을 것이다. 그런데 이 두 제품이 유사하다고 하면, 즉 시청자가 유료 채널에서 영화를 보면서 HD 화질로 영화를 녹화할 수 있다고 한다면 유료 채널 사업자 입장에서 DVD 상품은 보완재가 아닌 경쟁 상품이 되는 것이다. 이러한 상황은 정보재를 취급하는 기업에게 마케팅 관점에서 어려움으로 다가온다.

경쟁 조율하기

칼 샤피로Carl Shapiro와 할 배리언Hal Varian은『정보법칙을 알면 .com이 보인다』(미디어퓨전, 1999)라는 책에서 경쟁이 정보재 시장에 어떤 영향을 주는지 설명하기 위해 1980년대와 1990년대 CD로 된 전화번호부 상품을 예로 든다. 1980년대 중반 전화번호부는 주요 전화회사가 제작을 담당했고, 연방수사국FBI이나 국세청 같은 고객들에게 전화번호부 CD 1개당 1만 달러에 판매되었다. 그러나 디지털 기술이 발달하고 데이터 복사가 쉬워지자, 전화번호부의 시장 가치를 탐낸 신생 업체들이 전화번호를 복사해서 시장에 내다팔기 시작했다. 신생 업체들이 등장함에 따라 고정비용이 높고 개당 생산단가가 낮은 정보재 특유의 경제학적 특성이 시장을 장악하게 되었다. 그리고 이전처럼 가장 높은 가격을 지불할 만한 소비자에게 정보를 독점적으로 제공해 고수익을 남기는 사업 모델은 사라지게 되었다. 경제학 이론에 따르면 완전경쟁시장에서 품질이 동일한 제품의 가격은 한계비용까지 떨어진다. 전화번호부 시장에서도 동일한 변화가 일어났다. 신생 업체들 때문에 전화번호부 가격은 수백 달러 수준으로 떨어지다가 급기야 20달러 이하까지 하락했다. 오늘날 전화번호부(정보)는 본질적으로 사라지고 말았다.

소비자 입장에서 낮은 가격에 유통되는 정보는 분명 도움이 될 수 있다. 그러나 한계비용에 가깝게 가격이 책정되면 제조업체의 고정비 부담을 가중시켜 투자가 이어지지 못하고 결국 제조업체나 소비자 모두가 피해를 받게 된다.[13] 실제로 정보재 기반 시장에 투자를 증대시키는 이유는 어느 정도 독점적인 시장 지배력 행사를 통해 수익을 증대시킬 수 있기 때문이다.

엔터테인먼트 사업 역시 독점적인 시장 지배력을 제한적으로 행사함으로써 경제학 이론이 가리키는 바와 같이 직접적인 경쟁을 피하고, 콘텐츠의 품질과 편리성 그리고 출시 타이밍을 면밀하게 조율해 수익을 높일 수 있다. 만약 출판 시장에서 독자들이 저가 버전의 책이나 복사본을 빠르게 구할 수 있다면 출판사에서는 구매시점에 기반해 독자를 세분화하기 어려워질 것이다. 음악 시장 역시 마찬가지로 소비자들이 보너스 트랙이나 추가 콘텐츠를 손쉽게 구할 수 있다면, 음반사에서는 제품의 품질에 기반해 고객을 세분화하기가 힘들어진다. 영화 업계에서도 시청자들이 영화를 쉽게 녹화하고 저장할 수 있다면 편리성에 기반한 고객 세분화가 쉽지 않을 것이다. 이는 "왜 엔터테인먼트 업체들은 모든 유통 채널에서 동시 발매를 시도하지 않을까" "가격차별화와 고객 세분화에 따른 사업 모델을 포기하면 어떻게 될까?"에 대한 답이 될 수 있다.

물론 문제는 최근 정보통신기술의 발전이 이러한 전략적 선택에 여러 형태로 영향을 준다는 점이다. 빠른 정보 확산, 간편한 검색, 비용이 거의 들지 않는 복제와 저장 등의 IT 기술의 특징이 엔터테인먼트 업체들로 하여금 고객 세분화 전략을 면밀하게 추진하지 못하도록 만들고 있으며 그 영향력 또한 급격히 증가하고 있다.

오늘날 엔터테인먼트 업체들이 직면한 가장 심각한 문제는, 이러한 기술적 변화가 시장 지배력을 위협하고 수익성을 떨어뜨린다는 점이다. 다음 장에서 이에 대해 더 알아보자.

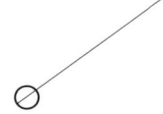

4
퍼펙트 스톰

기상학자들은 이상한 것에서 완벽함을 추구한다.
100년에 한 번 일어날 일을 위해
3개나 되는 기후 예측 시스템을 별도로 만들어두는 경우가 그렇다.
세바스찬 용어(소설 『퍼펙트 스톰』 작가)

자신은 정복당하지 않았다고 느끼는 순간이 있다.
그러나 단순히 느끼는 것과 실제 현실 사이에는 미묘한 차이가 있다.
알버트 존스톤 선장, 소설 『퍼펙트 스톰』 중에서

세바스찬 융어$^{Sebastian Junger}$가 1997년에 발표한 소설 『퍼펙트 스톰 $_{The Perfect Storm}$』은 유명한 베스트셀러다. 이 책은 1991년 가을, 몇 주 동안 바다로 나가 조업을 마친 후 위험한 폭풍에도 불구하고 고향 쪽으로 항해하기로 마음먹은 매사추세츠 주 글로스터 출신의 6명의 베테랑 어부들의 이야기를 담고 있다. 그전에도 수차례의 폭풍에서 살아남았기 때문에 어부들은 이번 폭풍 역시 이겨내리라 생각한다. 하지만 이들은 몰랐다. 이번 폭풍은 하나가 아니라 여러 개의 폭풍이 동시에 덤벼들어 엄청난 파도를 일으키는 이른바 퍼펙트 스톰이었다. 퍼펙트 스톰과 마주친 어부들은 과거에 폭풍을 이겨냈던 여러 방법을 써보지만 결국 역부족이라는 사실을 깨닫게 되고, 결국 바다에 빠져 목숨을 잃게 된다.

이번 장에서 하려는 이야기는 바로 이 『퍼펙트 스톰』에 담겨 있다. 엔터테인먼트 산업은 오랫동안 순항해왔다. 이는 소수의 메이저 기업들이 주도권을 행사하며 시장을 이끌어왔기 때문이다. 기술적 변화가 있을 때마다 주요 엔터테인먼트 회사들은 이를 잘 극복해냈고, 심지어는 이 변화들을 오히려 자신들의 강점을 강화하는 수단으로 활용하기도 했다. 그러나 1990년대에 들어서면서 다양한 종류의 변화들이 동시에 발생하기 시작했다. 디지털 미디어가 아날로그 미디어를 대체했고, 모바일과 마이크로 컴퓨팅 기술이 대중화되었으며, 인터넷이 등장했다. 이렇게 급격한 변화들은 엔터테인먼트 회사들이 쉽게 극복할 수 없는 대혼란을 가져왔다. 이 변화들은 곧 이들 엔터테인먼트 회사들의 기존 사업 전략과 수익 모델을 위협하는 일종의 퍼펙트 스톰이었던 것이다.[1]

이런 변화들의 결과는 예측하기가 쉽지 않다. 특히, 새로운 기술을 기존 사업에 적용했을 때 수익을 얻을 수 있을지 어떨지를 판단해야 하는 기업들에게는 더욱 쉽지 않다. 워너 뮤직 그룹의 수석 부대표이자 최고기술책임자인 호위 싱어Howie Singer가 해준 이야기가 있다. 엔터테인먼트 산업에 퍼펙트 스톰이 닥친 1990년대, 그는 AT&T에서 일하고 있었다. 싱어와 그의 동료 래리 밀러Larry Miller는 이 퍼펙트 스톰에서 굉장한 비즈니스 기회를 발견했고, 1997년 'a2b 뮤직'이라는 회사를 세웠다. a2b는 인터넷을 통해 압축 음악 파일을 안전하게 전송하는 서비스를 제공했다. AT&T에서 시험 버전으로만 발표했던 이 서비스를 통해 두 사람은 향후 음악이 소비되고 판매되는 형식이 완전히 바뀌는 엄청난 사업성이 있다고 느꼈던 것이다.

a2b의 서비스는 전혀 새로운 기술이었다. 아이튠즈 스토어가 2003년, 아이팟이 2001년, 냅스터가 1999년, 첫 MP3 플레이어인 다이아몬드 리오$^{Diamond\ Rio}$가 1998년에 등장했음을 떠올려보면, a2b가 얼마나 새로운 기술이었는지 짐작할 수 있다. a2b는 이 모든 것들보다 앞서 있었던 것이다. 소비자들은 인터넷이 연결된 곳이면 어디에서나 디지털 음원을 다운로드받아 언제든 들을 수 있었다. 게다가 a2b는 당시 최신 기술이었던 플래시 메모리에 음악을 담아서 들을 수 있는 휴대용 기기를 만들고 디지털 저작권을 관리하기 위한 프로토콜도 마련했다. 또한 소매점들과 함께 마케팅 전략을 세우고 a2b 서비스 내에 결제 수단을 개발하는 계획을 마련하기도 했다. 인터넷이 음악을 효율적으로 감상할 수 있는 통합 플랫폼의 역할을 하게 만들 계획이었다.[2]

싱어와 밀러는 음악 업계의 미래를 위한 대책, 즉 인터넷 기반의 디지털 음원 유통에 필요한 모든 것을 마련하겠다는 생각이었다. 메이저 음반 회사 대표들을 만나며 열심히 프레젠테이션도 했다. 두 사람은 a2b라는 이름이 원자^{atoms}에서 비트^{bits}로의 변화를 뜻하는 것으로, 음악 산업을 변화시킨다는 의미를 담고 있다는 설명으로 시작했다. 나날이 발전하는 컴퓨터와 광대역 접속 기술 덕분에 모든 음원이 디지털 형태로 판매될 것이라는 예측을 덧붙이며, 음원 관리가 쉬워지고 사운드 품질이 좋아지며 CD는 과거의 유물이 될 것이라고도 설명했다.

하지만 두 사람의 이야기는 음반 회사 대표들의 심기를 불편하게 만들었다. 1990년대 CD 판매는 음반 회사 수익의 대부분이었고, 매출도 지속적으로 상승하고 있었다. 대표들 중 한 사람은 물었다. "우리의 수익 모델을 대체할 게 뻔해 보이는 그 기술을 우리가 왜 받아들여야 하죠?" 또 어떤 대표는 a2b의 설명이 자신들의 음악을 '잔돈bits'으로 폄하하는 것 같아 모욕적이었다고도 했으며, a2b를 통해 기획사가 중간 단계를 거치지 않고 소비자에게 직접 음원을 판매할 수 있다는 설명에 "이건 악담에 가깝다"라며 화를 내는 사람도 있었다.

싱어와 밀러는 무조건 돈을 벌겠다는 생각이 아니었다. 어느 메이저 음반사 경영진에게 데모 버전을 시연할 때는 값비싼 스피커를 들고 가서 그 회사의 인기 곡들을 들려주기도 했다. 당시 음원 파일은, 용량은 이전 것들보다 적으면서도 음질은 MP3보다 좋은 수준이었다.[3]

두 사람은 음원 파일의 적은 용량이나 휴대성 측면에서 경영진들의 호평을 들을 것으로 생각했으나, 이들의 반응은 예상과 달랐다. 그들은 음질이 CD보다 떨어진다며 꼬투리를 잡았다. 심지어 어떤 임원은 "음악을 듣다 정이 떨어질 정도다. 누구도 이런 쓰레기를 들으려고 하지 않을 것이다"라고 혹평을 했다.

이런 비난들로 인해 결국 a2b 뮤직은 문을 닫았고, AT&T 역시 시험 버전을 중단했다. 물론 변화의 조짐도 있었다. 페카 그로노Pekka Gronow와 일포 소니오Ilpo Saunio는 『음반 산업의 세계사An International History of the Recording Industry』(1997)에서 꿈을 꾸듯 써내려간다. "훗날 음반이라는 형태는 사라질 것이며, 대신 청취자의 요청에 의해 음악이 제공되는 때가 올 것이다. 이론적으로 전화선이나 케이블 혹은 전파를 통해서 청취자가 듣고 싶은 음악을 고를 수 있는 커다란 주크박스를 만드는 일이 가능하다."[4] 그러나 당시 이런 전망은 업계의 현실과는 거리가 있는 얘기였다. 당장 현재의 핵심 주수익원을 포기하려는 경영진은 어디에도 없었다.

그러나 몇 년 지나지 않아 애플이 등장했고, 이어서 랩소디^{Rhapsody}, 판도라^{Pandora}, 스포티파이^{Spotify} 등 다양한 디지털 음원 서비스가 생겨났으며, 지금도 계속 생겨나고 있다. a2b 팀을 외면함으로써 기존 음반사의 경영진들은 음원 유통 주도권이라는 사업 모델의 중요한 한 축을 놓치고 만 것이다.

"누구도 이런 쓰레기를 들으려고 하지 않을 것"이라고 말한 임원을 비웃으려는 의도는 없다. 당시에는 누구나 비슷한 반응을 보였을 것이다. 앞서 말했지만, 시장을 주도하고 있는 기업들이 기술의 변화가 가져올 영향력을 알아채기는 상당히 힘들다. 특히 위의 사례에서와 같이 현재의 주 수익 모델을 위협하는 기술이라면 더욱 그렇다. 1990년대 브리태니커 백과사전^{The Encyclopedia Britannica}의 경우에서 이미 배운 것처럼, 어떤 변화가 닥칠지 이미 알고 있고 무엇을 해야 할지 알고 있던 상황에서도 적절한 대책을 마련하는 것은 쉬운 일은 아니다.

1990년, 브리태니커 백과사전은 불티나게 팔렸다.[5] 브리태니커는 2세기가 넘는 동안 가장 종합적이고 권위적인 참고도서를 만들며 높은 명성을 쌓았다. 백과사전 세트는 1,500~2,000달러에 팔렸고, 거의 모

든 도서관과 응접실 한켠의 선반을 가득 채웠다. 당시 백과사전은 사치품에 가까워서, 이 회사는 브리태니커를 소장하는 것이 곧 미국의 중산층으로서 가져야 할 교육과 문화를 상징한다는 식으로 일반 가정 단위의 판매에 나섰다. 백과사전 한 세트의 제작비는 250달러 정도밖에 안 되었으므로, 1990년에는 6억5천만 달러의 매출을 기록할 수 있었다. 브리태니커의 미래는 밝아 보였다. 1989년, 디지털 백과사전 출시를 고민하던 마이크로소프트 직원들도 비슷한 생각이었다. 브리태니커 사전에 대한 마이크로소프트 내부의 평가는 다음과 같았다. "그 어떤 분야에서도, 그 어떤 매체도 브리태니커만큼 가격을 안정적으로 유지하는 콘텐츠 상품은 없다."[6]

브리태니커는 단지 백과사전뿐 아니라 높은 신뢰성과 냉철한 권위 역시 함께 팔았다. 수십 년에 걸친 조사와 계획, 편집의 과정을 통한 최신판 제작도 멈추지 않았다. 더 작고 저렴하고 사용하기 편한 백과사전을 만드는 회사들이 늘어났지만 브리태니커는 신경쓰지 않았다. 브리태니커는 비싼 가격을 지불할 의사가 있는 고객들을 위한 프리미엄 제품을 지향했다. 브리태니커 자체 조사에 따르면, 고객들이 백과사전을 펼치는 횟수는 1년에 1회 이하였다. "우리 제품은 독서용이 아니라 판매하기 위한 목적이 더 크다"고 말하는 영업 담당 매니저가 있을 정도였다.[7]

1990년까지 수십 년간 브리태니커가 성공을 유지할 수 있었던 배경에는 영업팀의 능력이 상당 부분을 차지했다. 복잡한 채용 절차를 통과한 외판원들은 여러 가지 직무 교육을 통해 브리태니커 사전의 가치와 중요성에 대한 믿음을 갖추었다. 그 어떤 팀도 영업팀만큼 직접 판매 성과를 올리지는 못했으며, 영업팀은 판매 1건당 보통 500~600달러의 커미션을 받았다.

놀랄 것도 없이, 1980년대 초반 개인 PC가 등장했을 때에도 브리태니커 영업팀은 이를 위협으로 받아들이지 않았다. 1983년, PC 버전의 사전을 원하는 소비자들이 늘어나는 추세를 보이자, 브리태니커는 외판원들에게 일종의 판매 지침을 내렸는데, 거기에는 이런 내용이 있었다. "요즘 회사 안팎에서 자주 들리는 이야기 중 하나가 브리태니커는 언제 PC에서 쓸 수 있게 되느냐는 질문입니다. 만약 이런 질문을 받게 되면 '머지않아 될 것이다'라고 답하면 됩니다." 판매 지침은 여기에 다음과 같은 4가지 이유를 덧붙였다. 1)가정용 PC는 용량이 크지 않아 브리태니커 사전의 본문은커녕 색인을 저장하기에도 부족하다. 2)만약 메인 프레임 대형 컴퓨터에 브리태니커의 내용을 저장하고 가정용 PC에서 모뎀으로 접속해 이용한다면 비싸고 번거로울 뿐 아니라 속도도 상당히 느릴 것이다. 3)일부 텍스트를 가정용 PC로 볼 수는 있겠지만 내용이 여기저기 끊겨 나타날 수도 있다. 4)PC 버전에서는 키워드 검색이 중요한데, 이 기능은 기대하지 않는 것이 좋을 것 같다.

판매 지침에 따라 외판원들은 아마 이렇게 대답했을 것이다. "만약 PC 버전 브리태니커에서 '오렌지'라는 단어를 찾는다면 고객님들은 '오렌지색' '과일 오렌지' '오렌지카운티' '캘리포니아' '윌리엄 3세' 등 오렌지와 관련된 온갖 검색 결과들을 확인하게 될 것입니다. 그러고는 이 쓰레기 더미 속에서 쓸 만한 결과를 찾아야 합니다. 고객님들이 직접 하기엔 힘들고 시간 낭비에 가까운 작업이지만 브리태니커 편집자들이 이미 다 해놓은 일이기도 합니다." 판매 지침엔 이런 내용도 있었다. "브리태니커는 고객을 위해 모든 작업을 해놓았습니다. 우리 편집자들이 모든 내용을 읽고 분석해서 어떤 내용이 색인에 들어가야 하는지 정확히 판단했습니다. 편집자들은 과일과 색깔을 구분한 다음 참고문헌에 따라 그룹을 만들었습니다. 잡동사니 정보는 이미 없앴으므로 저희가 정리해놓은 내용만 보시면 여러분이 원하는 중요한 정보를 찾을 수 있습니다."[8] 즉, 종이책이 PC 버전보다 사용하기 편리하다는 의미였는데, 판매 지침의 결론은 다음과 같았다. "브리태니커 사전이 정보를 전달하는 방식은 출판 버전이나 PC 버전이나 동일합니다."[9]

그러나 브리태니커 측의 의도와 상관없이 흐름은 바뀌고 있었다. 2년 후인 1985년, 브리태니커는 마이크로소프트로부터 멀티미디어 CD-ROM 제작을 위해 브리태니커의 텍스트를 사용할 수 있는 비배타적 권리를 구입하고 싶다는 제안을 받았다. 그러나 브리태니커는 즉석에서 이 제안을 거절한다. 당시 홍보를 책임지던 임원은 답변했다. "우리는 가정용 PC를 위한 계획이 없다. 고작 4~5% 정도의 가정만 보유하고 있는 PC는 시장이 작고 매력적이지 못하다. 우리는 우리의 전통적인 판매 방식을 훼손하고 싶지 않다."[10] 그러나 마이크로소프트의 제안은 CD-ROM 백과사전이 상당히 비싼 가격에도 인기가 있을 것이며,[11] 이를 통해 제품의 포트폴리오를 다각화시킬 수 있을 것이라는 연구에 기반하고 있었다.

"우리는 우리의 전통적인 판매 방식을 훼손하고 싶지 않다." 불행하게도 이 말은 브리태니커의 추락을 암시하고 있었다. 1985년 브리태니커는 마이크로소프트의 제안을 거절하기로 한 결정에 대해 완벽하게 합리적인 이유를 갖고 있었다. 그 하나는 종이책 판매를 통해 상당한 커미션 수익을 챙기고 있던 영업팀의 반응에 대한 두려움 때문이었다. PC 버전이 낮은 가격에 공급되면 종이책의 수익에 부정적인 영향을 줄 것이고, 이는 브리태니커의 가장 큰 자산이라 할 수 있는 영업팀에게 상당히 나쁜 소식이 될 것이었다. 또한 PC 버전이 브리태니커 사전을 장난감 같은 콘텐츠로 인식하게 만들어 그동안 쌓아온 권위를 흩뜨릴 수 있다는 우려도 있었다고 했다. 당시만 해도 가정용 PC는 신기하고 새로운 문물이어서, 브리태니커의 명성에 위험 요소가 될 것으로 느꼈던 것이다. 그러나 2009년 노스웨스턴 대학교 경영대학 켈로그 스쿨Kellogg School에서 발행한「브리태니커 백과사전의 위기」라는 보고서를 통해, 쉐인 그린스타인Shane Greenstein과 미셸 데버루Michelle Devereux는 마이크로소프트의 제안을 받아들이는 것이 긍정적으로 보이지 않았던 또 다른 이유를 다음과 같이 내놓기도 했다.

"당시 브리태니커가 마이크로소프트처럼 증명도 안 된 신생 회사와 협업하는 위험을 감수할 이유가 없었다. 브리태니커는 백과사전 시장의 선두주자로서 조율을 잘했고, 백과사전을 펴내는 출판사들 중 가장 비싼 가격에 제품을 팔고 있었다. 당연히 수익도 괜찮았고 안정적이었다. 브리태니커는 주류 문화를 형성하고 있었고 이익률도 높았다. 한 직원은 '황금알을 낳는 거위를 품에 안고 있던 사람이 총에 맞은 것'이라고 말했다."[12]

하지만 브리태니커는 전자 백과사전의 잠재력을 알고 있었으며, 경쟁사들도 마찬가지였다. 1985년 그롤리에Grolier 출판사는 텍스트로만 이루어진 PC용 백과사전을 내놓았고, 같은 해 마이크로소프트는 멀티미디어 CD-ROM 백과사전을 자체 제작하는 데 전념하고 있었으며, 브리태니커 역시 마이크로소프트의 제안을 거절하고 얼마 지나지 않아 자체 멀티미디어 CD-ROM 백과사전 제작에 돌입했다. 그러나 이 CD-ROM 백과사전은 주력 제품이 아니라, 저렴한 초등학교용 백과사전 〈콤프턴Compton's〉이었다.

　　1991년, 드디어 일반 PC와 매킨토시용 디스크 두 종류로 〈콤프턴 멀티미디어 백과사전Compton's Multimedia Encyclopedia〉이 출시되었으나, 제품의 정체가 불분명하다는 이유로 콤프턴은 종이책 브리태니커를 구입하는 고객들에게 나눠주는 용도로 사용되었다. 방문판매 외판원들은 안심했다. 콤프턴이 종이책 판매에는 영향을 주지 않으면서 자신들의 실적을 도왔기 때문이다. 그러나 곧 브리태니커는 895달러에 새로운 콤프턴 백과사전을 출시했다. 이 가격은 종이책과 비슷한 수준이었다. 이러한 양면 전략은 두 부류의 고객으로부터 외면을 받았다. 한 고객층은 기존의 영업팀이 관리하고 있던 이른바 종이책 구매자들로, 이들은 〈콤프턴〉에 아무 관심도 보이지 않았다. 또 다른 고객층은 그저 그런 백과사전 치고는 895달러가 너무 비싸다고 느끼는 일반 소비자들이었다. 결국 1993년, 지속적으로 가격을 낮추고도 시장의 관심을 끌지 못하자, 회사는 시카고 트리뷴Chicago Tribune에 〈콤프턴〉 사업과 뉴미디어 사업부를 전부 넘기고, 브리태니커 온라인Britannica Online이라는 이름으로 브리태니커의 인터넷 버전 사업에 총력을 기울였다. 그사이, 브리태니커의 종이책 매출은 1991년 6억5천만 달러에서 1993년 5억4천만 달러로 떨어졌다. 같은 해 마이크로소프트는 CD-ROM 백과사전인 〈엔카르타Encarta〉를 출시했다.

마이크로소프트는 당시 소멸 직전이던 〈펑크 앤 와그널스 백과사전Funk & Wagnalls New Encyclopedia〉의 저작권을 구입했다. 브리태니커로부터 거절당하고, 월드북World Book보다 뒤늦은 상황이었다. 종이책 시장에서 펑크 앤 와그널스의 내용이나 명성은 브리태니커보다 한참 떨어지는 수준이었다. 그러나 새로운 시장에서는 달랐다. 펑크 앤 와그널스는 각 모듈별로 일정한 형식으로 구성되어 있어서 길고 방대한 브리태니커에 비해 디지털화, 검색, 하이퍼링크 측면에서 더 용이했다. 덕분에 마이크로소프트는 시장에서 통할 수 있는 CD-ROM 백과사전을 재빨리 만들어낼 수 있었다. 마이크로소프트는 펑크 앤 와그널스라는 이름을 버리고 신제품을 차별화하는 데 집중했다. 그래픽과 사운드를 추가해 품질을 업그레이드하고, 검색 기술력을 높이기 위한 투자를 아끼지 않았다. 사용자들이 주제를 쉽게 이동할 수 있는 링크를 만드는 한편, 최신 정보들을 신속하게 업데이트할 수 있도록 노력을 기울였다. 마이크로소프트는 명성이나 품질 면에서 브리태니커와 경쟁하려 하지 않았다. 대신 뉴미디어의 강점을 극대화하는 데 주력해, 비디오 클립, 검색, 하이퍼링크, 빠른 업데이트 등 백과사전이 가져야 할 기능성과 고객 확장에 힘을 쏟았다. 〈엔카르타〉는 집에서 부모와 아이가 같이 사용할 수 있는 패밀리형 제품을 지향했으며, 가격도 99달러에 불과했다. 새로운 시도는 시장에서 제대로 통했다. 마이크로소프트는 엔카르타 출시 첫해 35만 장, 이듬해에는 1백만 장을 판매했다.

매출이 감소하자 불안을 느낀 브리태니커는 마침내 1994년, 주력 콘텐츠를 활용한 CD-ROM 백과사전 제작에 들어갔다. 물론 종이책과의 충돌을 걱정하는 영업팀의 반발도 없진 않았다. 브리태니커는 콤프턴에 썼던 전략을 다시 끄집어냈다. 종이책을 구매한 고객들은 디지털 버전을 무료로 볼 수 있었고, 그렇지 않은 고객에게는 1,200달러를 받았다. 그러나 콤프턴이 그랬던 것처럼 이는 역시 실패로 끝났다. 고객들에겐 부담스러운 가격이었다. 2년 후 브리태니커는 CD-ROM 가격을 200달러로 낮추었으나, 결국 브리태니커는 고객 입장에서 더 쓰기 편하고 좋은 엔카르타를 뛰어넘을 수 없게 되었다.

종이책 중심의 당시 시장 상황에서 엔카르타 백과사전은 브리태니커 백과사전보다 분명 한 수 아래의 제품이었다. 그러나 많은 고객들이 그래픽이나 사운드, 검색 등의 기능에서 가치를 느끼며 디지털 버전이 충분히 괜찮다고 생각했다.

1996년 브리태니커 백과사전의 매출은 5년 전의 절반에 불과한 3억2천5백만 달러로 떨어졌다. 각종 기술적 어려움을 극복하고 간신히 4천만 단어를 탑재한 브리태니커 온라인도 미래 지향적인 시도라 할 수 있었으나, 매출 감소를 피할 순 없었다. 그해 브리태니커 CEO였던 요셉 에스포지토Joseph Esposito는 아쉽게도 1억3천5백만 달러에 스위스 자본가인 야곱 사프라Jacob Safra에게 회사를 넘겨야 했다. 그러나 야곱 역시 회사를 살릴 수는 없었다. 2012년, 전문가나 에디터가 아닌 일반 사용자가 콘텐츠를 생성하는 백과사전인 '위키피디아'가 지속적으로 인기를 얻자 브리태니커는 공식적으로 종이책 버전의 백과사전을 만들지 않겠다고 선언했다. 브리태니커의 200년 역사는 이렇게 막을 내리게 되었다.

브리태니커가 시장의 변화에 대응하는 데 어려움을 겪은 것은 왜일까? 브리태니커는 단연코 막강한 브랜드 파워와 신뢰할 만한 콘텐츠를 보유하고 있었고, 강력한 판매 네트워크와 영업 역량도 갖추고 있었다. 선두를 달리고 있던 리더가 어떤 이유에서 세일즈 팀도 없고 콘텐츠 품질도 좋지 않았던(펑크 앤 와그널스) 무명의 브랜드(엔카르타)에 역전을 당하게 되었을까?

브리태니커가 단순히 하나의 이유만으로 실패한 것은 아닐 것이다. 여기에는 콘텐츠를 판매하는 사업 모델과 시장 주도권을 급격하게 바꾼 여러 요소들이 복합적으로 작용되었을 것이다.

실패의 첫 번째 원인은 디지털 백과사전이 평소 백과사전을 구매하는 사람들에게 제공하던 가치를 변화시켰다는 점이다. 종이로 된 브리태니커 백과사전은 경쟁자들보다 더 많은 가치를 고객들에게 전달함으로써 시장 주도권을 유지할 수 있었다. 고품질의 믿을 만한 콘텐츠, 신뢰성 높은 편집 과정, 검색이 편리한 인덱스, 사회적 위치를 드러낼 수 있는 상징성 등이 그 대표적인 가치일 것이다. 디지털로 옮겨간 백과사전이 종이책의 이러한 가치들을 완전히 제거한 것은 아니지만 어느 정도 약화시킨 것은 사실이다. 디지털 백과사전은 이해하기 쉬운 모듈형 구성, 청각과 시각 자료의 조합, 빠른 업데이트, 하이퍼링크와 검색 기능, 가죽으로 제본된 책을 소유한 세대가 아닌 컴퓨터 세대로서의 사회적 위치를 드러낼 수 있는 상징성 등을 갖고 있었다.

두 번째 원인은 백과사전 시장의 수익 모델이 바뀌었기 때문이다.

예전에는 직접 판매를 통해 높은 마진을 남기는 구조였다. 그러나 디지털 시장에서 백과사전은 가정용 PC를 위한 추가 프로그램 정도였으므로, 마진이 낮은 소매 형태로 판매되었다.

세 번째 원인은 브리태니커가 기존 시장에서 고수하던 전략 때문이다. 성공하는 회사들은 기존의 전략을 되풀이하기 마련이다. 브리태니커로서는 '직접 판매에 대한 굳은 믿음'이 그런 것이었다. 회사를 운영하거나 책임이 많은 자리로 승진하는 이들은 주로 영업팀 출신이었다. 그 결과, 백과사전을 판매하는 새로운 방법이 등장했을 때, 경영진들은 이를 자신들의 '고高마진 직판' 방식을 위협하는 요소로만 받아들이고 말았다.

네 번째 원인은 시장의 주도권이 생각보다 빠르게 변했다는 점이다. 시장을 점령하고 있는 기업들의 입장에서 보면 변화는 빠른 것보다 느린 쪽이 좋다. 그들에게 수익성도 품질도 낮고 증명도 안 된 신규 사업을 왜 당장 추진하지 않느냐고 비판하기는 어렵다. 맷 막스Matt Marx, 조슈아 갠스Joshua Gans, 데이비드 수David Hsu가 진행한 최근의 연구를 보면, 대부분의 기업들은 새로운 변화에 대해 일단 지켜보자는 입장을 선호하는 것으로 나타났다. 어떤 신기술이 시장에서 성공할지 지켜본 다음 그 업체를 인수하거나 파트너십을 맺는 것이다.[13] 많은 경우 이런 전략이 유효할 것이다. 그러나 신생 기업이 쉽게 시장 주도권을 차지할 수 있고, 기존 기업들과 협력할 필요가 없게 된다면 '일단 지켜보자'는 전략은 무용지물이 되기 쉽다. 브리태니커의 경우가 그렇다. 아이러니하게도 브리태니커 CEO 에스포지토는 1996년 회사를 매각하기 위해 마이크로소프트에 제안했으나 거절당했다. 당시 마이크로소프트는 백과사전 시장에서 가장 많은 직원을 보유한 600억 달러 가치의 회사였다.

엔터테인먼트 산업과 브리태니커의 이야기는 상당히 유사하다. 이 책의 후반부에서 우리는 엔터테인먼트 산업이 변화의 퍼펙트 스톰에 어떻게 대응했는지 살펴볼 것이다. 가령 롱테일 시장의 등장이나 불법 복제물, 창작자들의 직접 유통, 데이터 분석 기반의 마케팅, 유통 플랫폼의 강력한 권한 같은 이슈들로 인해 엔터테인먼트 기업들 역시 브리태니커와 같은 위협에 직면하게 되었으며, 시장 가치를 창출하는 프로세스나 수익 모델의 변화, 기존 사업과 신규 사업의 균형 같은 문제들도 위험 요소로 꼽힌다. 더 큰 문제는 마케팅이나 고객 데이터 수집을 위해 유통 플랫폼이 중요해지면서 엔터테인먼트 콘텐츠 제작에 있어서도 중요한 역할을 담당하게 되었다는 점이다.

이런 위협들은 그 자체로는 엔터테인먼트 산업의 기존 시스템에 심각한 영향을 주지 않는다. 그러나 이것들이 복합적으로 작용함으로써 기존의 엔터테인먼트 산업이 의존하고 있던 수익 모델이나 주도권에 퍼펙트 스톰을 몰고 왔고, 그 결과 기존 업체들이 수용하기에는 어려운 다양한 변화가 일어났다. 하지만 우리가 퍼펙트 스톰에 비유했다고 해서 그 끝이 곧 소설의 주인공이나 브리태니커의 영업팀이 맞았던 비극적 결말을 의미하는 것은 아니다. 우리가 이 책에서 이야기하려는 위협을 인식하고 적절하게 대응한다면 엔터테인먼트 산업의 미래는 밝을 것이다.

그에 앞서 이러한 위협의 본질에 대해 더 알아볼 필요가 있을 것이다. 다음 장에서는 새로운 시장 가치를 창출하기 위해 고객 데이터를 적극 활용한 엔터테인먼트 기업들의 사례를 살펴보고자 한다.

내가 뭔가 해냈다고 느꼈을 때마다
그리 달콤하지는 않았던 것 같다.

데이비드 보위,
〈Changes〉 중에서

II. 변화

5
블록버스터 법칙과 롱테일 법칙

영화 한 편에 2억 달러를 쓸 수 있는 회사는 많지 않다. 이것이 우리의 경쟁력이다.
앨런 혼Alan Horn, 월트 디즈니 스튜디오 회장. 애니타 앨버스Anita Elberse, 『블록버스터 법칙Blockbusters』
에서 재인용

유튜브에 널린 잡다한 영상들이 드라마 〈더 소프라노〉에
위협이 될 수 있다는 생각을 하기는 쉽지 않다.
그런데 전통적인 TV 콘텐츠 제작비와 비교해 아주 적은 비용으로 만들 수 있는
이른바 소량 생산 콘텐츠를 원하는 사람들도 있다.
크리스 앤더슨Chris Anderson, 『롱테일 경제학The Long Tail』 중에서

위에서 인용한 두 책은 기술이 어떻게 엔터테인먼트 산업을 변화
시켰는지에 대해 논의할 때 대립하는 두 시각을 대표한다. 와이어드Wired
편집장이었던 크리스 앤더슨은, 소위 롱테일이라 불리는 온라인 채널
의 영향력이 늘어나면서 소수의 히트 상품이 점령하던 시장에서 다수
의 틈새 상품이 주도하는 시장으로 이동하고 있다고 보고, 엔터테인먼

트 기업들도 수익 모델이나 마케팅 전략을 이러한 새로운 흐름에 맞춰야 한다고 했다. 그러나 하버드 경영대학원 교수인 애니타 엘버스는 확연히 다른 입장을 보였다. 각종 사례와 통계 및 관련 기업 경영진들과의 인터뷰를 통해, 그녀는 엔터테인먼트 기업의 수익은 대부분 소수의 대작들로부터 나오며, 기술이 발전할수록 블록버스터가 중요해진다고 밝혔다.

크리스 앤더슨과 애니타 엘버스의 분석은 물론 인정할 만하다. 그러나 이들은 기술의 변화와 발전이 엔터테인먼트 산업의 시장 주도권에 어떤 영향을 주는지에 대해서는 잘못된 진단을 내리고 있다. 롱테일 제품들이 곧 블록버스터 전략에 대한 위협이 되지 못하는 것은 사실이다. 롱테일 제품은 극소수 소비자들을 위한 목적이 크므로,[1] 대중적인 인기가 낮은 제품으로 큰 시장을 만드는 것은 어렵다. 하지만 롱테일 '제품'은 블록버스터 전략에 위협이 되지 않지만 롱테일 '프로세스'는 위협으로 작용할 수 있다는 것만은 분명하다.

이번 장에서 살펴볼 내용은 다음과 같다. 첫째, 엔터테인먼트 상품의 종류가 늘어나는 상황에서 기술이 어떤 역할을 하는가? 둘째, 새로운 엔터테인먼트 상품들은 어떻게 시장 가치를 창출하는가? 셋째, 엔터테인먼트 기업들은 어떤 방법으로 수익을 올리고 있는가?

———○———

인터넷은 어떤 가치를 창출할까? 1990년대에 이런 질문을 했다면, 아마 인터넷이 재고나 유통 등의 운영비용을 줄이고 경쟁을 활성화시켜 제품 가격을 낮추었다는 정도의 답변이 나올 것이다. 1998년과 1999년, 우리는 과연 온라인상에서의 제품 가격이 오프라인에서의 가격보다 낮은지 알아보기 위한 관련 데이터를 모두 수집했다. 에릭 브린욜프슨$^{Erik\ Brynjolfsson}$과 함께한 이 작업에서, 우리는 15개월 동안 41개 소매점에서 온라인 · 오프라인상 8,500가지 종류의 가격으로 판매되는 다양한 책과 CD를 분석했다. 분석 결과, 예상대로 온라인 판매가가 오프라인 판매가보다 9~16% 정도 저렴한 것으로 나타났다.[2]

물론 이 분석은 온라인 · 오프라인 판매가만 비교한 것으로, 온라인으로 판매되는 모든 상품을 대상으로 한 연구는 아니었다는 점에서 한계가 있다. 분석 대상이 된 온라인 상점들은 거의 모든 책과 CD를 구비하고 있었지만, 1999년 당시 오프라인 서점들은 230만 종 중 보통 4만~10만 종만 구비하고 있었다. 음반 매장 역시 오프라인에선 25만 장의 CD 중 인기가 있는 5,000~15,000장의 CD만 구비하고 있었다. 즉, 오프라인에서 판매되지 않는 상품들은 비교 대상으로 삼을 수 없으므로 분석 대상에서 제외해야 했다. 그 결과 온라인으로 구매하는 소비자들이 오프라인에서 구매할 때보다 얼마나 더 이익인지에 대한 분석은 가능했으나, 온라인 채널이 소비자에게 얼마나 큰 편리함과 잠재력을 제공하는지에 대해서는 알아보기가 어려웠다.

잘 알려지지 않은 작품을 온라인에서 구입할 수 있다는 사실은 소비자에게 어느 정도의 가치가 있는 것일까? 오프라인에서 구할 수 없던 작품을 구할 수 있다는 데 많은 사람들이 꽤 만족해할 것이다. 오프라인에서는 블록버스터 작품들이 수익의 대부분을 차지한다. 자연스럽게 소비자들의 취향도 블록버스터 중심으로 형성된다. 이는 엔터테인먼트 콘텐츠가 왜 슈퍼스타를 선호하는지와도 연결된다.

　　로버트 프랭크$^{Robert\ Frank}$와 필립 쿡$^{Philip\ Cook}$은 1995년에 발간된『승자독식사회$^{The\ Winner-Take-All\ Society}$』라는 책을 통해 엔터테인먼트 산업을 포함한 많은 시장에서 인기 제품이 더 많은 인기를 얻는 순환 고리를 발견할 수 있다고 밝혔다. 이들은 순환 고리가 형성되는 원인으로 다음의 3가지 이유를 들었다. 1)사람들은 뛰어난 재능에 이끌린다. 2)사람들은 친구나 또래들이 좋아하는 콘텐츠를 좋아한다. 3)고정비용이 높고 마진이 낮은 제품은 대량으로 팔릴 때 수익성이 좋다. 윌리엄 맥피$^{William\ McPhee}$가 1963년에 발간한『대중 행동의 원리』라는 책 역시 인기 제품의 강점에 대해 유사한 분석을 내놓고 있다. 윌리엄 맥피는 무명 제품이 계속 무명으로 남아 있는 이유가 많은 소비자들이 제품의 존재를 모르고, 무명 제품의 존재를 알고 있는 소비자일수록 무명 제품보다 괜찮은 제품으로 어떤 것들이 있는지 더 잘 안다고 분석했다.

　　그러나, 몇몇 블록버스터 작품들이 엔터테인먼트 산업을 지배했다고 해서 앞으로도 그럴 것 같지는 않다. 과거에 시장 집중도가 높았던 것은, 작품을 소비하는 사람들의 취향이 아니라 물리적으로 접근할 수 있는 채널에 한계가 있었기 때문이다. 즉, 발견할 수 없으면 구매할 수도 없었다는 뜻이다. 인터넷 공간에서 소비자들이 더 많은 작품을 접할 기회가 있었다면 작품을 고르는 취향이나 관심도 더 다양해지지 않았을까? 앞서 언급한 맥피, 프랭크, 쿡의 분석 결과를 인터넷으로 확장해보면 그들의 이론에 한계가 있는 것이 사실이다. 제품 차별화의 관점에서도 살펴보자. 경제학자들은 제품 차별화를 수직과 수평, 2가지 종류로 나눈다. 수직적으로 차별화된 시장은 가격이나 등급을 기준으로 나뉘는 경우가 많다. BMW와 Chevy, 힐튼과 홀리데이 인, 하드커버와 페이퍼백을 생각하면 쉽다. 엔터테인먼트 산업에서라면『율리시스』를 쓴 제임스 조이스^{James Joyce}와『그레이의 50가지 그림자』를 쓴 E.L. 제임스^{E.L. James}를, 로큰롤 명예의 전당에 오른 록그룹 그레이트풀 데드^{Grateful Dead}와 하드코어 펑크록 그룹 데드 밀크맨^{The Dead Milkmen}을, 톰 행크스^{Tom Hanks}와 다른 일반 배우를 비교한다고 생각하면 되겠다. 물론 이 구분에도 이론의 여지는 있다.

중요한 것은, 엔터테인먼트 상품에는 모두가 납득할 만한 분류 기준이 없다는 점이다. 따라서 엔터테인먼트 산업에는 수평적인 제품 차별화가 어울린다. 앞서 프랭크와 쿡이 "뛰어난 재능"을 이야기하고, 맥피가 "더 괜찮은 제품"에 대해 이야기했지만 책이나 영화, 음악에 있어서 어떤 작품이 더 뛰어나고 어떤 작품이 그렇지 않은지 객관적으로 판단을 내리기는 쉽지 않다.[3]

프랭크와 쿡이 제시한 '승자독식사회'의 원인 중 2)사람들은 친구나 또래들이 좋아하는 콘텐츠를 좋아한다는 점과, 3)고정비용이 높고 마진이 낮은 제품은 대량으로 팔릴 때 수익성이 좋다는 것 모두 기술이 엔터테인먼트 상품의 소비에 끼친 영향을 논할 때는 다소 적용이 어려울 수도 있다. 사람들은 보통 주변 친구들의 의견에 따라 물건을 구입하지만, 이제는 소셜네트워크서비스^{SNS} 같은 서비스를 통해 더 다양한 친구들로부터 추천을 받거나 전에는 몰랐던 틈새시장에 대한 시각을 넓힐 수 있다. 또한, 높은 고정비용과 낮은 한계비용이라는 속성은 블록버스터 제품에 유리하다고 하지만, 디지털 기술은 많은 엔터테인먼트 제품들의 고정비를 낮출 수 있으며, 수익을 내기 위해 필요한 생산

규모를 줄일 수 있다.

이렇게 기존의 이론들이 완벽하지 않다면 어떤 방법을 모색해야 할까? 답은 역시 데이터에 있다. 2000년 에릭 브린욜프슨과 유 제프리 후Yu Jeffery Hu와 함께 데이터 분석 작업을 진행한 결과, 우리는 새로운 흐름을 발견할 수 있었다. 온라인을 통해 틈새 제품에 접근할 수 있는 기회 자체가 소비자들에게 엄청난 경제적 가치를 제공하고 있었던 것이다.

이 분석은 당시 오라일리 북스O'Reilly Books의 마케팅 조사 실장이었던 매들린 슈냅Madeline Schnapp의 연구에서 시작되었다. 슈냅은 아마존에서 오라일리 책들의 주간 판매 실적을 수집한 후 아마존 매출 순위 지표와 비교하는 작업을 진행해왔다. 이를 통해 아마존 매출 순위를 알면 그 책이 한 주간 어느 정도 팔렸는지 비교적 정확하게 예측할 수 있는 모델을 만들 수 있었다. 우리는 슈냅의 모델에 쓰인 데이터 세트와 분석 방법을 활용해 온라인 소비자들이 그리 유명하지 않은 작품들에 상당한 흥미를 갖고 있음을 파악할 수 있었다. 실제로 분석 기간 동안 아마존에서 팔렸던 책의 1/3에서 절반 정도가 대형 오프라인 서점에서는 구하기 어려운 것들이었다.

소비자들이 무명 제품에 접근할 수 있는 기회를 얻음으로써 실제 어느 정도의 경제적 가치를 얻게 되는지 알아보기 위해, 제리 하우스먼Jerry Hausman과 그레고리 레오나르드Gregory Leonard의 신제품 가치 측정 연구를 참고했다. 이들의 연구 방법이 갖는 장점은 소비자 행동 관점에서의 이론적 접근이나 유명 작품 대비 무명 작품의 상대적 가치를 측정하는 방식이 아니라, 실질적인 경제적 가치와 객관적 지불 의사를 파악할 수 있다는 점이다.

하우스먼과 레오나르드의 연구를 온라인 서점 고객들에게 대입해
보면, 잘 알려져 있지 않은 도서에 접근할 수 있는 기회에서 유발되는
경제적 가치가 2000년 한 해 동안 7억~10억 달러가량 되는 것으로 나
타났다. 이는 오프라인 대비 온라인의 저렴한 가격에서 얻을 수 있는
경제적 가치보다 10배가 많은 수치다.[4] 즉, 온라인 소비자들이 얻는 경
제적 가치를 결정하는 요인은 단순히 오프라인에서 구매 가능한 제품
을 몇 달러 더 싸게 구매하는 정도에 기인하지 않는다. 이 경제적 가치
는 과거 오프라인 중심 사업 모델에서는 찾아볼 수 없던 수백만 개의
제품을 발견하고, 평가하고, 구매할 수 있다는 새로운 기회로 인한 것
이다.

2000년대 들어 이런 경향은 더 뚜렷해졌다. 2008년에 이루어진
필자들의 연구에 따르면, 온라인을 통한 제품 다양화에서 얻을 수 있
는 경제적 가치에는 3가지 요인이 작용한다. 첫째, 총 서적 매출 가운
데 전자책 매출이 차지하는 비율이 2000년 6%에서 2008년 약 30%로
증가했다. 둘째, 소비자들은 2000년보다 2008년에 틈새 상품을 더 많
이 찾는 경향을 보였다. 셋째, 소비자들은 2008년에 더 다양한 도서를
소유하는 경향을 보였다. 신규 도서의 종류가 2000년 12만2천 종[5]에
서 2008년 56만 종[6]으로 늘어났다. 이 연구에 따르면 제품 다양화에서
소비자들이 얻는 경제적 가치가 해마다 40억~50억 달러씩 증가해 총
5배가량 늘었다고 볼 수 있다. 그럼에도, 루이스 아기아[Luis Aguiar]와 조
엘 왈드포겔[Joel Waldfogel]의 최근 연구에 따르면 이 지표가 온라인상의 제
품 다양화가 야기하는 경제적 가치를 실제로는 낮게 평가하고 있다고

한다.[7] 이는 어떤 제품이 히트 제품이 될지 아무도 예측할 수 없기 때문이다. 출판사, 음반사, 영화사 모두 어떤 제품이 성공할지 예측하고 싶어한다. 그러나 그 예측은 완벽하게 들어맞지 않고, 결과적으로 인터넷 덕분에 무명작가나 가수가 혜성같이 등장하게 되고, 매출에서도 눈에 띄게 앞서나가는 경우가 종종 일어난다.

아기아와 왈드포겔은 자신들의 이론을 검증하기 위해 음악 시장에서 신곡의 매출이 어느 정도인지 살펴보았다. 우선 그들은 기술의 발전을 통해 이전보다 훨씬 많은 신곡이 쏟아져나오게 되었음을 밝혔다. 앨범으로 발매된 곡들도 2000년 대비 2010년에 3배나 증가했다. 롱테일에 속하던 제품들도 블록버스터 제품이 될 수 있다는 가능성을 열었다는 점에서 새 앨범들이 창출하는 경제적 가치는 이전보다 15배 늘어났다.

어떤 이들은 이런 효과가 꼬리에 꼬리를 물고 나타날 수 있을 것인지, 즉 몇 년 동안이나 중고서점 선반에 처박혀 있던 이름 모를 책에도 영향을 끼칠 수 있을지 궁금할 것이다. 이런 제품들은 앞서 윌리엄 맥피가 지적한 대로 도저히 더 이상 팔릴 수 없는 것들이다. 애니타 앨버스도 같은 의견을 밝힌 적이 있다. 그녀는 2008년 하버드 비즈니스 리뷰에 실린 「롱테일에 투자해야 하는가?」는 글에서 윌리엄 맥피를 인용하며 이렇게 말했다. "남들이 찾지 않는 이름 모를 제품을 어렵게 구매한 사람 입장에서는 만족도가 높을 수 있지만, 현실적으로 무명 제품은 소비자들의 관심에서 멀어지기 마련이다."[8]

이같은 효과를 데이터를 통해서도 확인할 수 있을까? 글렌 엘리슨Glenn Ellison과 사라 피셔 엘리슨Sara Fisher Ellison의 최근 논문에서 이 질문에 대한 답을 찾을 수 있다. 두 저자 중 한 사람이 중고서점에서 희귀 서적을 구매한 경험으로부터 시작된 이 연구는 온라인 중고서점이 창출하는 경제적 가치에 대해 살펴보고 있다.

"몇 년 전이었습니다. 제약 시장을 다룬 30년 전 책을 구할 일이 있었는데, 당시 MIT 도서관을 아무리 뒤져도 이 책을 찾을 수가 없었습니다. 책은 이미 절판된 상태여서 오프라인 서점에서 이 책을 찾는 것은 모래사장에서 바늘을 찾는 격이었습니다. 그래서 중고책 거래 전문 인터넷서점인 알리브리스Alibris에 이 책이 있을지 검색했는데, 4~5권 정도가 판매되고 있었습니다. 20달러 정도를 결제하자 며칠 안에 책이 도착했습니다. 그런데 책 표지 안쪽에 0.75달러라고 연필로 썼다가 지운 흔적이 있었습니다. 이 책은 분명 수년간 중고서점 책장에 처박혀 있었고, 0.75달러라는 가격에도 이 책을 사려는 사람이 없었던 것입니다. 하지만 이 책이 필요했던 한 연구자는 기꺼이 20달러를 지불했고, 마음 같아서는 20달러보다 비싸다고 해도 결제했을 겁니다."[9]

글렌 엘리슨과 사라 피셔 엘리슨은 이와 동일한 현상이 다른 종류의 책들에서도 일어날 수 있을지 알아보기 위해 오프라인 중고서점과 온라인 중고서점의 가격 정보를 수집했다. 분석 결과, 온라인에 올라온 수백만 권의 책 가운데 소비자가 찾고 싶은 책을 정확히 찾을 수 있는 기술은 구매자와 판매자 모두에게 상당한 경제적 가치가 있는 것으로 나타났다. 요약하자면 대부분의 소비자가 가치를 느끼는 블록버스터 제품이 아닐지라도 필요한 소비자에게 인지될 수 있는 제품이라면 높은 만족감을 제공할 수 있다. 참고로 경제학자들은 소비자 만족을 경제적 가치와 동일시한다.[10]

만약 소비자가 이렇게 필요했으나 잘 몰랐던 제품을 구할 수 있는 기회에 상당한 가치를 느낀다면 기업 입장에서는 이를 잘 활용해 다양한 비즈니스 기회를 마련할 수 있다. 그러나 수익을 창출하기 위해, 기업은 먼저 수익 창출에 필요한 프로세스를 알아야 한다. 오프라인에서는 구할 수 없는 상품을 찾을 수 있도록 해주는 IT 기반 시장의 특징은 무엇일까? 이를 위해 우리는 알레한드로 젠트너[Alejandro Zentner]와 큐네이드 카야[Cuneyd Kaya]와의 협업을 통해 대형 비디오 대여 체인 회사의 오프라인·온라인 데이터를 살펴볼 수 있었다. 먼저 대여 순위 상위 100개의 DVD가 오프라인 매장에서는 매출의 85%를 차지한 반면, 온라인 매출에서는 35%에 그쳤다. 이런 차이가 발생한 것은 온라인에서 더 편리하게 제품을 검색하고 더 다양한 제품을 접할 수 있어서일까? 아니면 단지 각 매장을 찾는 고객들의 성향 차이 때문일까? 더 정확한 분석을 위해서는 고객들이 오프라인 매장보다 온라인 매장을 선호하는 이유를 객관적으로 파악할 필요가 있었다. 마침 이 비디오 대여 회사가 몇몇 오프라인 매장들을 정리하는 상황이 벌어지면서 보다 객관적 분석이 가능하게 되었다.

당시 오프라인 매장을 정리하는 기준에는 고객들의 취향이 반영되지 않았다.[11] 따라서 우리는 각 지역의 오프라인 매장이 문을 닫으면서 개별 고객들이 보이는 소비 패턴의 변화와, 오프라인 대비 온라인에서 다양한 선택을 할 수 있게 되면서 개별 고객들이 보이는 소비 패턴의 변화를 분리할 수 있게 되었다. 분석 결과, 다양한 선택을 할 수 있게 되면서 블록버스터를 대여하는 고객은 줄어들고 오프라인 매장에서는 볼 수 없던 무명 작품을 대여하는 고객이 늘어나는 경향을 발견할 수 있었다.

동시에 우리는 이런 소비 패턴의 변화가 공급(오프라인 매장에서는 대여할 수 없던 작품들을 대여할 수 있게 된 상황)과 수요(온라인 검색의 편리함 덕분에 더 새로운 작품을 대여할 수 있게 된 상황) 측면에서 각각 유발될 수 있음을 유추할 수 있었다. 한쪽을 고정시킨 채 다른 쪽에 변화를 줄 수 있었다면 더 정확한 분석이 가능했겠으나 당시 상황은 여의치 않았다. 다행히도 브린욜프슨, 후, 시메스터[Simester]의 연구에서 해답을 찾아볼 수 있다.[12] 이들은 동일한 여성의류 카탈로그를 활용해 '온라인'과 '우편 및 전화'로 판매하는 어느 중견 기업의 소비 패턴을 분석했다. 공급 쪽의 변화는 없고 수요 쪽의 변화만 있는 이 조건을 통해, 무명 제품의 소비가 증가하는 요인이 (공급 쪽의 변화가 없는 상황에서도) 온라인 마켓의 기술적 특성으로 인해 소비자가 무명 제품에 쉽게 접근하도록 하는 수요 쪽에 있음을 확인할 수 있었다.

이후 다른 연구들을 통해서도, 온라인 마켓의 기술적 특성이 무명 제품의 소비를 늘리는 한 요인이라는 사실이 더 상세하게 밝혀졌다. 그렇다면 추천 서비스가 무명 제품에 끼치는 영향은 어떨까. 어떤 이들은 추천 서비스로 인해 매출 집중도가 커진다고 주장한다. 유행을 선도하는 일부 고객들의 추천 때문에 승자 독식 경향이 더 심해진다는 것이다. 그러나 앞서 언급한 바와 같이 추천 서비스는 고객들로 하여금 더 다양한 시각을 갖게 만들고, 결과적으로 무명 제품을 더 많이 구입하게 하는 역할도 한다. 갤 오이스트라이허 싱어[Gal Oestreicher-Singer]와 아룬 선다

라라얀Arun Sundararajan이 아마존의 제품 추천 네트워크에서 수집한 데이터를 분석한 연구에서도 이를 확인할 수 있다. 이들은 아마존에서 200종 이상의 카테고리로 나뉘는 다양한 서적들의 상대적 인기도를 분석했다. 분석 결과, 추천 서비스의 영향을 많이 받는 카테고리일수록 더 다양한 소비 패턴을 보였다. 특히 추천 서비스의 영향력이 2배 증가하면 인기도 하위 20%에 속하는 서적의 매출이 약 50% 증가했으며, 반대로 인기도 상위 20%에 속하는 서적의 매출은 15% 감소했다.[13]

승자 독식 패턴을 감소시키는 또 다른 요인은, 온라인 마켓에서 제공되는 제품 정보의 양이었다. 제품 구매시 정보가 부족할 때 고객들은 다른 사람들이 구입하거나 추천한 제품을 사는 경향이 강해졌다. 사회 과학자들이 '양떼효과herding effect'라 부르는 이 현상은 여러 학술 자료에서 살펴볼 수 있다.

그러나 기존 연구의 대부분은 연구 참여자들이 해당 제품에 대한 외부 정보를 습득할 수 없는 인위적인 환경에서 진행되었다. 때문에 우리는 고객들이 제품에 대한 외부 정보를 쉽게 습득할 수 있는 실제 환경에서도 양떼효과가 유지되는지 알아보기로 했다. 이를 위해 대형 케이블 방송국과 파트너십을 맺고, 방송국이 운영하는 플랫폼을 연구 대상으로 삼았다. 먼저 이 플랫폼의 VOD 서비스에 새 메뉴를 추가하고, 다른 시청자들이 평가한 점수에 따라 가장 인기 있는 영화들이 리스트 형태로 정렬되도록 설정했다. 이 메뉴는 15개 영화가 초기 시청자들이 평가한 점수에 따라 내림차순으로 정렬되는 구조였다. 그러나 우리는 리스트에 오른 2개 영화의 순서를 고의로 뒤바꾸는 식으로 수차례 실험을 진행했다. 시청자들의 행동 패턴이 다른 시청자들의 의견에 영향을 많이 받는다면, 시청자 입장에서는 오류가 있는 평가 점수라도 의존을 하게 된다는 예측이 가능하다. 또한 인위적으로 순위를 높인 영화가 더 많은 인기와 관심을 끌면서 계속 높은 순위를 유지하게 된다는 예측 역시 가능할 것이었다.

이 연구는 2012년, 6개월간 진행되었으며, 이 기간 동안 2만2천 명의 고객들이 우리가 실험적으로 만든 메뉴를 통해 유료 영화를 시청했다. 연구 결과, 장기간 작동하는 양떼효과를 지지할 수 있는 증거는 찾을 수 없었다. 어떤 영화가 실제보다 더 많거나 더 적은 점수를 받게 되면, 시청자들이 신속하게 평가를 남김으로써 점수를 재조정하는 패턴을 발견할 수 있었다. 유명한 영화일수록[14] 그렇지 않은 영화들보다[15] 이런 패턴은 활발하게 조정되었다. 결과적으로 이 연구를 통해 외부 정보를 쉽게 습득할 수 있는 조건에서는 양떼효과가 미미해지는 경향을 파악할 수 있었다. 따라서 수백만 개의 제품 정보를 쉽게 습득할 수 있는 온라인 고객들도 비슷한 행태를 보일 것으로 예측할 수 있다.

제품이 다양해지고, 검색 기술과 추천 기술이 발전하며, 제품에 대한 정보가 증가하면서 온라인 고객들은 잘 알려지지 않은 제품과 더욱 가까워지고 있다. 그러나 한 가지 염두에 두어야 할 요인이 있는데, 바로 온라인 거래를 통한 익명성이 고객들의 사회적 금기를 약화시킴으로써 소비 패턴이 바뀔 수도 있다는 사실이다.

아비 골드파브Avi Goldfarb, 라이언 맥데빗Ryan McDevitt, 샘사 사밀라Samsa Samila, 브라이언 실버맨Brian Silverman은 술과 피자를 구입하는 경우에서 이를 연구한 바 있다.[16] 술을 구입하려는 소비자가 온라인으로 술을 살 때는, 오프라인에서 매장 직원을 대면하고 구입하는 경우보다 발음하기 어려운 이름의 술을 구입하는 경향이 커진다고 한다. 온라인으로 피자를 주문할 때 역시, 전화로 주문할 때보다 칼로리가 높고 토핑이 복잡하게 들어가는 피자를 주문하는 경향이 높아진다고 한다. 연구자들은, 소비자들이 오프라인 매장에서 발음이 어려운 이름의 술을 주문할 때 자칫 직원들이 잘 못 알아듣거나 자신들이 세련되지 못한 사람처럼 보일 것을 우려해, 이런 경우 온라인으로 구입하는 경향을 보이는 것이라 분석했다. 피자의 경우 역시 일부 소비자들은 식습관에 대한 부정적 시선이나 어렵고 특이한 것에 대한 사회적 금기를 걱정하기 때문에, 토핑이 많고 칼로리가 높은 피자를 주문할 때는 온라인을 이용하는 경우가 많은 것이라 분석했다.

술과 피자를 통해 본 이 연구를 엔터테인먼트 산업의 측면에서 생각해보자. 사회적 금기를 신경쓰지 않아도 될 때 엔터테인먼트를 이용하는 소비자들은 어떤 패턴을 보이게 될까? 이에 대해 캐서린 로즈먼 Katherine Rosman이 2012년 월스트리트저널에 기고한 「다른 사람들이 책 표지를 훔쳐볼 수 없을 때 여성들이 보는 책」이라는 글을 참고할 필요가 있다. 이 글은 최근 특정 장르 도서의 급성장을 다루고 있는데, 저자에 따르면 "성애물 장르는 더 이상 찾아보기가 힘들어져서 일반 서점에도 몇 권 정도만 있고 거의 사라져버렸다"고 한다. 이는 킨들Kindle을 비롯한 전자책들이 제공하는 익명성의 영향이 크다. E.L. 제임스의 소설 『그레이의 50가지 그림자』 같은 롱테일 작품이 성공할 수 있었던 것도 이 때문으로 볼 수 있다.

그렇다. 『그레이의 50가지 그림자』는 더 이상 롱테일 부류에 속하는 작품이 아니다. 이미 50개 이상의 언어로 번역되었고, 1억 권 이상의 판매 실적을 올렸으며, 영화 판권까지 계약되었다. 전형적인 블록버스터 작품인 것이다. 그러나 동시에 이 책은 전형적인 롱테일 상품이기도 하다. 기존의 대형 출판사들로부터 출판을 거절당해, 전자책 형태로 먼저 자비출판되었으며, 온라인 커뮤니티 팬들이 아니었으면 큰 흥행도 상상하기 힘들었다.

중요한 점은『그레이의 50가지 그림자』와 같은 최근의 작품들이 롱테일과 블록버스터 작품의 속성을 모두 가지고 있다는 것이며, 적어도 기술의 변화가 엔터테인먼트 산업을 변화시켜나가고 있는 이때, 이러한 작품들은 작품 그 자체보다 프로세스에 더 집중해야 한다는 것을 보여주고 있다.

———◯———

온라인 시장과 거래의 경제적 가치를 연구하던 2000년 당시 우리의 주된 관심사는 무명 상품의 매출액 분포나 구성비에 대한 것이 아니었다. 이 수치들은 오프라인 매장에서는 구할 수 없는 상품을 인터넷으로 구할 수 있게 해주는 것, 즉 온라인을 통해 새롭게 가능해진 프로세스의 경제적 가치를 측정하는 것에 가깝다고 말할 수 있다.

그러나 이제 논의의 중심은 프로세스에서 제품 쪽으로 이동한다. 2004년 크리스 앤더슨은 롱테일 효과에 대해 와이어드에 기고한 글의 상당 부분을, 한 달에 한 개 꼴로 팔리는 제품의 비율을 설명하는 데 할애했다. 반면 애니타 앨버스는 2008년 하버드 비즈니스 리뷰에 기고한 글에서 엔터테인먼트 기업 매출의 대부분이 상위 10% 혹은 상위 1%에 해당하는 인기 작품들에 집중되어 있다고 했다. 크리스 앤더슨과 애니타 앨버스는 롱테일 제품을 정의 내릴 때 오프라인 매장이 보유한 재고량의 절대적 수치에 기반해야 하는지, 아니면 온라인에서 발견할 수 있는 제품의 총량을 상대적으로 고려해야 하는지에 대해 하버드 비즈니스 리뷰를 통해 논쟁한 적이 있었다.[17]

이 장의 초반에서 이미 언급한 바와 같이, 엔터테인먼트 산업에서 롱테일 효과를 평가할 때는 제품이 아닌 프로세스에 초점을 맞추는 것이 효과적이다. 매출 그래프의 꼬리가 얼마나 평평한지 혹은 매출 분포도에서 평평한 부분이 얼마나 되는지는 그리 중요하지 않다. 오프라인이나 온라인 매장이 보유한 롱테일 제품의 보유량 역시 마찬가지다. 정말로 중요한 것은, 소비자들이 롱테일 제품에서 경제적 가치를 얻는다는 것과, 수익 창출에 있어 블록버스터에 의존한 기존의 방식과는 다른 프로세스가 필요하다는 것이다.

블록버스터 작품에서 수익을 창출하는 프로세스는 소수의 전문가 집단이 내리는 판단에 의해 결정되는 경우가 많다. 전문가들이 일단 결정을 내리면 회사는 몇 안 되는 마케팅 채널과 유통 채널을 통해 일반 대중에게 작품을 판매하려 애쓴다. 이런 식의 프로세스에는 선택(대중에게 판매할 작품을 고르는 능력)과 제어(한정된 마케팅 자원과 유통 자원을 통제하고 관리하는 능력)가 중요하다.

그러나 롱테일 제품들의 가치 창출 프로세스는 그 구조가 다르다. 이 프로세스는 아마존이나 넷플릭스에서 볼 수 있는 것처럼 선택(다양한 작품을 고를 수 있는 통합 플랫폼의 설계)과 만족(소비자들이 원하는 작품을 고를 수 있도록 면밀하게 돕는 데이터 분석과 추천 서비스들)을 중심으로 만들어져 있다. 어떤 작품을 판매대에서 가장 잘 보이게 할지를 전문가가 아닌 기술이 판단하고 있는 셈인데, 이것이 가능한 이유는 상품을 비치할 공간과 홍보 역량이 더 이상 희소한 자원이 아니기 때문이다. 롱테일에서 사업자들이 경쟁을 위해 확보해야 하는 희소 자원은 "소비자가 무엇에 관심 있고, 어떤 취향을 갖고 있는지"를 아는 것으로, 이는 블록버스터의 프로세스에서와는 근본적으로 다른 것이다.

물론 이것이 롱테일 제품이 블록버스터 제품을 대체할 거라는 뜻은 아니다. 그러나 롱테일 제품을 위한 프로세스는 블록버스터 제품에도 유용하게 쓰일 수 있다. 예를 들어 넷플릭스 구독자들은 거의 알려져 있지 않은 어떤 영화를 시청할 수도 있지만 동시에 〈하우스 오브 카드〉나 〈오렌지 이즈 더 뉴 블랙Orange Is the New Black〉과 같은 유명 작품 역시 감상할 수 있다. 이런 식의 조합은 상당히 강력하다. 넷플릭스 같은 회사들은 다양한 작품을 제공하는 통합 플랫폼을 통해 소비자들의 관심을 끌 수 있으며, 소비자의 행동을 예측하고, 현재의 소비자와 미래의 소비자를 연결하는 전략을 펼칠 수도 있다. 만약 여러분이 출판 산업, 음악 산업, 영화 산업 등에 종사하고 있다면 경쟁사가 '플랫폼, 데이터, 소비자간 연결'이라는 프로세스를 활용해 롱테일 특성을 갖고 있는 제품을 블록버스터 제품으로 만들어내는 가능성을 항상 염두에 둘 필요가 있다.

그렇다면 롱테일 프로세스가 어떻게 블록버스터 제품의 수익모델에 위협이 될까? 우리가 앞으로 자세하게 살펴볼 다음 4가지 사항에 그 정답이 있다.

1. 불법 복제는 기존의 수익 모델에 위협이 되며, 동시에 소비자들로 하여금 단일 사이트에서 여러 작품을 즐기는 편의성을 필요로 하게 만든다. : (ex) 영화-넷플릭스, 음악-아이튠즈나 스포티파이, 서적-아마존 등.

2. 예전에는 제도권에 속하지 못했던 예술가들이 기술의 발전 덕분에 작품을 선보일 수 있는 새로운 방법을 찾게 되었고, 그 결과 소비자 입장에서는 더 다양한 작품을 감상할 수 있는 기회가 생겼다.

3. 롱테일 플랫폼들은 소비자들의 취향을 만족시키고, 충성도를 높이며, 시장 주도권을 형성할 수 있는 데이터 중심의 복잡한 프로세스를 발전시키고 있다.

4. 이런 데이터와 프로세스는 엔터테인먼트 산업에서 어떤 작품이 성공하고 어떻게 홍보할 것인지를 결정하는 중요한 자원이 되었다. 그 결과 데이터를 잘 다루는 기업이 그렇지 않은 기업보다 경쟁 우위를 갖게 되었다.

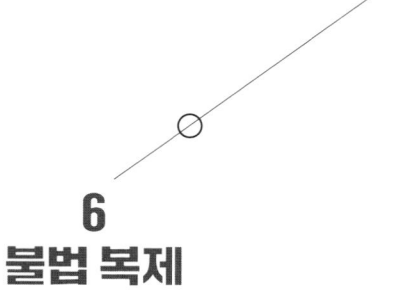

6
불법 복제

불법 복제를 막을 순 없습니다.
같이 경쟁하는 수밖에 없습니다.
스티브 잡스Steve Jobs[1]

불법 복제는 쉽게 없어지지 않아요.
그걸 원천적으로 막을 뾰족한 수도 없습니다.
분명 디지털 기술은 관객과 배우 모두에게 도움이 될 겁니다.
불법 복제만 줄일 수 있다면요.
루스 비탈레Ruth Vitale, 팀 리그Tim League, 「불법 복제가 인도 영화를 망치고 있다」, 인디와이어Indiewire[2]

1980년대 인도의 작은 마을에서 영화를 보려면 대도시에서 먼저 영화가 개봉된 후 적어도 두세 달을 기다려야 했다. 영화는 마을에 있는 극장에서 상영되었는데, 한 번에 1천 명이 앉을 수 있는 조잡한 공간이었다. 영화가 마을 극장에서 상영되지 않거나 상영 시간을 놓치면 달리 방법이 없었다. 몇 년 후에 TV에서 방영해주기만을 기다려야 했다.

그러다 1980년대 중반쯤 VCR이 등장하며 모든 것을 바꾸어놓았다. 비디오가 널리 퍼지고, 비디오 대여 매장이 곳곳에 생겼다. VCR을 통해 영화를 보여주는 작은 극장에서 낮은 요금을 내고 영화를 볼 수도 있었다. 물론 화질이 좋진 않았지만 인도의 관객들에게 이 변화는 축복이었다. 최신 영화와 보고 싶던 영화를 언제나 볼 수 있게 된 것이다. 인도에 유통되는 거의 모든 영화는 이러한 방법으로 불법 복제되기 일쑤였다. 그런데 그게 무슨 상관인가? 이런 가벼운 불법 복제는 누구에게도 피해를 끼치지 않았다. 그러나, 과연 정말 그럴까?

———o———

서구에서 불법 복제는 새로운 문제가 아니다. 19세기 유럽에서 불법 복제되는 책은 대부분 미국에서 건너오는 것들이었다. 그러다 20세기에 들어서며 엔터테인먼트 산업이 발전하고, 선진국을 중심으로 저작권법이 발전하면서 불법 복제에 대한 규제도 강화되었다. 최소한 유럽과 미국에서는 대부분의 소비자들이 법을 잘 따르고, 합법적인 저작물에 공정한 비용을 지불한 결과 시스템이 제대로 작동할 수 있었다. 그러나 가난한 개발도상국에서는 소비자들이 합법적인 저작물을 구하거나 사기가 쉽지 않았으므로 불법 복제물이 판을 치기 시작했다.

물론 기업들은 불만이 많았지만, 대부분의 매출이 선진국을 중심으로 창출되고 있었고, 이들 국가에서는 저작권 보호가 확실했기 때문에 경영진들은 크게 신경쓰지 않았다. 특히, 당시에는 음반, 영화, 책 등이 물리적 형태의 제품이었기 때문에 복제품을 생산하는 데에도 일정 부분 시간과 수고 그리고 비용이 들었다. 불법 복제물은 속도와 품질 면에서 분명한 한계가 있었고, 유통 과정도 순탄치 않았다. 저작권을 보유한 기업들 입장에서 불법 복제는 엄연한 위법이지만, 복제된 제품이 구하기도 힘들고 품질도 떨어져 당장 수익에 큰 위협이 되지는 않았다.

그러나 앞서 4장에서 언급한 퍼펙트 스톰의 영향으로 1990년대는 모든 것이 바뀌었다. 디지털 미디어가 급성장했고, 마이크로 컴퓨팅과 모바일 기술이 크게 발전했으며 인터넷이 등장했다. 이제는 디지털 파일을 생산하고 유통시키는 과정을 무료로, 힘들이지 않고, 언제 어디서나 진행할 수 있다. 물리적 한계가 사라지면서 불법 복제 또한 전 세계적인 현상이 되었다. 1999년, 음악 파일을 무료로 공유할 수 있는 서비스인 냅스터가 등장하면서 엔터테인먼트 산업에 어두운 그림자가 드리워지기 시작했다. 일부 통계에 따르면 냅스터가 등장한 후 10년 동안 음반 유통 업체들의 수익이 57% 떨어졌으며,[3] 또 다른 공유 서비스인 비트토렌트가 인기를 얻기 시작한 2004년부터 5년간 DVD 매출은 43% 하락했다.[4]

불법 복제의 위험이 중요한 문제로 떠오르자 음악 업계에서는 냅스터가 물러나야 한다는 캠페인이 벌어졌고, 결국 냅스터는 2001년 서비스를 중단했다. 엔터테인먼트 기업들은 미국 국회까지 끌어들이며 불법 복제에 대한 법적 대응을 강화해나갔다.[5] 2011년, 미 하원의원인 라마 스미스Lamar Smith는 '온라인 불법 복제 방지 법안Stop Online Piracy Act, SOPA'을 통해 불법 복제로 벌어들이는 부당한 매출을 정상화하는 법안을 마련하기도 했으나,[6] 관련 시민단체와 주요 IT 기업들이 예상 외로 크게 반발해 법제화에는 실패했다. 그러나 엔터테인먼트 산업을 크게 위협하고 있는 불법 복제를 가만히 두고 볼 수는 없는 일이었다.

　이렇듯 영향력이 있는 주요 비영리 단체와 IT 기업들은 엔터테인먼트 기업들과는 정반대 입장을 보였다. 이들은 전 세계의 많은 사람들이 영화와 음악을 무료로 감상하고 있는데, 이로 인해 정말로 피해가 발생하는지 그리고 그렇다면 그것이 의미 있는 수치인지 의문이라고 했다. 즉, 엔터테인먼트 산업의 매출이 줄어든 것은, 소비자들의 취향이 바뀌었거나 콘텐츠들이 다양화되었기 때문이라는 것이었다. 미국음반산업협회Recording Industry Association of America에 따르면 2005년~2010년 사이[7] 300억 곡이 불법 복제되었다고 하지만, 온라인상에서 불법 다운로드를 한 사람들 대부분은 원래부터 음반을 유료로 사지 않는 사람들이었다. 오히려 이로 인해 많은 곡들이 대중들에게 더 알려지는 계기가 되었다. 언론도 이런 의견에 동조하기 시작했다. 2013년 CBS 뉴스는 미래기술연구소Institute for Prospective Technological Studies의 연구 결과를 인용하며[8] 이와 같이 보도했다. "엔터테인먼트 기업들은 온라인 파일 공유로 인한 마케팅 효과와 매출 상승이 불법 복제로 인한 매출 손실을 상쇄한다는 사실을 깨닫기 시작했다."[9]

　몇몇 학술 연구 역시 이를 뒷받침한다. 불법 복제로 인해 시장에서 가격에 극도로 민감한 소비자층이 사라지고, 제품 인지도가 늘어나며, 확산 작용이 활발해져 초기 고객군이 형성된다는 점에서 업계에 도움이 된다는 사실을 밝힌 연구가 발표되었다.[10] 심지어 공신력 높은 정치경제학 저널Journal of Political Economy에 음악 콘텐츠의 불법 복제가 정상 매출에 악영향을 주지 않는다는 논문이 실렸다.[11]

이렇게 보면 불법 복제가 그렇게 부정적인 것만은 아니라고 할 수 있다. 만약 불법 복제 앨범 덕분에 전례 없이 많은 입소문이 나고, 콘서트 티켓과 머천다이징 상품을 구매하는 팬들이 늘어나고, 정품 앨범을 사려는 팬들까지 늘어난다면 어떻게 될까? 불법 복제 앨범 덕분에 마케팅 효과를 보긴 하지만, 정품 앨범의 가격을 낮추고 구매 편의성을 높여야 한다면 기업의 입장은 어떨까? 엔터테인먼트 기업의 매출이 늘어남과 동시에 사회는 전체적으로 이익을 보는 것일까? 이는 아이튠즈와 디지털 다운로드와의 관계에도 적용이 되는 것일까? 콘텐츠가 무료로 공유되어 수익성이 낮아진다고 불만을 제기하는 엔터테인먼트 기업들은 잘못된 판단을 하고 있는 것일까?

사실, 이 질문들은 모두 '불법 복제는 해로운가?'라는 질문을 조금 바꿔본 것들이다. 계속해서 기업과 소비자들에게 이 질문이 각각 어떤 영향을 주고 있는지 알아보자.

불법 복제는 기업에게 해로운가?

처음에 이 질문에 대한 답은 간단해 보였다. 음악이나 영화 파일을 무료로 구할 수 있다면 소비자들은 당연히 정품 콘텐츠를 덜 구매할 것이라 예상한 것이다. 냅스터가 등장했을 때, 음반 매출은 왜 급격히 감소했을까? 2006년 알레한드로 젠트너 교수가 1990년부터 2003년까지 전 세계 음반 매출을 조사한 내용이 그림6.1에 정리되어 있다.

그래프를 보면 1999년부터 감소세가 뚜렷해지기 시작해, 이후

4년간 음반 매출은 400억 달러에서 310억 달러로 25%가량 감소했다. 여기에서, 1999년부터 냅스터가 큰 인기를 얻으면서 음반 매출이 감소한 것인지, 의심해볼 수 있을 것이다.

그림 6.1 1990년부터 2003년 사이의 전 세계 음반 매출 추이

자료: Alejandro Zentner, Measuring the Effect of File Sharing on Music Purchase, Journal of Law and Economics 49, no. 1(2006): 63–90.

그러나 냅스터의 인기와 음반 산업의 수익 감소 사이의 이런 연관성이 곧 정품 매출 감소의 원인이 된다는 뜻은 아니다. 엔터테인먼트 기업의 매출은 여러 요인으로 감소하거나 증가할 수 있으며, 특히 2000년 즈음의 매출 변동에 대해서는 다양한 설명이 존재한다. 예를 들어 1999년과 2003년 사이에는 광대역 인터넷이 보급되면서 소비자들이 온라인 서핑, 게임, 채팅, SNS 등에 더 많은 시간을 쏟게 되면

서 상대적으로 음반, 영화, 책에 들이는 시간이 줄어들게 되었다. 그림 6.1에서 매출이 감소하는 추이를 보이는 것 또한 소비자들이 음악을 소비하는 방법이 바뀌어서가 아니라 휴식 시간을 보내는 방법이 바뀌었기 때문으로 볼 수 있다. 혹은 여러 곡이 들어 있는 음반을 구매하는 형태에서 디지털 싱글 음원을 감상하는 형태로 바뀌었기 때문일 수도 있다. 따라서 불법 복제가 없었다면 정품을 구매했을 거라고 단정할 수는 없다. 학생들의 경우, 상대적으로 시간이 많고 인터넷 이용에 능숙하기 때문에 불법 복제물과 친숙하기도 하지만, 동시에 경제적으로 여유가 없기 때문에 굳이 정품을 구매하려고 하지는 않는다. 오히려 학생들이 불법 복제물 공유를 통해 엔터테인먼트 기업의 글로벌 소셜 마케팅 캠페인을 돕고 있다고 가정해보는 것은 어떨까?

이런 가정이 어딘가 불편하다고 느껴지는 것은, 실제로 불편한 질문을 던지고 있기 때문이다. 불법 복제물 때문에 합법적인 매출이 감소할 수 있다는 주장이 가능하지만, 반대로 불법 복제물이 매출에 영향을 주지 않거나 오히려 증가시킨다는 주장 역시 가능하다. 문제는 불법 복제물과 매출의 관계를 알아보기 위해 데이터를 활용하는 것이 쉽지 않다는 점이다. 냅스터가 서비스를 시작한 이후 기존 음반 회사들의 매출은 감소했다. 그러나 냅스터가 정말로 매출 감소에 영향을 끼쳤는지 알아보기 위해서는 불법 복제물이 없는 상황에서의 매출을 정확히 측정해봐야 할 것이다. 그러니까, 3장에서도 언급한 바 있는, 이른바 반사실적 추정이 이뤄져야 한다는 뜻이다. 이 경우 무작위 실험이 이상적인 연구 방법일 수 있지만 이는 현실적으로 거의 불가능에 가깝다. 어떤 상품의 불법 복제나 특정 소비자층의 불법 복제 행위를 임시로 중단시키는 것이 지극히 어렵기 때문이다.

　무작위 실험이 어렵다면, 다음과 같은 질문을 던져보는 것은 어떨까? 불법 복제가 많은 제품이 그렇지 않은 다른 제품보다 과연 적게 팔렸을까? 불법 복제를 많이 하는 소비자가 다른 소비자보다 정품을 과연 적게 구매했을까? 물론 이런 식의 접근은 3장에서도 언급했던 측정되지 않는 요인이 영향을 미치는 내생성 문제를 안고 있다. 예컨대, 판매량의 측면에서 불법 복제가 많이 되는 제품(인기가 많은 제품)은 그렇지 않은 제품(인기가 없는 제품)과는 구조적으로 다른 특성을 갖고 있을 수 있다. 마찬가지로 불법 복제를 많이 하는 소비자(시간이 많고 경제적 여유가 없는 학생)들은 그렇지 않은 소비자(시간은 없고 경제적 여유는 많은 직장인)들과는 다른 특성을 갖고 있을 수 있다. 이러한 이유로 불법 복제가 많이 되는 제품의 판매 실적과 불법 복제가 상대적으로 덜 되는 제품의 판매 실적은 좋은 비교 대상이 아니다. 소비자의 측면 역시 마찬가지다.

　불법 복제가 정품 매출에 끼치는 영향을 알아보기 위해서 실험을 설계하고 진행하는 것은 상당히 어려운 일이었다. 이같은 상황 속에서 주로 사용되는 방법은 '상관관계가 없는 사건들$^{uncorrelated\ events}$'의 활용이다. 이 방법론은 계량경제학자들이 이른바 도구변수◆라 일컫는 것으로, 무작위 실험의 효과를 시뮬레이션하는 데 효과적이다. 이 방법론이 작동하기 위해서는 도구변수로 활용되는 외부 요인이 불법 복제와 관련이 있어야 하며, 합법적으로 유통되는 음반 매출과는 직접적인 상

◆ 독립변수 X가 종속변수 Y에 어떤 영향을 주는지 알고 싶을 때, 독립변수 X와는 상관관계가 있지만, 종속변수 Y와는 상관관계가 없는 변수 Z를 추가해 X와 Y의 관계를 보다 투명하게 분석할 수 있다. 이 경우 변수 Z를 도구변수라고 일컫는다.

관관계가 있어서는 안 된다. 한 예로, 하버드 경영대학원의 펠릭스 오버홀저-기^{Felix Oberholzer-Gee} 교수와 캔자스 대학의 콜먼 스트럼프^{Koleman Strumpf} 교수는 정치경제학 저널에 발표한 논문에서 2002년 미국 내 음반 매출에 불법 복제가 끼치는 영향을 연구하기 위해 독일 학교의 방학 기간을 주목했다. 그 이유는, 독일 학생들이 방학 동안 미국에 거주하는 네티즌들과 불법 복제 음원을 더 자주 공유했으나, 미국 내 음반 매출과 독일 학교의 방학은 직접적인 상관관계가 없기 때문이다. 다른 연구자들도 불법 복제의 효과를 측정하기 위해 매출과 직접적인 관계가 없는 다양한 외부 요인들을 살펴보았다. 가령 도시간 광대역 인터넷의 등장이나 아이튠즈에서의 콘텐츠 구매 가능 여부, 특정 국가에서 불법 복제를 금지하는 법안의 시행 같은 것들이 그 예다.

물론 위에서 언급한 연구들이 모두 완벽하지는 않을 것이다. 모든 실증 연구들은 어떤 데이터를 사용할 수 있는지, 연구에 쓰인 데이터를 다른 환경에서도 일반화할 수 있을 것인지에 따라 제약이 있기 마련이다. 따라서 학술적인 연구를 이해하는 가장 좋은 방법은 해당 연구 결과를 가능한 한 넓은 시각으로 바라보는 것이며, 다른 상황에서도 어느 정도 동일한 결과가 나올 수 있을지, 즉 일반화가 가능한 결론인지 파악해보는 것이다. 우리가 웰슬리 대학교의 브렛 대나허^{Brett Danaher} 교수와 진행한 다음의 2가지 연구가 좋은 본보기가 될 수 있을 것이다. 그 첫 번째는 전미경제연구소^{National Bureau of Economic Research}가 편집한 학술지 『혁신 정책과 경제^{Innovation Policy and the Economy}』[12]에 발표된 바 있으며, 두 번째는 2015년 11월 세계지식재산권기구^{World Intellectual Property Organization}를 통해 발표되었다.[13] 위의 두 연구에서 우리는 불법 복제가 실제 매출에 어떤 영향을 주는지에 대해 연구한 25개 논문들을 살펴보았다.[14] 그중 3개 논문은 불법 복제가 매출에 영향을 주지 않는다고 밝혔으며, 나머지 22개는 불법 복제가 매출에 심각한 악영향을 준다고 보고했다(이들 25개 논문은 본 챕터 마지막에 정리되어 있다).

'불법 복제가 정품 매출에 끼치는 영향'이라는 복잡한 문제에 대해 학계에서는 25개 연구 중 22개가 상당한 의견 일치를 보이고 있는 셈이다.[15] 즉, 학자들 사이에서는 사실상 결론이 났다고 할 수 있으며, 대부분의 연구에서 흔히 예측할 수 있는 결과가 나왔다. 불법 복제는 소비자들이 평소라면 구매했을 제품을 공짜로 구할 수 있게 함으로써 실제 소비를 줄이는 결과를 가져온다.

불법 복제의 영향력은 여기서 그치지 않는다. 엔터테인먼트 산업의 측면에서 불법 복제는 수익 모델의 확장을 가로막는다. 즉, 불법 복제물은 소비자들에게 가격 경쟁력뿐만 아니라 시의성, 품질, 유용성의 측면에서도 경쟁력을 갖는다. 이는 기존 엔터테인먼트 업체들이 수익을 창출하기 위해 중요하게 여겼던 요소들이기도 하다. 앞서 3장에서 논의한 바와 같이, 엔터테인먼트 상품은 어떤 타이밍에 어떻게 출시하느냐에 따라 매출이 크게 달라진다. 그런데 예전에는 극장 개봉 후 수개월을 기다려 아이튠즈(SD 화질은 10~15달러, HD 화질은 15~20달러)로 영화를 보고, 다시 몇 주를 더 기다려 3~5달러 가격으로 대여할 수 있었던 소비자들이 이제는 무료로, 개봉과 동시에 (혹은 정식 개봉 보다 1~2주 먼저) 해당 영화의 불법 복제물을 구할 수 있게 되었다. 때문에 영화 제작자들은 가격을 낮추고 출시 전략을 바꿀 수밖에 없게 되었다.

물론 소비자들 입장에서는 꽤 득이 되는 상황이다. 보고 싶은 작품을 오래 기다리지 않아도 되고, 비싼 가격에 부담을 느끼지 않아도 된다. 불법 복제물은 기업들 입장에서는 나쁜 것이지만 소비자들 입장에서는 좋은 것이라고 할 수 있다. 그렇지 않은가?

불법 복제물은 소비자에게 해로운가?

'불법 복제가 기업에게 해로운가?'보다 여러 측면에서 더 어려운 질문이다. 어떤 학자들은 불법 복제물이 정품 매출에는 피해를 주지만 소비자들에게는 이익을 주고 있으며, 정품의 피해 규모에만 집중하는 것은 불법 복제물이 소비자들에게 제공할 수 있는 잠재적인 혜택을 무시하는 것이라고 주장한다. 만약 불법 복제물이 엔터테인먼트 기업의 제작 환경이나 출시 전략을 변화시키지 않았다면, 이는 어느 정도 일리가 있는 주장일 수 있다.[16]

그러나 현실은 그렇지 못하다. 불법 복제물 때문에 정품 매출이 떨어지고, 그 결과 몇몇 작품들의 수익성이 하락했다면 어떻게 될까? 이는 소비자 입장에서도 손해가 아닐까? 국제음반산업협회The International Federation of the Phonographic Industry 역시 바로 이 점을 지적하고 있다. 협회에 따르면 음반 제작은 전통적으로 자본 집약적인 산업인데, 불법 복제물로 인해 음반 산업 전체에 대해 투자 의욕이 꺾이고 지속적인 투자를 유지하는 데 어려움을 겪고 있다는 것이다.[17] 실제로 음반 제작사, 스튜디오, 유통사 등은 불법 복제물로 인해 투자 대비 수익이 떨어질 것을 염려해 신규 투자를 망설이게 된다. 그리고 엔터테인먼트 기업들이 새로운 콘텐츠에 대한 투자를 줄이게 되면 그 피해는 장기적으로 소비자에게 돌아온다.

직관적으로 생각해봐도 위와 같은 추론은 충분히 가능하다. 그러나 문제는 이 추론을 엄밀하게 측정하고 검증하는 작업이 다음과 같은 이유들로 인해 매우 어렵다는 점이다. 첫째, 불법 복제물이 투자에 끼치는 영향을 독립적으로 측정하기가 쉽지 않다. 불법 복제를 가능하게 하는 디지털 기술 덕분에 인디 아티스트들이 적은 비용으로 음반을 제작하게 되고, 새로운 창의적 기회를 얻게 되기 때문이다. 그로 인해 업계 전반에 투자가 활발해지고 생산성도 늘어나게 된다. 둘째, 엔터테인먼트 업계의 투자 규모를 명확하게 규정하기가 어렵다. 예를 들어 제약이나 생명공학 같은 분야에서는 매년 특허가 얼마나 출원되는지를 따져 어느 정도로 혁신적인지를 측정할 수 있으나, 엔터테인먼트 업계는 다르다. 보통은 서적 출간 수, 영화 개봉 수, 발매 음반 수 같은 수치를 활용해 대략적인 혁신의 정도를 측정하지만, 이것이 특별히 유용한 지표라고는 할 수 없다. 롱테일 효과의 중요성을 생각한다면 더욱 그렇다. 따라서 한 가지 대안은, 엔터테인먼트 기업들이 인기 있고 우수한 품질의 콘텐츠를 얼마나 자주 만들어내는지를 살펴보는 방법이 있다.

그러나 이 역시 쉬운 일은 아니다. 우수한 품질에 대해 정의 내리는 작업 자체가 어렵기 때문이다. 미네소타 대학의 조엘 왈드포겔 교수는 2012년 자신의 연구에서 이 어려움을 직접 설명한 바 있다. 그는 냅스터가 출시된 1999년 이후 인터넷 불법 복제가 음반 제작과 유통, 품질에 미치는 영향을 연구했는데,[18] 인상적인 부분이 많아 좀더 자세히 들여다보고자 한다.

조엘은 '주관적 지표'라 할 수 있는 음반의 품질을 측정하기 위해 전문 음악 비평가들의 의견을 활용한 지표를 만들었다. 그는 1960년부터 2007년까지 미국, 영국, 캐나다, 아일랜드에서 발표된 차트에서 16,000곡을 골랐으며, 그림6.2는 그 결과를 보여준다. 1960년과 1970년 사이에는 품질이 좋아졌고, 1970년과 1980년 사이에는 나빠졌으며, 1990년대 중반에는 다시 좋아졌다가 1990년대 후반에는 질이 떨어졌다. 그리고 2000년 이후에는 등락이 없는 모양새다. 조엘의 연구 결과, 1999년 냅스터가 등장하기 훨씬 전부터 음반의 품질은 떨어졌고, 1999년 이후에는 안정적인 수치를 보여주었다. 냅스터가 음반의 품질을 하락시켰다는 증거가 없음을 조엘은 확인시켜준 것이다.[19] 그는 이외에도 라디오 방송 횟수, 판매 수치 등을 활용해 이와 유사한 음반 품질 지수를 연구했으며, 그 결과는 역시 비슷했다.

그림6.2 비평가 의견 기반의 음반 품질 지표

자료: Joel Waldfogel, Copyright Protection, Technological Change, and the Quality of New Products: Evidence from Recorded Music since Napster, Journal of Law and Economics 55 (2012), no. 4: 715–740, figure 3, page 722.

조엘의 연구가 의미하는 바는 무엇일까? 음반 산업의 매출이 하락하는 와중에도 왜 품질은 그대로일까? 매출이 떨어지면 투자가 줄고 품질도 나빠져야 하는 것 아닐까?

한 가지 분명한 것은, 1999년부터 2008년까지 음반 산업에 영향을 준 요인이 불법 복제물의 증가만은 아니라는 점이다. 1990년대 말에는 기술이 급속도로 발전했고, 이로 인해 음반을 만들고 홍보하고 유통시키는 데 드는 비용이 줄어들면서 음반 산업의 근본이 바뀌게 되었다. 제작 측면에서 요즘 뮤지션들은 소프트웨어를 활용해 과거에 값비싼 제작비를 들여 만든 음반과 비슷한 품질의 음반을 만들어내고 있으며, 홍보 측면에서도, 판도라^{Pandora}나 라스트에프엠$^{Last.fm}$과 같은 채널을 통해 홍보에 큰돈을 들이지 않는다. 유통 역시 마찬가지다. 사람들이 CD를 많이 들을 때는 몇몇 제작사와 소매업자들이 시장을 장악하고 있었고, 뮤지션들은 음반을 유통시키기 위해 그들에게 의지할 수밖에 없었다. 그러나 최근 뮤지션들은 아이튠즈 같은 디지털 채널을 통해 비용을 거의 들이지 않고 직접 음원을 유통시키고 있다.

즉, 냅스터 출시 이후 음반들의 품질 변화에 대한 연구는, 불법 복제물이 음반 제작—홍보—유통에 드는 비용을 감소시키는 기술의 발전과 함께할 때 어떤 영향을 주는지 보여줄 뿐이다. 제작—홍보—유통에 드는 비용이 변하지 않은 상태에서 불법 복제물이 콘텐츠 공급에 부정적인 영향을 미치는지 어떤지는 알 수 없다. 이 질문에 대한 답을 찾기 위해서는 오히려 영화 산업을 들여다볼 필요가 있다. 영화는 음반보다 비용이 많이 든다. 그래서 수익이 감소하면 영화 제작비나 배급비가 음반 제작비나 유통비보다 훨씬 큰 규모로 줄어든다. 이 때문에 불법 복제물의 영향력을 살펴보기에 훨씬 수월할 수 있으나, 1999년 이후 음반 매출에 불법 복제물이 끼친 영향력에 대한 연구와 유사한 문제점이 남는데, 바로 음반 산업에 충격을 주었던 디지털 기술과 비즈니스의 변화가 영화 산업에도 동일하게 충격을 주었고, 이 충격이 불법 복제물이 증가하는 시점과 일치한다는 점이다.

따라서 새로운 형태의 기술이 불법 복제물의 성장을 자극하면서도, 다른 비즈니스 요인에는 유의미한 영향을 주지 않는 환경을 살펴볼 필요가 있다. 이제 다시 이 장 처음에 얘기했던 1980년대 중반, 인도에 VCR이 들어오던 때로 돌아가보자.

인도는 일찍이 1900년대 초반부터 세계에서 영화를 가장 많이 제작하는 국가 중 하나였다. 영화 산업은 성장세에 있었고, 많은 제작자들이 새로운 영화 제작에 열을 올렸다. VCR이 들어오기 전에는 영화를 복제하는 일이 상당히 어려워서 불법 복제물 또한 찾아보기 힘들었다. 덕분에 이 당시 VCR을 활용한 불법 복제가 1980년대와 1990년대 초반까지 수요와 공급 측면에서 인도 영화 시장에 어떤 영향을 끼쳤는지 살펴볼 수 있다. 다행히 이 기간 동안 영화 제작과 배급에 소요되는 비용에 영향을 줄 수 있는 다른 형태의 기술적 변화는 없었다.

2014년, 우리는 조엘 교수와 함께 인도 영화 시장과 관련해 1985년 이전 데이터를 1985년~2000년의 데이터와 비교했다. 우선 수요 측면에서, VCR 기술이 등장하자 불법 복제물이 생겨나면서 인도 영화 시장의 매출이 전반적으로 감소하는 모습을 볼 수 있었다. 동시에 우리는 공급 측면에서 당시 인도 영화 제작시장이 어떤 변화를 겪게 되었는지도 살펴보았는데, 분석 결과 불법 복제물은 피해자가 없는 범죄라고 생

그림 6.3 인도 연간 영화 제작 편수

자료: IMDb, 1970-2010.

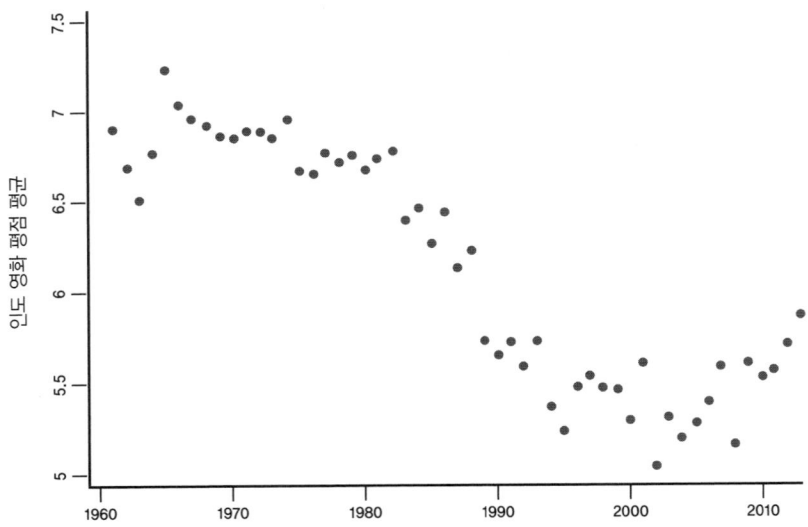

그림 6.4 IMDb 사용자들의 인도 영화 평점 평균

각하는 사람들에게 예상외의 발견을 하게 해주었다. 그림6.3에서 보는 바와 같이 1985년 이후 인도에서 제작된 영화 수가 급감했으며, 그림 6.4와 같이 IMDb 평가 점수도 1985년 이후에는 급격하게 떨어지는 모습을 보였다.[20]

우리는 인도 영화의 제작 편수와 평점이 동반 하락하게 된 가장 큰 원인이 VCR 기술을 활용한 불법 복제물이라 결론지었다. 우리의 연구 결과는 최소한 1985년과 2000년 사이에 인도에서 불법 복제물이 신규 콘텐츠 제작에 부정적인 역할을 했다는 점을 명백하게 보여주고 있다.

———○———

이 결과는 우리가 이번 장을 출발한 지점으로 돌아오게 했다. 1980년대 인도에서 자란 사람들이나 미국 워싱턴 외곽에서 성장기를 보낸 사람들이라면 일상적인 불법 복제 행위는 누구에게도 해를 끼치지 않는다는 것을 잘 알 것이다. 하지만 우리는 데이터를 분석할수록 반대의 결론에 도달하게 되었다. 불법 복제물은 제작자뿐만 아니라 소비자들에게도 해를 끼치고 있었던 것이다.

그렇다면 해결책은 무엇일까? 여기서 '해결'을 어떻게 정의하느냐에 따라 다르겠지만, 만약 모든 디지털 불법 복제물을 없애는 것을 해결책으로 생각한다면 자칫 낭패를 볼 수 있다. 콘텐츠가 디지털화될수록 사람들은 온라인에서 친구 혹은 타인들과 복제물을 공유하는 방법을 찾게 된다. 그리고 디지털 불법 복제를 막을 완벽한 방법은 없기 때문에, 어떤 이들은 정책 입안자들이 디지털 불법 복제를 어떻게 막을까 고민하기보다는 수익을 제대로 분배하는 방법에 대해 고민해야 한다고 주장한다. 가령 뉴욕 타임즈의 닉 빌튼Nick Bilton은 2012년 이와 비슷한 의견을 내놓았다.[21] 그는 「인터넷 불법 복제는 항상 승리한다」라는 칼럼에서 불법 복제와 싸우려는 노력은 의미가 없다고 했다. 그는 온라인 상에서의 불법 복제를 방지하려는 시도는 세계에서 가장 큰 두더지게임을 하는 것과 비슷하다며, "한 놈을 때리면 재빨리 다른 놈이 나타난다. 손에 들고 있는 망치는 무겁고 느리다"고 분석했다. 빌튼의 칼럼은 일리가 있다. 실제로 콘텐츠 분석 시스템은 해킹당할 가능성이 높고, 일부 불법 복제 유통 사이트가 없어진다 해도 곧 다른 신규 사이트들이 생기게 마련이다. 더욱이 파일 공유 기술도 갈수록 발달해 불법 복제 감시를 어렵게 하고 있다. 그러나 빌튼이 놓치고 있는 것이 하나 있는데, 지금까지 온라인에서의 가격 경쟁이 어떻게 진행되어 왔는지에 대해서는 심도 있게 들여다보지 않고 있다는 점이 그것이다. 1998년으로 돌아가보자. 당시 로버트 커트너Robert Kuttner는 1998년 5월11일 자 비즈니스 위크Business Week에 다음과 같은 내용을 기고했다. "인터넷은 거의 완벽에 가까운 완전 경쟁 시장이다. 정보는 즉각적으로 전달되고, 소비자들은 전 세계의 판매자들을 비교할 수 있다. 그 결과 가격 경쟁이 치열하게 벌어지고, 제품 차별화는 줄어들고 브랜드 로열티는 사라지게 될 것이다."[22]

당시 커트너의 주장은 일견 맞는 말 같았다. 더 싸게 살 수 있는 제품인데 왜 값을 더 주고 사는가, 라는 질문 또한 가능하다. 그러나 커트너 역시 한 가지 놓친 것이 있는데, 바로 제품 차별화에 대한 것이다.

만약 어떤 판매자가 안정성이나 편의성, 서비스, 품질, 시의성 측면에서 제품을 차별화할 수 있다면 소비자들은 온라인에서도 기꺼이 더 비싼 가격을 부담하려 할 것이다.

한 가지 사례를 들자면, 에릭 브린욜프슨과 우리는 일명 '숍봇shopbots'[23]이라 불리는 인터넷 가격 비교 사이트에서의 소비자 행동을 연구한 적이 있다. 이 연구는, 특히 가격 민감도가 높은 소비자들이 가격 비교 사이트에서 판매자들간에 가격 경쟁이 벌어지고 있을 때 어떻게 행동하는지를 살펴보았다. 그중 한 가지 재미있는 발견은, 책을 사려는 사람들이 원북스트리트[1bookstreet], 알트북스토어[altbookstore], 북스나우[booksnow] 같은 유명하지 않은 인터넷 서점보다는 몇 달러를 더 지불하더라도 아마존에서 구매하려는 경향을 보였다는 점이다.

이 연구 결과는 불법 복제물 규제와 상당한 연관성이 있다. 다음과 같은 가정을 해보자. 일반 엔터테인먼트 기업들과 합법적인 유통 채널이 위 연구에서의 아마존 역할을 하고, 불법 복제물 유통 사이트가 낮은 가격의 원북스트리트, 알트북스토어, 북스나우 같은 역할을 한다. 그리고 만약 어떤 제작자들이 자신들의 제품을 차별화하기 위해, 즉 편의성, 품질, 안정성을 높이기 위해 아이튠즈나 훌루에서 콘텐츠를 유통시킨다면, 소비자들은 불법 복제물을 구할 수 있더라도 더 많은 돈을 지불하고 합법적인 채널을 이용하려 할 것이다. 그렇다면 이런 예상을 입증할 만한 실증적인 증거가 존재할까? 필자들은 두 가지 상황에 대해 연구를 진행했으며 그 결과 증거가 '존재한다'는 답을 찾아냈다.

우리는 한 메이저 영화사와 협업해, 아이튠즈를 통해 이 회사의 영화들을 유통시킬 때 과연 불법 복제물 다운로드가 어떤 영향을 받는지 알아보았다. 연구에 쓰인 데이터는 2011년 2월부터 2012년 5월까지 세계 48개 국가의 아이튠즈에서 유통된 총 1,000편의 영화를 대상으로 삼았다. 연구 결과, 아이튠즈에서 영화를 유통시킬 때 그렇지 않은 경우와 비교해 약 6.3% 정도 불법 복제물 다운로드가 감소하는 것으로 나타났다.

그림6.5 ABC방송사가 훌루에 프로그램을 유통시키기 전과 후의 불법 복제물 추이

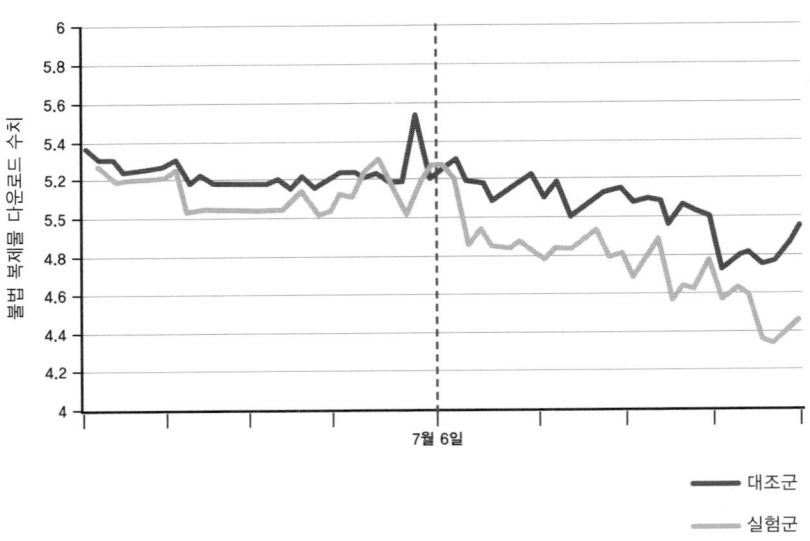

훌루에서의 연구도 비슷한 결과를 보였다. ABC 방송사는 2009년 7월 6일부터 자사 프로그램을 훌루에서 유통시키기 시작했다. 그중 우리는 유통을 시작한 9개 프로그램(실험군)과 그렇지 않은 62개 시리즈(대조군)의 불법 복제물 다운로드 수치를 비교했으며, 연구 대상 기간

은 유통이 시작된 시기를 중심으로 4주 전후, 총 8주였다.[24] 그림6.5에서 볼 수 있는 바와 같이 7월 6일 이전까지는 실험군과 대조군의 불법 복제물 다운로드 횟수가 비슷했으나, 7월 6일 이후에는 실험군의 지표가 대조군과 비교해 급격히 낮아졌으며, 비율로 따지면 훌루에서 유통이 시작되자 불법 복제물 다운로드가 16% 감소한 수치다.

즉, 아마존이 저가 전략을 추구하는 다른 경쟁사들보다 우수한 서비스나 편의성, 안정성 등으로 차별화하는 것과 마찬가지로, 엔터테인먼트 기업 역시 불법 복제물과의 경쟁에서 이기기 위해 유사한 전략을 통해 차별화를 추구할 수 있을 것이다.

———◦———

엔터테인먼트 기업들에게는 또 다른 중요한 전략이 있을 수 있다. 아마존처럼 불법 복제물 대비 여러 면의 우위를 점하는 것 외에 관련 규제기관과의 협업을 통해 불법 복제물 소비를 어렵게 하거나 법적인 책임을 엄격히 함으로써 불법 복제의 편리성이나 안정성, 품질 등을 적극적으로 하락시키는 것이다.

그런데 불법 복제물과의 싸움에서 법적 수단을 사용하는 전략에는 이런 질문이 나올 수 있다. '불법 복제물을 방해하는 조치가 정말 합법적인 구매를 촉진할 수 있을까?' 우리는 이 질문에 답하기 위해 수요 측면에서 불법 복제물임을 고지하는 규제와, 공급 측면에서 사이트를 차단하거나 아예 완전히 운영 중지시키는 규제의 효과를 연구했다. 연구 결과, 각기 다른 규제 방식 모두 합법적인 구매를 촉진할 수 있음을 확인할 수 있었다.

　　2012년 연구에서 우리는 'HADOPI'라는 이름으로 2009년 프랑스에 도입된 불법 복제물 고지 법안의 효과를 연구했다. 이 법은 프랑스 소비자들에게만 해당하는 규제였으므로, 프랑스 아이튠즈의 매출 패턴(실험군)과 통계적으로 유사한 다른 나라의 매출 패턴을 대조군으로 삼아서 비교할 수 있었다. 실험군과 대조군으로 나누어 연구를 진행함으로써 프랑스나 다른 나라 소비자들에게 영향을 줄 수 있는 요인들, 즉 계절적인 변동이나 애플 제품 출시와 같은 이슈들을 통제할 수 있었다. 연구 결과, 프랑스에서의 음원 매출이 대조군이 되는 다른 나라들보다 20~25% 상승하는 것을 확인할 수 있었다.[25] 특히 힙합이나 록처럼 평소 불법 복제가 많이 되는 장르의 매출이 클래식이나 재즈, 포크 같은 장르보다 상승폭이 컸다. 이는 곧 힙합이나 록 장르 소비자들이 다른 장르 소비자들보다 법안에 영향을 많이 받았다고도 볼 수 있을 것이다. 결과적으로 불법 복제 행위를 법으로 규제하는 정책은 합법적 콘텐츠 소비를 유도하는 효과가 있다고 볼 수 있다.

　　2014년, 우리는 불법 복제품 사이트를 '운영중지(셧다운)'시키는 정책에 대한 연구를 진행하기 위해 메가업로드Megaupload.com라는 불법 복제물 사이트에 주목했다. 메가업로드는 25페타바이트(1페타바이트=100만 기가바이트)에 달하는 불법 복제물을 보유하고 있었는데, 이는 당시 인터넷 전체 트래픽의 4%를 차지하는 양이었다.[26] 미국 법무부는 2012년 1월 이 사이트를 셧다운시켰고, 이는 인터넷상에서 불법 복제를 즐기는 많은 사용자들에게 상당한 영향을 주었다.

　　그런데 메가업로드는 전 세계적으로 셧다운되었으므로, 앞서

HADOPI의 사례에서처럼 국가간 비교를 할 수 없었다. 대신 메가업로 드는 몇몇 특정 국가에서 특히 인기가 많았으므로 다음과 같은 가설을 세울 수 있었다. "만약 메가업로드의 셧다운이 소비자들에게 영향을 주었다면, 그 효과는 메가업로드가 인기가 없는 국가보다 인기가 많 은 국가들에서 더 크게 나타날 것이다." 분석 결과, 우리의 예상은 적중 했다.

12개 국가에서 메가업로드 셧다운 전후의 디지털 영화 매출을 분 석한 결과, 메가업로드상에서 이용량이 많은 사용자[Heavy user]의 빈도가 높은 국가들의 매출이 유의하게 증가했음을 발견했다.[27] 구체적으로는 메가업로드의 셧다운으로 디지털 영화 매출의 6.5~8.5% 정도가 상승 하는 효과가 있었다. 큰 규모의 불법 복제 사이트를 셧다운하는 규제는 소비자들을 합법적인 콘텐츠로 유인하는 데 확실한 효과가 있었다.

그러나 불법 복제 사이트의 서버가 해외에 있을 경우 셧다운 작업 은 만만치 않다. 메가업로드 사이트를 셧다운시키는 데에도 무려 9개 국가의 사법기관 공조가 필요했으며, 수색영장 20개가 동시에 집행되 었다.[28] 당연히 대부분의 국가들은 더 간단한 접근을 선호하는데, 그 것은 바로 인터넷 사용자들이 해당 사이트로 접근하는 것을 차단하는 규제 방법이다. 사이트 차단은, 규제 당국의 명령에 따라 인터넷 서비 스 제공자들이 자사 고객들의 특정 사이트 접근을 강제로 차단하는 법 적 장치다. 그러나 인터넷 이용에 능숙한 사용자들은 이런 차단을 피 해 사이트에 접근하기도 하는데, 이때 의문이 하나 생긴다. 사이트 접 근 차단 방법이 완벽하지 못하다면 과연 규제로서 효과가 있을까 하는 것이다. 우리는 2015년 영국의 사이트 차단 규제 효과에 대한 연구에서 이 문제를 다룬 적이 있다. 이 연구를 위해 당시 합법 사이트와 차단된 사이트를 방문한 이용자의 데이터가 사용되었고, 연구 가설은 메가업로드 연구 때와 마찬가지로 "만약 사이트 접근 차단이 소비자에게 영향을 준다면, 이용량이 많은 고객군일수록 더 큰 영향을 받을 것"이라는 것이었다.[29] 그런데 이 연구에서는 몇 가지 특이한 점이 발견되었다. 2012년 5월, 파이러트 베이The Pirate Bay 라는 이름의 불법 복제물 사이트가 정지를 당했으나 합법 사이트의 방문자 수에는 별다른 변화가 없었다. 그러나 2013년 후반, 19개 불법 사이트가 동시에 차단을 당했을 때는 합법 사이트 방문자 수가 12% 늘어났다. 특히 이용량이 많은 고객군에서는 23.6%가 늘어난 반면, 그렇지 않은 고객군에서는 3.5% 정도만 늘어났다. 이 연구 결과에서 유추할 수 있는 사실은, 불법 복제 사이트 차단이 그렇게 완벽할 필요는 없다는 점이다. 불법 복제물을 찾는 소비자들 입장에서는 탐색에 어려움을 느낄 정도만 되더라도 합법 사이트로 이동하는 경향을 보이기 때문이다.

결국 스티브 잡스의 말이 맞았다. 불법 복제를 막을 수는 없다. 불법 복제와는 경쟁을 해야 한다. 우리의 연구에 따르면 이 경쟁은 두 종류로 나뉜다. 하나는 소비자로 하여금 합법 콘텐츠를 더 편하게, 더 쉽게, 더 신뢰할 만하게 사용하도록 만드는 것이고, 다른 하나는 불법 콘텐츠를 더 불편하게, 더 어렵게, 더 못 미덥게 사용하도록 만드는 것이다. 이는 콘텐츠 제작자들에게 좋은 소식이 될 수 있다. 만약 불법 복제가 엔터테인먼트 기업이 마주한 유일한 어려움이라면 이런 합법적이고 시장 친화적인 전략은 엔터테인먼트 기업들이 지금껏 고수하고 있는 수익 모델을 향후 수년간 튼튼하게 해줄 것이다. 그러나 앞서 롱테일 현상에 대한 논의와 같이 불법 복제가 엔터테인먼트 기업들의 유일한 고민은 아니다. 다음 장에서는 기업의 다른 고민거리를 다룰 예정이다. 그것은 바로 창작자 스스로 콘텐츠를 제작하고 유통시킬 수 있는 이른바 '셀프 창작 콘텐츠'라는 새로운 기회에 대한 것이다.

부록

표6.1은 불법 복제물이 매출에 통계적 영향을 주지 않는다는 내용을 담은 논문들이다.

표6.2의 논문들은 반대로 불법 복제물이 판매 실적에 악영향을 준다는 내용을 담고 있다.

표6.1 불법 복제물이 매출에 통계적 영향을 주지 않는다는 내용의 논문들

	주요 데이터	결과
Oberholzer-Gee and Strumpf (2007, J. of Political Economy)	2002년 OpenNap 음원 다운로드 수, 2002년 미국 인기 음반 판매량	"본 연구 샘플에서는 파일 공유가 음반 판매에 통계적으로 유의한 영향을 주지 않았다"
Smith and Telang (2009, MIS Quarterly)	2005-2006년 아마존 DVD 판매 순위 및 BitTorrent 영화 파일 다운로드 수	"TV콘텐츠의 불법 복제 가능성은 방영 이후의 DVD 판매량에 영향을 주지 않았다"
Anderson and Frenz (2010, J. of Evolutionary Economics)	캐나다 소비자들의 파일 공유와 CD 구매 행위에 대한 2006년 설문조사	"P2P 파일 다운로드 수와 CD 앨범 판매량은 통계적 연관성이 없다"

표6.2 불법 복제물이 판매 실적에 악영향을 준다는 논문들

	주요 데이터	결과
Hui and Png (2003, Contrib. to Economic Analysis & Policy)	1994–1998년 IFPI 세계 CD 판매 데이터와 불법 복제 CD의 비율	"불법복제가 음악CD 수요를 감소시켰고, 이는 기존 수요를 대체하는 불법복제의 부정적 효과가 긍정적 영향보다 큼을 뜻한다."
Peiz and Waelbroeck (2004, Rev. of Econ. Res. On Copyright)	1998–2002년 세계 CD 판매량, 불법 다운로드에 대한 IPSOS의 설문 데이터	"1998–2002년 동안, MP3 파일 다운로드로 인해 CD판매량은 약 20% 줄었다."
Zentner (2005, Topics in Economic Analysis and Policy)	1997–2002년 국가별 음반 판매량 및 광대역 사용량	"인터넷과 광대역이 잘 보급된 국가일수록 음반 판매량이 급격히 하락했다."
Stevens and Sessions (2005, J. of Consumer Policy)	1990–2004년 카세트 테이프, LP판, CD 구매액	"2000년 이후 개인간 파일 공유가 급증하면서 다양한 형태의 음반 매출이 상당히 감소했다."
Bounie et al. (2006, Rev. of Econ. Res on Copyright)	2005년 영화 불법 복제물과 구입에 대한 여러 프랑스 대학의 설문	"불법 복제는 VHS와 DVD 판매 및 대여 사업에 부정적인 영향이 크다. 그러나 극장 수익에는 통계적으로 유의한 영향을 주지 않는다."
Michel (2006, Topics in Economic Analysis and Policy)	1995–2003년 미국 BLS의 소비자 지출 설문 데이터	"불법 복제물로 인해 컴퓨터 보유와 음반 구입의 관계는 약화됐으며, CD 판매량도 13% 줄었다."
Rob and Waldfogel (2006, J. of Law and Economics)	2003년 미국 대학생들을 대상으로 한 불법 복제물과 구매 행위에 대한 설문	"본 연구 샘플에서는 파일 다운로드로 인해 구매가 0.2% 줄었으나 실제로는 더 될 것으로 보인다."
Zentner (2006, J. of Law and Econonics)	2001년 유럽인들을 대상으로 한 음반 구매와 불법 복제에 대한 설문	"불법 복제로 인해 음반 구매 가능성이 30% 줄었다고 할 수 있다."
Bhattacharjee et al. (2007, Management Science)	1995–2002년 빌보드 100위 차트, WinMX 파일 공유 포스트 2000개	"P2P 파일 공유 기술로 인해 높은 순위로 데뷔한 경우를 제외하곤 앨범들의 차트 내 생존율이 상당히 떨어졌다."

DeVany and Walls (2007, Rev. of Industrial Organization)	익명의 영화에 대한 극장 수익과 불법 복제물의 공급량	"메이저 제작사 영화의 불법 복제는 극장수익을 감소시켜 약 4천만 달러의 매출을 손해봤다."
Hennin-Thurau, Hennin, Sattler (2007, Marketing Science)	2006년 독일 영화 구매와 불법 복제물 사용 의향에 대한 설문	"불법 복제물은 극장 방문과 DVD 대여 및 구매에 심각한 자기잠식효과를 불러일으켜 독일 내에서 연간 3억 달러의 매출 손실을 가져온다."
Rob and Waldfogel (2007 J. of Industrial Economics)	2005년 펜실베이니아 대학교 학생들을 대상으로 한 영화 구매와 불법 복제 행위에 대한 설문	"불법 복제를 한 번 하면 유료 구매가 약 1회씩 감소했다."
Liebowiz (2008, Management Science)	1998-2003년 광대역 인터넷 사용과 음반 구매에 대한 전수 조사	"1998년부터 2003년까지 관찰한 결과, 파일 공유는 음반 판매에 전반적인 감소를 불러왔다."
Bender and Wang (2009, International Social Science Rev.)	1999-2007년 국가별 연간 음반 판매량	"불법 복제물이 1% 늘어나면 음반 판매는 0.6% 줄어든다."
Danaher et al. (2010, Marketing Science)	2007-08년 BitTorrent에서의 TV 콘텐츠 다운로드	"아이튠즈에서 NBC 프로그램을 없애자 불법 복제물이 11.4% 늘어났다."
Waldfogel (2010, Information Economics and Policy)	2009-2010년 와튼 스쿨 학생들의 음원 불법 복제와 구매에 대한 설문	"음원 1개를 불법 복제하면 음원 구매는 한 곡당 1/3에서 1/6 정도 감소한다."
Bai and Waldfogel (2012, Information Economics and Policy)	2008-2009년 중국 대학생들을 대상으로 한 영화 시청 행위에 대한 설문	"영화를 소비하는 중국 학생들의 75%는 돈을 지불하지 않았으며, 불법 복제물 한 편은 0.14편의 유료 콘텐츠를 대체했다."
Danahe et al. (2013, J. of Industrial Economics)	2008-2011년 프랑스를 비롯한 유럽 국가들의 아이튠즈 음원 판매량	"HADOPI 법으로 인해 프랑스의 아이튠즈에서는 (대조군 역할을 한 다른 국가 대비) 음원 판매가 22-25% 늘었다."

Hong (2013, J. of Applied Econometrics)	1996-2002년 미국 BLS 소비자 지출 설문 데이터	"냅스터에서의 파일 공유로 인해 전체 매출이 20% 정도 줄었으며, 대부분 6-17세 아이가 있는 가정이었다."
Danaher and Smith (2014, International J. of Industrial Organization)	2011-2013년 12개 유럽 국가에서 메이저 영화 제작사 3곳이 기록한 매출과 대여 데이터	"메가업로드 및 그와 연관된 사이트들의 셧다운으로 메이저 영화 제작사들의 수익이 6.5-8.5% 올랐다."
Ma et al. (2014, Information Systems Research)	2006년 2월부터 2008년 12월 사이에 널리 출시된 모든 영화의 극장 매출	"극장 개봉 이전에 유출되는 불법 복제물은 극장 개봉 이후 유출되는 불법 복제물과 비교해서, 19.1% 매출 감소를 불러왔다."
Adermon and Liang (2014, J. of Economic Behavior & Organization)	2004-2009년 스웨덴, 노르웨이, 핀란드에서의 디지털과 아날로그 음반 매출	"IPRED 저작권 개선 정책이 스웨덴에서 시행되고 첫 6개월 동안 음반 수익이 36% 증가했다. 불법 복제물은 합법적인 음반 구매를 대신할 강력한 대체제로 보였다."

7
힘의 이동

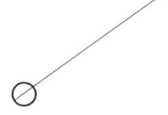

지금까지 텔레비전과 영화 산업에서는
능력을 가진 사람들이 제작자를 찾아오도록 기다렸다.
우리는 왕국으로 향하는 열쇠를 쥐고 있었고,
관객에게 다가가기 위한 통로를 찾으려는 사람들은
자신들의 이야기를 우리에게 가져와야만 했다.
그러나 이제 모든 것들이 바뀌고 있고, 그 변화는 빠르게 진행되고 있다.
케빈 스페이시, 2013년 제임스 맥타거트James MacTaggart 기념 강연, 가디언 에딘버그 국제 텔레비전 페
스티벌Guardian Edinburg International Television Festival

작가나 음악가, 연기자들은 이른바 '메이저' 회사에 의지할 수밖에
없었던 시절이 있었다. 메이저 출판사, 음반 제작사, 영화 제작사와 계
약을 체결해야 투자를 받고, 콘텐츠를 만드는 데 필요한 전문가들을 섭
외할 수 있었으며, 얼마 안 되는 유통 채널과 마케팅 채널도 제공받을
수 있었다. 그러나 여러 이유로 상황은 급격하게 변하고 있다.

첫째, 대중들에게 충분히 고품질의 결과물로 인식될 수 있는 양

질의 콘텐츠 제작에 필요한 비용이 낮아졌다. 창작자들은 더 이상 값비싼 장비가 필요치 않게 되었다. 예컨대, 영화 촬영감독인 키에란 크릴리Kieran Crilly는 아카데미에서 상을 받은 영화 〈음악이 구한 삶The Lady in Number 6〉을, 아마존에서 몇천 달러면 살 수 있는 캐논 5D Mark 3 카메라로 찍었다.[1] 그 외에, 2010년과 2011년 아카데미에서 편집상을 받은 영화를 포함한 많은 메이저 작품들이 300달러면 구입할 수 있는 소프트웨어인 파이널 컷 프로Final Cut Pro로 만들어졌다.[2]

둘째, 창작자들이 전문가 수준의 콘텐츠를 만들어내는 제작 시설을 사용하는 데 필요한 비용이 낮아졌다. 5천 명 이상의 구독자를 가진 유튜브 창작자라면 누구나 유튜브 파트너 프로그램에 참여해서 유튜브 스페이스를 이용할 수 있다. LA를 비롯해 뉴욕, 도쿄, 런던, 베를린, 뭄바이, 상파울루에 있는 이 유튜브 스페이스에서, 창작자들은 고가의 촬영 장비와 편집 도구를 자유롭게 사용할 수 있고, 분장, 디자인, 비디오 촬영에 대한 수업을 들을 수도 있다.

셋째, 프로젝트를 진행시키기 위해 프리랜서를 고용하는 것도 점차 쉬워지고 있다. 예를 들어 로맨스 소설가인 바바라 프리시Barbara Freethy는 국내에서 절판된 자신의 소설을 해외에서 출판하기 위해 프리랜서를 섭외했는데, 출판사의 힘을 빌리는 대신 그녀는 이랜스 닷컴Elance.com을 활용했다. 프리랜서 전문가들을 위한 온라인 플랫폼 덕분에 그녀는 번역가와 편집자를 고용해 독일어와 스페인어, 프랑스어로 책을 낼 수 있었다.[3]

어떤 창작자들은 집단지성의 힘을 활용해 콘텐츠를 만들기도 한다. '인도 라디오의 피리부는 사나이The Pied Piper of Indian Radio'로 유명한 인도의 닐레쉬 미스라[Neelesh Misra]는 자신이 진행하는 라디오 프로그램 'The Idiot Box of Memories'를 위해 이를 활용했다. 이 프로그램은 인도에서 4,200만 명에 달하는 청취자를 보유하고 있는데, 미스라는 최근 페이스북과 유튜브로 활동 반경을 넓혔다.[4] 주말을 제외하고 매일 진행되는 방송에서 가장 인기있는 코너는 인도인들의 일상생활에 대해 15~20분 정도 이야기를 나누는 코너다. 이 코너를 만들기 위해 1년에 200개가 넘는 흥미로운 스토리를 찾는 방대한 작업을 진행해야 하는데, 미스라가 스토리를 얻는 곳은 어디일까? 그것은 다름 아닌 청취자들로부터다. 그는 인도 곳곳에 있는 작가들의 모임을 후원하는 대신 그곳의 작가들이 작성해서 보내준 수천 개의 스토리들 중 재미있는 것들을 일부 추려서 방송에 내보낸다.

새로운 기술의 발전은 판매 채널 접근에 대한 진입 장벽도 낮추고 있다. 가령 출판물 판매를 위해서는 애플의 아이북스토어[iBookstore]와 아마존의 킨들 다이렉트 출판[Kindle Direct Publishing] 프로그램이 있고, 음악에는 밴드캠프[Bandcamp], 플레지뮤직[Pledgemusic], 아마존의 아티스트 센트럴[Artist Central]이 있으며, 동영상 콘텐츠의 경우에는 유튜브 파트너[Partner] 프로그램이 있다. 유연한 디지털 유통 채널의 등장은 창작자들이 기존의 경직된 전통 채널에 의존하지 않아도 되도록 만들고 있다. 일례로 올리버 브루디[Oliver Broudy]가 간디 기념품을 수집하는 수집가와 함께 여행하면서 쓴 28,000단어 분량의 회고록인 『The Saint』는 잡지에 싣기에는 너무 길고, 책으로 출판하기에는 너무 짧은 길이였다. 그러나 아마존의 킨들 싱글즈[Kindle Singles] 플랫폼에는 적합해, 원고는 이 채널을 통해 독자의 인기를 끌 수 있었다.[5]

창작자들이 투자받을 수 있는 기회 역시 늘어났다. 2012년, 세스 고딘[Seth Godin]은 자신이 쓴 『이카루스 이야기[The Icarus Deception]』를 출판하기 위해 킥스타터[Kickstarter]를 통해 투자를 받았는데, 채 4시간도 안 걸려 4만 달러가 모였고,[6] 최종적으로는 28만 달러를 투자받았다.[7] 2013년 텔레비전 시리즈 〈베로니카 마스[Veronica Mars]〉 제작자들은, 미국 케이블 채널인 UPN과 CW 네트워크에서 네 번째 시즌을 갱신해주지 않자 킥스타터를 통해 투자금을 모았는데, 10시간도 안 되어 200만 달러를,[8] 최종적으로는 570만 달러를[9] 모았다.[10]

엔터테인먼트 산업에서의 이러한 사례들이 의미하는 것은 무엇일까? 일단 무엇을 의미하지 않는지부터 이야기해보자. 영화 제작사, 출판사, 음반 제작사가 더 이상 아무 도움이 안 된다는 말은 아니다. 메이저 회사들은 앞으로도 지속적으로 창작자들에게 제작 시설, 전문가들, 홍보 자금, 유통 채널을 제공할 것이다. 그러나 한 가지 분명한 것은, 이런 변화가 메이저 회사들의 장기적인 지배력과 수익성에 위협이 될 것이라는 점이다. 창작자 스스로 제작하고 유통시킬 수 있는 환경이 성장함에 따라 4명의 중요한 구성원—창작자, 소비자, 비즈니스 파트너, 그리고 유통업자—간의 관계에 미치는 메이저 회사의 영향력이 변화할 것이기 때문이다. 그중에서 가장 먼저, 메이저 회사의 도움 없이도 새로운 창작 기회와 유통 채널을 갖게 된 창작자들에 대해 자세히 들여다보자.

창작자

만약 여러분이 친구와 함께 역사적인 인물들간의 가상 대결을 주제로 즉흥 코미디 극을 만든다고 가정해보자. 혹은 젊은 독자들을 대상으로 한 로맨틱한 뱀파이어 소설을 집필하려 한다고 가정해보자. 아니면 바이올린으로 힙합을 연주하면서 춤을 추는 무대를 대중들에게 보여주려 한다고 해보자. 유명한 창작자가 아니라면 이런 식의 다소 변덕스러운 창의력을 바탕으로 메이저 회사들을 설득할 수 있는 기회가 최근까지는 거의 없었다. 그러나 요즘은 다르다. 실제로 방금 말한 시나리오들 모두가 이미 현실이 된 사례들이다.

먼저 소개할 창작자들은 피터 슈코프Peter Shukoff와 로이드 알퀴스트 Lloyd Ahlquist다. 이들은 뮤지션들이 대결하는 형식의 아이디어를 현실화해서 인터넷에서 센세이션을 일으켰다. 팀을 짜기 위해, 알퀴스트는 1990년대 후반에 슈코프를 섭외해서 'Mission IMPROVable'이라는 이름의 즉흥 코미디 그룹을 만들었다. 이 코미디 그룹은 대학의 캠퍼스와 작은 코미디 클럽을 돌아다니며 관객들이 제시한 역사적 인물들간의 즉흥 랩 콘테스트를 벌였다. 2009년, 슈코프는 유튜브에 영상을 올렸고, 그들의 랩 배틀이 사전 녹화 형식에 딱 들어맞을 수 있다고 생각하게 되었다. 두 사람은 캐릭터, 무대 연출, 오디오 효과, 비디오 효과 등을 연구하는 데 힘을 기울였고, 마침내 이들은 자신들의 꿈을 시장에 선보이기로 마음먹었다.

두 사람은 구체적으로 어떤 과정을 밟았을까? 첫째, 투자와 관련된 부분을 생각해보자. 1990년대 후반에는 전문적인 수준의 촬영을 하려면 특별한 장비와 값비싼 시설이 필요했다. 그러나 2009년, 평범한 스마트폰 사용자들이 모두 주머니에 HD급 비디오카메라를 넣어다니게 되었으며, 복잡한 영상 편집과 오디오 믹싱 기능을 갖춘 소프트웨어를 몇백 달러면 살 수 있게 되었다. 슈코프와 알퀴스트는 영상 3개로 구성된 그들의 첫 시리즈를 단돈 50달러에 만들 수 있었다.[11]

게다가, 유튜브라는 새로운 채널 덕분에 두 사람은 자신들의 꿈을 30분짜리 텔레비전 프로그램 형식에 맞추거나 방송국 관계자들을 힘들여 설득할 필요도 없었다. 2005에 시작된 유튜브 채널을 통해 사용자들은 어느 분량의 영상이라도 업로드할 수 있었다.

제작에 필요한 전문가는 어떻게 구했을까? 슈코프는 유튜브에서 발견한 몇 편의 비디오를 보면서 영상 편집 기술을 익혔으며,[12] 구성 작가들을 채용하는 대신 유튜브 구독자들에게 어떤 아이디어가 재미있을지를 물어봤다. 한번은 어느 팬이 존 레논John Lennon과 빌 오라일리Bill O'Reilly의 배틀을 제안했는데, 이것이 곧 〈Epic Rap Battles of History(ERB)〉가 탄생하는 계기가 되었다.

2010년 9월 26일, 이들은 첫 배틀 영상을 유튜브에 공개했다. 슈코프(일명 NicePeter)가 존 레논 역할을 맡았고, 알퀴스트(일명 EpicLloyd)가 오라일리 역할이었다. 영

상은 큰 인기를 끌며 2주 만에 15만 뷰를 기록했다. 영상 말미에는 "누가 이겼나요? 다음은 누굴까요? 당신이 결정해주세요"라는 자막이 붙었다. 팬들로부터 아이디어가 쏟아졌고, 두 번째 영상에는 다스 베이더Darth Vader와 아돌프 히틀러Adolf Hitler가 등장했다. 이 영상은 첫 영상보다 더 큰 인기를 얻어, 2010년 11월 공개 후 5일 만에 100만 뷰를 기록했다.[13]

슈코프와 알퀴스트의 채널은 지속적으로 인기를 얻어, 2015년에는 ERB 네 번째 시즌이 제작되어, 총 50개 배틀 영상이 업로드되었으며, 총 조회수 17억 뷰, 구독자 수 1,220만여 명으로, 유튜브 전체 채널 중 16번째로 인기 높은 채널이 되었다.[14] ERB 시리즈는 유튜브 외에 아이튠즈를 통해서도 볼 수 있었다. ERB 영상 중 10편은 미국음반산업협회the Recording Industry Association of America가 인증한 골드 등급에 선정되기도 했다. 다스 베이더와 히틀러의 대결, 마리오 형제와 라이트 형제의 대결, 스티브 잡스와 빌 게이츠의 대결, 버락 오바마와 미트 롬니의 대결 등이 이 10편에 속하는 영상들이었다.[15, 16]

다음으로 아만다 호킹Amanda Hocking의 사례를 살펴보자. 그녀는 로맨틱 뱀파이어 소설 시리즈를 자가 출판self-publishing 형식으로 출간해 부와 명예를 거머쥐었다. 미네소타 오스틴에서 십대를 보낸 그녀는 초자연적 현상을 주제로 이미 여러 편의 소설을 써낸 작가였다. 그러나 25살이 되던 해, 그녀에겐 17편의 미발표 소설과 여러 출판사들에서 보내온 수십 통의 거절 편지들만 남아 있었다. 2010년 4월, 뱀파이어 이야기뿐 아니라 인형극작가인 짐 헨슨Jim Henson과 그가 만든 캐릭터 머펫Muppets을 좋아했던 그녀는, 그해 11월 머펫 전시회가 열린다는 소식을 접했다. 당시 집에서 장애인들을 가르치며 1년에 겨우 1만8천 달러 정도를 버는 그녀로서는 전시회를 보기 위해 미네소타에서 시카고까지 갈 형편이 못 되었다. 좋은 방법이 없을까 고민하던 그녀는 교통비와 숙박비로 쓸 300달러를 벌기 위해 아마존에서 자신의 소설을 팔아보기로 했다. 아마존의 자가 출판 플랫폼을 이용한다면 6개월 동안 300달러 정도는 벌 수 있지 않을까 생각했던 것이다. 그녀의 예상은 틀리지 않았다. 첫 6개월 동안 그녀는 2만 달러를 벌었고, 이후 14개월 동안 250만 달러를 벌었다.[17]

린지 스털링Lindsey Stirling 역시 비슷한 사연을 갖고 있다. 그녀는 춤추는 힙합 바이올리니스트로 이름을 날리게 된 주인공이다.

힙합 바이올리니스트? 그것도 춤추는 힙합 바이올리니스트? 정말일까? "저는 배우가 되기 위해 여러 번 오디션을 봤지만, 제 머릿속의 비전을 알아준 사람은 아무도 없었어요." 그녀가 워싱턴 포스트와의 인터뷰에서 밝힌 이야기다. "시장에서 통하지 않을 거라는 답변만 들었죠. 확 당기지 않는 것 같다는 말도 들었어요." 또 다른 인터뷰에서는 이렇게 이야기하기도 했다.[18] 2007년 당시, 그녀는 대학 시절 내내 돈을 벌기 위해 일을 하고 있었고, 음악 업계에서 성공하려면 수백만 달러가 들 것이라는 말에 실망하고 있던 참이었다.[19] 스털링은 결국 유튜브에 자신의 영상을 찍어 올리기로 마음먹었고, 지금은 7백만 명에 달하는 구독자와 10억 뷰가 넘는 조회수를 자랑하는 채널을 운영하게 되었다.[20] 이후 그녀가 낸 2장의 앨범은 빌보드 200위 차트에 127주 동안 머물러 있었다. 그 앨범들은 각각 최고 23위와 2위까지 올랐다. 2015년 그녀는 55개 도시를 순회하는 월드 투어를 가졌고, 레드 락스Red Rocks나 센트럴 파크 섬머스테이지Central Park Summerstage 공연장에서도 무대를 가졌다.

이러한 변화들은 상당히 중요한 의미를 갖는다. 이제 창작자들은 관객이나 소비자들을 만나기 위해 메이저 회사의 도움을 받을 필요가 없어졌다. 스스로 이름을 알린 창작자일수록 메이저 회사들과 계약할 때 우위를 점할 수 있게 되었다. 결과적으로 독립 창작자들은 계속해서 독립적인 성향을 유지할 것이고, 영화 제작사나 출판사, 음반 제작사로부터 일괄적으로 제공받던 지원 대신 자신의 목적에 맞는 주문형 서비스를 이용할 것이다.

실제로 현재 슈코프와 알퀴스트는 짧은 분량의 디지털 콘텐츠 제작에 특화된 메이커 스튜디오^{Maker Studio}와 협업하고 있다. 두 사람이 메이저 회사가 아닌 메이커 스튜디오와 힘을 합친 이유는 그들의 철학 때문이라고 한다. 알퀴스트에 따르면 "메이커 스튜디오는 요즘 같은 시대에 유튜브에서 각 개인들이 뚜렷하고 독특한 정체성을 가져야 한다는 철학을 갖고 있다. 메이커 스튜디오는 각종 시스템과 장비를 지원하면서도 콘텐츠에 손을 대지 않는다"는 것이다.[21]

린지 스털링도 메이저 회사 대신 레이디 가가의 에이전트인 트로이 카터^{Troy Carter}와 계약을 맺었다. 카터는 "그녀는 라디오나 텔레비전에서보다 유튜브에서 더 많은 관심을 받을 것이다. 우리는 다른 창작자들과 마찬가지로 그녀가 독립적인 활동을 함으로써 자신만의 커리어를 쌓을 수 있도록 돕겠다"며 스털링을 지원했다.[22] 또한, 그는 놀랍게도 스털링이 자신의 음반을 기존의 채널이 아닌 개인 유통 채널에 맡길 계획이라고 했다. 그동안 유통을 움직일 수 있는 힘은 메이저 회사만의 특권으로 여겨져온 것이 사실이다. 그런데 스털링과 카터는 이 힘을 자신들만의 유용한 전략으로 활용한 것이다.

물론 상당수 창작자들은 독립 창작자로만 활동하기를 원하지는 않는다. 메이저 음반사나 출판사, 영화 제작사와 계약해 독립 창작자의 위치에서 벗어나려고 하는 이들도 많다. 그러나 메이저 회사들 입장에서, 독립 창작자들이 메이저 회사와 계약을 할 때쯤이면 상당한 협상력을 갖게 된다는 사실은 적지 않은 고민거리다. 2011년 4월, 아만다 호킹과 출판사의 경우가 그랬다. 호킹의 영문판 소설 4권의 판권을 따내기 위해 메이저 출판사들이 제시한 액수는 2백만 달러가 넘는 것으로 알려졌다.[23] 불과 1년 전만 하더라도 출판사들의 거절 편지와 미출간 작품들만 잔뜩 갖고 있던 작가 입장에서는 어깨에 힘이 들어갈 수밖에 없는 반면, 판권을 확보하려고 애를 쓰는 출판사들 중에는 과거 그녀에게 거절 편지를 보낸 출판사들도 있었다.

지금까지 우리는 새로운 기술의 발전이 신인 창작자들에게 미친 영향에 대해 살펴보았다. 이러한 변화는 기존 창작자들과 메이저 회사와의 관계에도 영향을 끼쳤다. 일례로 라디오헤드Radiahead는 2003년 EMI와 계약이 끝난 후 더 이상 갱신하지 않기로 결정했다. 리더인 톰 요크Thom Yorke는 "우리 회사 사람들은 좋은 사람들이지만, 왜 이들이 필요한가를 묻게 될 때가 곧 올 것"이라고 말했다.[24] 2007년 라디오헤드는 'In Rainbow'라는 제목의 앨범을 자신들의 웹사이트인 Radiohead.com에 발표해 팬들에게 음원을 직접 배포했다. 그리고 앨범마다 10~15달러 정도의 비용을 고정적으로 받는 대신, 팬들 스스로 앨범 가격을 정하도록 했다. 팬들은 전체 음원을 무료로 다운로드할 수도 있었고, 자신이 매긴 가치만큼의 액수를 결제할 수도 있었다. 이 과정에서 라디오헤드가 얻은 것은 무엇일까? 와이어드Wired 매거진에 따르면 요크는 데이비드 바이른David Byrne과의 인터뷰에서 "이번 앨범의 디지털 유통 수익은 지금까지 우리의 모든 앨범 수익을 합친 것보다 많다"고 밝혔다.[25]

2011년, 미국의 스탠드업 코미디언인 루이스 C.K.Louis C.K. 역시 실험을 통해 콘텐츠 직접 유통의 장점을 체험했다. 그는 자신의 블로그에 이 실험을 자세히 기록해놓았다. "내가 만약 새로운 스탠드업 코미디 영상을 5달러라는 아주 낮은 가격에 누구나 제한 없이 다운로드할 수 있도록 하면 수익이 어느 정도일까?"[26] 그 답은 무려 1백만 달러였다. 그것도 첫 12일 동안. 루이스는 영상 촬영비와 웹사이트 제작비로 25만 달러를 지불하고 남은 75만 달러 중에서 25만 달러는 스태프들에게 보너스로 나눠주고, 28만 달러는 자선단체에 기부했다. 그렇게 하고 남은 22만 달러가 그의 최종 수익이 되었다.[27] 이후 루이스는 3편의 영상을 사이트에 더 올렸는데, 특히 2015년 1월에 공개된 'Live at the Comedy Store'는 많은 언론의 주목을 받아 단 4일 만에 가장 많은 수익을 올린 것으로 알려졌다.[28]

그러나 '직접 유통'의 여왕은 누가 뭐래도 J.K. 롤링^{J.K. Rowling}이다. 그녀는 출판사와 협의해, 『해리 포터』의 디지털 판권을 자신이 직접 관리하기로 했다. Pottermore.com을 통해 그녀는 『해리 포터』 전자책을 독점 판매했으며, 전자책의 90%를 취급하는 아마존조차 롤링의 말을 들어야 했다. 아마존의 고객이 『해리 포터』 전자책을 구입하려 하면 아마존은 Pottermore.com을 방문하도록 안내하고, 그 대신 수수료를 받았다. 이를 통해 롤링은 독자들과 바로 소통할 수 있게 되었고, 팬들의 충성도와 참여도를 높일 수 있었다. 독자들은 Pottermore.com에서 18,000단어 분량의 미출간 버전을 볼 수 있었고, 롤링이 집필을 시작할 때는 없었던 새로운 미디어를 통해 '해리 포터'만의 공간이 구축될 수 있었다.[29] 아이러니하게도, 그동안 많은 메이저 출판사들을 '을'로 대하며 출판 시장을 바꾸고 있었던 아마존이 '해리 포터'의 팬들을 만족시키기 위해 작가 한 사람의 요구를 들어줘야 했던 것이다. 가디언 The Guardian의 출판 에디터인 필립 존스Philip Jones는 이를 두고 "쌤통"이라고 평하기도 했다.[30]

물론 모든 기성 작가들이 소비자들과 직접 거래할 수 있는 것은 아니다. 그러나 어찌 됐든, 여러 새로운 변화들 덕분에 작가들이 메이저 회사들과의 협상에서 우위를 점하는 경우가 늘어난 것은 사실이다. 반면 메이저 출판사들의 입장에서는 수익성이 나빠질 수 있으므로 문제가 적지 않다. 특히 앞서 살펴본 바와 같이 엔터테인먼트 기업들의 수익 모델은 소수의 작품이 대박을 터뜨려 나머지 작품에서 발생하는 손해를 보완하는 방식이라 우려가 더 크다 하겠다.

소 비 자

기술의 발전은 창작자와 메이저 기업들과의 관계뿐 아니라 소비자와 이들 기업들과의 관계 역시 변화시키고 있다. 소비자들이 구매할 수 있는 새로운 형태의 콘텐츠가 다양해지기 때문이다.

보통 업계에서는 창작자가 직접 제작한 콘텐츠를 두고 품질이 좋지 않다며 무시하는 경우가 많다. 그래서 자가 출판을 통해 만들어진 책이나, 기존 음악을 모방 혹은 리메이크하며 커버하는 일명 '커버밴드 뮤지션'들의 음악 같은 아마추어 콘텐츠는 프로들이 만든 콘텐츠를 따라올 수 없다고 여긴다. 그러나 우리는 이런 편견이 경쟁의 본질을 흐릴 수 있다고 본다. 시장 경제에서 경쟁을 만드는 사람은 파는 사람이 아니라 사는 사람이다. 제품의 질이 얼마나 좋은지, 그것이 기존 업계의 논리에 맞게 제대로 생산된 제품인지는 이제 중요한 문제가 아니다. 소비자들이 여러분이 만든 물건이 아닌 다른 물건을 택한다면, 그것으로 이미 경쟁에서 진 것이다. 실제로 많은 사례들이 이를 증명하고 있다. 닐슨 사운드스캔Nielson Soundscan의 자료에 따르면, 인디 음반의 매출이 2007년 25.8%에서 2014년 34.5%로 증가해 어떤 메이저 음반 제작사보다도 많은 비중을 차지하고 있다.[31] 출판계 역시 마찬가지다. 조엘 왈드포겔과 노스이스턴 대학의 임크 라이머스Imke Reimers 교수에 따르면 2006년부터 2012년 사이에 자가 출판은 300%나 늘었으며 이는 그 외 출판사를 통한 출판물보다 그 수가 많다.[32] 아마존에서 팔리는 전자책 350만 종 중 200만 종이 킨들 다이렉트 퍼블리싱 플랫폼에서 만들어진 인디 작가들의 작품이다.

소비 측면에서의 가장 큰 변화는 무엇보다 영화 업계에서 먼저 일어나고 있다. 워싱턴 포스트Washington Post의 보도에 따르면 밀레니얼 세대◆들은 메이저 영화사가 만든 수준 높은 영화보다 개인이 만든 영화를 더 많이 소비하고 있는 것으로 나타났으며, 이들보다 나이가 많은 세대들도 점차 비슷한 경향을 보인다고 한다.

구체적인 데이터로는 다음과 같은 조사들이 있다. 2013년~2014년 동안 텔레비전 시청자의 평균 연령은 44.4세였고, 메이저 방송국 채널의 시청자들은 평균 53.9세였으며 이는 4년 전 조사 때보다 각각 6%와 7% 높아진 수치다.[33] 젊은 세대가 극장을 찾는 비율은 2002년 대비

◆ 1980년대 초부터 2000년대 초까지 출생한 세대. 미국의 세대 전문가 닐 하우와 윌리엄 스트라우스가 1991년 펴낸 책 『Generations:The History of America's Future』에서 처음 언급했다. 이들 밀레니얼 세대는 대학 진학률이 높고 SNS 등을 능숙하게 사용하며 자기 표현 욕구가 강하다.

2012년에 40% 감소했으며,[34] 황금 시간대 18세~49세의 텔레비전 시청률은 2002년 대비 2011년에 50%가 줄었다.[35] 밀레니얼 세대 4명 중 1명은 이른바 '코드 커터cord-cutter'로, 더 이상 케이블 텔레비전을 신청하지 않으며, 8명 중 1명은 '코드 네버cord-never'로, 아예 케이블 텔레비전을 본 적이 없는 사람들이다.[36] 18세~24세들의 텔레비전 시청은 2010년 대비 2015년에 32% 낮아진 반면, 50세~64세는 같은 기간 겨우 1% 감소했다.[37] 2014년에는 18세~24세의 21%가 "텔레비전 없이는 지낼 수 없다"고 답한 반면, 나머지 연령대는 57%가 같은 답변을 했다.[38]

그렇다면 젊은 시청자들은 어디로 가버린 것일까? 바로 온라인이다. 2014년 처음으로 18세~34세 연령대에서는 다른 케이블 채널들보다 유튜브의 시청률이 높았다.[39] 더불어 "스마트폰 없이 살 수 없다"고 답한 18세~24세 응답자는 50% 가까이 증가했고, 이는 2011년 대비 22% 오른 수치다.[40]

비즈니스 파트너

메이저 기업들의 입장에서 기술의 발전은 위협인 동시에 기회가 되기도 한다. 10장과 11장에서 더 자세히 다루겠지만, 메이저 회사들은 온라인 채널을 통해 콘텐츠를 유통시키고 신기술을 활용해 비용을 줄이는 다양한 방법을 취하고 있다. 그러나 대부분은 새로운 기회 때문에 자신들이 고수하던 수익 모델과 비즈니스 파트너들을 위협하는 상황이 벌어지고 있다. 당연히 이런 위협을 중재하는 것도 쉽지는 않은 일이다.

　　가장 큰 위협을 초래하는 주인공은 다름 아닌 콘텐츠 유통과 관련된 기술이다. 메이저 기업들을 거치지 않고 창작자와 소비자를 직접 연결시켜주던 이 기술은, 기존의 방송국들로 하여금 소비자가 원하는 시간, 원하는 장소에서 콘텐츠를 볼 수 있도록 해주었다. 겉으로 보기엔 방송 사업자들에게도 좋은 아이디어일 수 있으나, 이는 어디까지나 방송사의 기존 수익 모델이 침해받지 않는 정도일 때만 그렇다. 이 지점에서 방송국 경영진들은 기존 수익 모델 (연봉과 보너스가 직결된)과 새로운 수익 모델 사이에서 꽤 난감한 결정을 해야만 한다.

　　또한 신규 사업의 기회는 메이저 기업들로 하여금 콘텐츠 제작에 필요한 비즈니스 파트너들과의 협업을 어렵게 만든다. 예를 들어 소비자들이 직접 만든 콘텐츠를 메이저 기업들의 기존 사업과 원활하게 연결시키는 작업 역시 생각보다 쉽지 않다. 대부분의 온라인 팬들은 기존의 기업들이 현재의 비즈니스 구조에서는 제공하기 어려운 수준의 참여도와 접근도를 기대한다. ABC 방송은 2008년 당시 인기가 많았던 온라인 쇼 〈인 더 마더후드In the Motherhood〉의 판권을 구입할 때 이런 난관에 봉착했다. 2007년 이 쇼는 원래 "엄마들에 의한, 엄마들을 위한, 엄마들에 관한" 육아 커뮤니티이자 웹 시리즈로 시작되었다. 따라서 엄마들에게 〈인 더 마더후드〉는 별 부담이 없는 콘텐츠였다. 세상의 모든 엄마들이 겪는 공통의 경험을 나누고 싶은 엄마는 그저 사이트에 로그인해서 자신의 일상 이야기를 간략하게 올리기만 하면 됐다. 즉, 온라인 맘mom 커뮤니티에 의해 만들어진 일련의 웨비소드webisodes, web+episode가 바로 이 프로그램이었던 셈이다.[41]

〈인 더 마더후드〉 첫 번째 시즌은 화장품 회사 'Suave', 통신사 'Sprint' 등 많은 기업들의 후원을 받았고, 감독은 피터 라우어[Peter Lauer]가 맡았다. 그의 대표작으로는 〈못 말리는 패밀리[Arrested Development]〉 〈말콤네 좀 말려줘[Malcolm in the Middle]〉 〈채펠스 쇼[Chappell's Show]〉 등이 있었다. 제니 맥카시[Jenny McCarthy], 챌시 핸들러[Chelsea Handler], 리아 레미니[Leah Remini] 등이 유머러스하면서도 정신없는 세 친구 역할을 맡아 출연했다. inthemotherhood.com에서만 독점으로 방영된 이 시리즈는, 첫 번째 시즌에만 조회수 550만 뷰를 기록했다.[42] MSN에 만들어진 팬 커뮤니티는 전체 온라인에서 다섯 번째로 방문자 수가 많은 육아 관련 사이트가 되었고,[43] 이 사이트에 올라온 영상은 3,000개, 60,000개의 투표가 이루어졌다.[44]

이 쇼의 가능성을 본 ABC 방송은 2008년 9월 판권을 사들였고, 이후 13개 에피소드를 만들 계획이었다.[45] 2009년 3월 11일, ABC 방송은 온라인 커뮤니티만의 창의력을 더 적극적으로 끌어내기 위해 엄마들의 베스트 스토리를 방송국 홈페이지에 제출해줄 것을 부탁했다.[46] 그런데 이때 마침 미국 작가 조합[Writers Guild of America, WGA]이 쇼 제작에 참여하기 시작했는데, 미국 작가 조합은 ABC가 시청자들에게 대가도 지불하지 않고 이야기를 공급받으려 한다고 불만을 제기했다. ABC가 노동조합과 맺은 계약에 따르면 방송국에서 일하는 모든 작가들은 WGA 구성원으로서 합당한 처우를 받아야 한다고 되어 있었다. 미국 작가 조합 대변인인 닐 새차로우[Neal Sacharow]는 "이런 식으로 스토리를 제출하라는 요청은 계약조항에 들어 있지 않다. 실험을 중단시키는 것이 우리의 역할은 아니지만, 근로자들은 작업에 대해 합당한 대가를 지급받아야 한다"고 밝혔다. 그의 주장대로라면 시청자들로부터 받은 스토리에 지불되어야 하는 대가는 WGA 기준 최소치에 해당하는, 개당 최소 7,000달러 정도였다.

결국 2주 뒤 ABC는 사이트에서 팬들의 스토리 제출 요청을 취소했고, 내부 작가들에게 스토리를 맡겼다. 그러나 작가들의 노력은 시청자들이 직접 제공하는 실화만이 가질 수 있는 에너지와 비교될 수 없었고, 결과적으로 낮은 시청률을 기록했다. 첫 시즌이 절반 정도 지났을 때 ABC 방송국은 쇼를 중단하기에 이르렀다.

유통업자

새로운 형태의 콘텐츠는 공급자와 온라인 유통업자들 간의 관계에 변화를 가져올 만큼 그 양이 충분하다. 또한 창작자 스스로 콘텐츠를 만들어낼 수 있는 최신 기술이 발전함에 따라 우리는 오늘날 엄청난 양의 콘텐츠가 만들어지고 있는 현실을 목격하고 있다. 예를 들어 새롭게 출판되는 도서는 2000년 12만2천 권에서[47] 2010년 310만 권으로 늘어났으며,[48] 같은 기간 음반의 숫자는 4배가 늘었고,[49] 유튜브에는 1분마다 300시간에 달하는 영상이 업로드되고 있다.[50] 그렇다면 소비자들은 어떻게 자신이 좋아하는 콘텐츠를 추려내고 있을까?

과거에는 메이저 기업들이 이 작업을 했다. 소비자 대신 콘텐츠를 발견하고 선정해서 제안해준 것이다. 그러나 이제 이러한 하향식 모델은 바뀌고 있다. 유통 플랫폼들이 소비자들의 취향을 분석해 적절한 콘

텐츠를 추천해준다. 반면 음반 제작사, 영화 제작사, 출판사는 기존의
수익 모델에 이런 작업을 적용하기가 쉽지 않은 상황이다. 대신 아마
존, 넷플릭스, 유튜브, 아이튠즈와 같은 새로운 유통업자들에게 기회
를 양보하고 있으며, 이는 기업들에게 위협이 되고 있다. 다음 장에서
이 위협에 대해 자세히 알아보자.

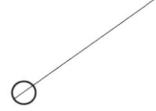

8
괴짜들의 복수

저런 괴짜들은 우리 삶에 방해가 될 뿐이야.
스탠 게이블Stan Gable, 영화 〈기숙사 대소동Revenge of the Nerds〉 중에서

2007년 8월 31일, 애플은 NBC 유니버설이 아이튠즈에 프로그램을 공급하는 계약을 갱신하지 않기로 결정했다고 밝혔다. 양사의 세부 협의 내용이 모두 공개되지는 않았으나 NBC가 요청한 다음의 3가지 사항에 대해 애플이 동의하지 않았다는 것은 확실하다. 1)아이튠즈의 가격 정책이 더 유동적이어야 한다.[1] 2)아이팟에서 불법 복제물을 보기 어렵게 만들어야 한다.[2] 3)아이팟 판매에 따른 애플의 수익 일부를 나눠줘야 한다.[3] 그러나 이 세 가지 요구 사항들보다 더 심각한 문제가 있었다. 아이튠즈에서 영화나 텔레비전 프로그램이 많이 팔리면서 시장의 주도권이 기존 기업들에서 아이튠즈로 넘어가고 있었다는 점이다.

NBC 유니버설의 CEO인 제프 주커$^{Jeff Zucker}$는 시라큐스 대학의 뉴하우스^{Newhouse} 커뮤니케이션 스쿨에서 가진 특강에서 "애플은 가격 정책에 있어 음악 산업을 망치고 있다. 우리가 이를 제어하지 못한다면 영상 업계 역시 같은 피해를 입을 것이다"고 밝힌 바 있다.[4]

　　NBC는 3가지 이유를 들어 애플과의 계약을 갱신하지 않았다. 첫 번째, NBC는 자신들이 계약의 우위에 있다고 생각했다. 알려진 바에 따르면 아이튠즈 스토어에서 NBC는 영상 카테고리 매출의 40%를 차지하는 가장 큰 콘텐츠 제공사였다.[5]

　　두 번째, NBC는 그들 입장에서 당시가 적절한 타이밍이라고 판단했다. 당시 1세대 아이팟 터치의 공개를 앞두고 있던 애플은, 2007년 9월 5일 언론 행사까지 계획하고 있었다.[6] NBC는 시청자들이 아이튠즈에서 NBC 프로그램을 찾지 못하면 아이팟 터치의 판매 역시 어려워질 거라 예상한 것이다. 포레스터 리서치$^{Forrester Research}$의 제임스 맥퀴베이$^{James McQuivey}$ 역시 "애플이 아이팟 터치를 팔기 위해서는 NBC를 비롯한 콘텐츠 창작자들의 도움 없이는 안 된다"고 분석했다.[7]

　　세 번째, 시청자들 입장에서도 NBC 프로그램을 보기 위해 꼭 아이튠즈를 이용할 필요가 없었다. 아이튠즈 외에 NBC.com이나 훌루 등의 다양한 채널을 통해 NBC 프로그램을 시청할 수 있었고, 2007년 9월 4일부터는 아마존의 언박스^{Unbox} 서비스를 통해 NBC 프로그램을 다운로드받을 수 있게 되었으며, 같은 해 11월에는 NBC 다이렉트라는 자체 플랫폼을 통해 아이튠즈에서 제공하는 것과 동일한 콘텐츠를 운영할 계획이었다. NBC 다이렉트에서는 시청자들이 프로그램 영상(광고가 포함되어 있음)을 다운로드받아 윈도우 환경에서 시청할 수 있었고, 이듬해인 2008년 초에는 애플의 맥Mac 운영체제 환경에서도 시청이 가능하도록 만들 예정이었다. 2008년 중반으로 예정되어 있던 NBC 다이렉트의 업그레이드 버전에서는 비용을 지불하면 광고가 붙지 않은 영상을 볼 수 있어서, 아이튠즈와 동일한 시청 환경이 구현될 상황이었다.[8]

NBC의 관점에서 이 도박은 안전해 보였다. NBC는, 아이튠즈에서 NBC 프로그램을 찾지 못하면 시청자들은 당연히 다른 채널로 눈길을 돌릴 테고, 아이튠즈의 영상 카테고리나 아이팟 터치의 판매 실적을 올리기 위해서는 애플 역시 NBC 앞에 고개를 숙일 수밖에 없을 것이라 생각했다. 무엇보다 1년 전 월트 디즈니 컴퍼니Walt Disney Company가 미국의 대형 유통 채널인 타깃Target과 자사 콘텐츠를 담은 DVD 유통 문제로 갈등을 겪을 때, 비슷한 전략을 써서 이긴 사례가 있었다.[9] 디즈니가 아이튠즈에서 영화를 공급하기로 결정하자, 이에 불만을 품은 타깃은[10] 자사 매장에서 디즈니 영화를 빼버렸다. 디즈니의 DVD를 모두 반품시키는 것은 물론이고, 심지어 매장에서 디즈니 영화 홍보물까지도 철수시켰다. 그러나 이러한 타깃의 움직임은 오히려 역풍을 가져왔다. 디즈니는 연말 연휴를 겨냥한 영화 〈캐러비안의 해적들: 망자의 함〉을 타깃에 제공하지 않겠다며 위협했고[11] 결국 타깃은 꼬리를 내려야 했다.

디즈니가 영화 한 편으로 타깃의 양보를 얻어낸 사례로 보아, 아이튠즈 매출의 40%를 차지하는 NBC가 애플이 정신을 차리게끔 하는 것은 쉬워 보였다. 그러나 애플의 입장은 전혀 달랐다. 애플은 자신들이 이길 것이라 호언장담했다. 그즈음 미국의 전국 일간지 USA 투데이USA Today와 가졌던 인터뷰에서, NBC가 애플과 아이튠즈에서 빠지면 어느 정도 손해가 날 것 같냐고 묻자, 스티브 잡스는 "극히 미미할 것"이라고 답했다.

이 갈등은 어떻게 되었을까? NBC에게 애플이 필요한 만큼 애플도 NBC가 필요했을까? NBC 시청자들이 보고 싶은 콘텐츠를 아이튠즈에서 찾지 못하면 어디로 향할까? 이에 대한 대답은 NBC가 아이튠즈에서 철수하자마자 얻을 수 있었다. 그 답은 디지털 커머스가 빠르게 태동하는 시기에도 자신들이 온라인 유통 채널을 제어할 수 있다고 여기는 기존 업계 관계자들을 놀라게 할 만한 것이었다. 결론부터 얘기하자면, NBC는 자신들이 생각했던 주도권을 고수하지 못했다. 아이튠즈 고객들은 NBC 콘텐츠를 보기 위해 훌루나 아마존 등의 합법적인 채널이 아니라 불법 복제물로 몰려들었다. 필자들은 NBC 콘텐츠의 비트토렌트 불법 복제물과 DVD 판매 데이터를 수집함과 동시에, NBC의 경쟁사들—ABC, CBS, Fox 방송국—의 데이터를 대조군으로 활용해 결론을 내릴 수 있었다. 먼저 2007년 12월 1일 NBC가 아이튠즈에서 빠진 후에 불법 복제물 규모가 어떤 변화를 보였는지 살펴보았다. 결과는 그림8.1에서 볼 수 있는 바와 같이, 12월 1일 전에는 NBC의 불법 복제물 규모가 ABC, CBS, Fox의 불법 복제물과 비슷한 정도였다. 그러나 NBC가 아이튠즈에서 모습을 감추자 NBC의 불법 복제물 규모는 곧장 커졌다. 대조군과 비교해 NBC의 불법 복제물은 11.4% 증가했다.[12]

불법 복제물의 증가 비율도 놀랍지만, 한편으로는 늘어난 수치 자체가 더 놀랍다. 12월 1일 이후 비트토렌트에서 NBC의 불법 복제물 수치는 12월 1일 전보다 2배나 늘어났다. 왜 이런 변화를 보였을까? 이는 우리가 마케팅 사이언스$^{Marketing\ Science}$ 저널에 제출한 논문에서 언급한 바와 같이,[13] 일단 아이튠즈 사용자들이 비트토렌트를 사용하는 데 익숙해지고 나면, 원래 아이튠즈에서 몇 편씩 에피소드 단위로 구입했던 NBC 콘텐츠를 비트토렌트에서는 시즌 전체를 무료로 다운로드할 수 있기 때문이다.

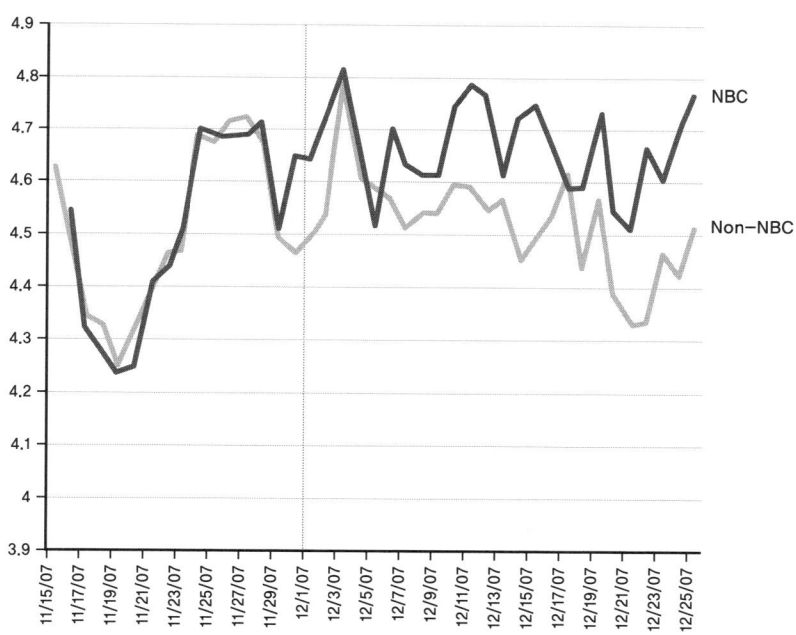

그림8.1 2007년 12월 1일을 중심으로 한 NBC 와 경쟁사들의 불법 복제물 추이

많은 시청자들이 콘텐츠를 공짜로 보고 있다는 사실은 NBC에겐 좋지 않은 소식이다. 특히 애플을 다시 협상 테이블로 데려와야 하는 상황에서는 더욱 그렇다. 또한 상황이 계속 악화되면서, 아이튠즈 사용자들 상당수가 불법 복제물을 다운로드받게 되었을 뿐 아니라, 기존에

불법 복제물을 자주 이용하던 사람들도 NBC 콘텐츠를 더 쉽게 구할 수 있게 되었다.

그렇다면 불법 복제물의 수요 증가는 어떤 원리로 공급의 증가를 불러오는 것일까? 이를 알아보기 위해서는 먼저 비트토렌트의 작동 원리를 알아야 한다. 비트토렌트는 많은 사람이 몰려서 동일한 콘텐츠를 업로드하고 또 다운로드할 때 가장 효율적으로 작동한다. 그래서 12월 1일 전에는 NBC 콘텐츠를 비트토렌트에서 많이 볼 수 없었다. 아이튠즈에서 NBC 콘텐츠를 구할 수 있었기 때문에 시청자들은 굳이 비트토렌트를 이용할 필요가 없었고, 그 결과 비트토렌트에는 그만한 수요가 존재하지 않았던 것이다. 그러나 12월 1일부터는 〈베이사이드 얄개들Saved by the Bell〉과 〈여전사 제나Xena: Warrior Princess〉를 비롯한 NBC 콘텐츠 147편을 비트토렌트에서 다운로드할 수 있게 되었다.[14]

지금까지의 분석은 NBC가 아이튠즈에서 철수하고 나서 어떻게 불법 복제물이 늘어났는지에 대한 것이었다. 그렇다면 합법적인 콘텐츠 유통 채널에서는 어떤 변화가 나타났을까? 생각보다 심각한 상황이었다. DVD 판매 실적은 제자리였고, NBC.com이나 훌루, 아마존 언박스의 다운로드 수치 모두 아이튠즈 판매 실적에 비하면 턱없이 낮았다. 결과적으로 아이튠즈에서 콘텐츠를 구입하지 못하게 된 소비자들은 대부분 불법 복제물 쪽으로 옮겨간 셈이었다.

NBC로서는 당혹스러울 수밖에 없었다. 12월 1일 NBC의 아이튠즈 철수 직후 ABC, CBS, Fox 등 다른 경쟁사들의 불법 복제물 역시 5.8% 증가한 상황이었다. NBC가 아이튠즈에서 철수하지 않고 계속 남아 있었다면 경쟁사들의 불법 복제물이 어떤 변화를 보였을지 정확히 알 수 없지만, NBC 콘텐츠를 찾는 소비자들이 비트토렌트의 장점을 발견하게 되면서 ABC, CBS, Fox 등 다른 방송사의 불법 복제물 역시 늘어난 것이 아닌가 추측해볼 수 있을 것이다. 이 추론은 NBC가 아이튠즈에 콘텐츠 공급을 중단한 이후 자신들의 아이튠즈 매출도 감소했다고 밝힌 한 업계 관계자의 분석과도 일치한다.

요약하자면 NBC의 결정으로 더 큰 피해를 본 쪽은 애플이 아닌 NBC 자신이었다. 합법적인 유통 채널에서 대가를 지불하고 NBC의 콘텐츠를 소비해줄 소비자들은 대부분 불법 복제물을 유통하는 채널로 넘어갔고, 다른 합법적인 채널들에서의 매출도 거의 오르지 않았다. 결국 2008년 가을, NBC는 아이튠즈로 돌아올 수밖에 없었고, 1년 전만 해도 거절했을 계약 조건에 도장을 찍을 수밖에 없었다.[15] 여기서 한 가지 질문이 가능하다. NBC가 아이튠즈로 복귀한 이후 불법 복제물 소비량은 어떻게 변했을까?

2008년 9월 8일, NBC가 아이튠즈로 돌아온 후 불법 복제물은 고작 7.7% 감소했다. 이 수치는 2007년 12월 NBC가 아이튠즈에서 철수한 후 늘어났던 불법 복제물의 수치에 비하면 극히 미미한 변화라 할 수 있다. NBC의 전략은 확실히 역효과를 낳았다. 콘텐츠 공급 중단으로 인해 소비자들은 비트토렌트를 알게 되었고, 비트토렌트에 익숙해진 소비자들을 다시 아이튠즈로 돌아오게 하기는 어려운 일이었다.

상황이 이렇게 된 원인은 무엇일까? 타깃 같은 오프라인 중심의 소매업체들에게는 통했던 전략이 왜 애플 앞에서는 무용지물이 되었을까? 어떤 이유로 영화 제작사, 출판사, 음반 제작사가 가지고 있던 주도권이 유통업체로 넘어가게 되었을까?

지금까지 살펴본 바에 따르면, 인터넷은 롱테일 현상이나 불법 복제물, 창작자들의 주도권 강화와 같은 특징만으로 기존의 엔터테인먼트 기업들을 위협한 것이 아니었다. 인터넷은 몇몇 소수의 유통 플랫폼에 권력이 집중되게 만듦으로써 기득권을 가진 기업들이 위기의식을 느끼게 만들었다.

물론 어느 면에서는 소수의 유통 플랫폼이 엔터테인먼트 산업을 발전시킨 측면도 없지 않다. 아마존은 많은 책을 팔았고, 전자책 시장을 열었다. 아이튠즈가 음반 산업을 구했다는 평가도 적지 않으며, 넷플릭스 덕분에 영화 산업의 새로운 황금시대가 펼쳐진 것도 사실이다. 그러나 이러한 찬사들은 곧 아마존, 아이튠즈, 넷플릭스가 주도하고 있는 각 영역에서 기존 출판사, 음반 제작사, 영화 제작사가 자신들의 전통적인 전략—즉, 유통 채널보다 우위에 서는 전략—을 펼치기 어렵게 됐음을 뜻하기도 한다. 여러 면에서 서로의 입지가 뒤바뀌게 된 것이다.

어느 작은 출판사가 아마존을 상대로 하는 협상 과정을 주의 깊게 살펴보자. 규모가 작은 출판사는 큰 오프라인 서점에서 얻을 수 없는 광고 효과를 아마존 덕분에 얻게 된다. 그러나 이런 혜택에는 대가가 따른다. 작은 출판사들은 점차 아마존에 의지하게 되었고, 결국 2004년 아마존은 그 힘을 드러내게 된다. 브래드 스톤Brad Stone은 자신의 책『아마존, 모든 것을 팝니다The Everything Store』에서 당시 작은 출판사와의 협업을 두고 아마존은 내부적으로 '가젤 프로젝트'라고 불렀다고 회고했다. 이런 이름이 붙은 이유는 제프 베조스가, 아마존이 "치타가 가젤을 쫓듯 작은 출판사들을 상대할 것"이라 제안했기 때문이라고 한다.[16] 이후 아마존측 변호사가 '소규모 출판사 협상 프로그램Small Publishing Negotiation Program'이라는 덜 자극적인 이름으로 바꿨지만 "막다른 길로 출판사를 몬다"는 기조는 변하지 않았다. 아마존이 작은 출판사들을 쥐어짜는 한 가지 방법은 공동 광고비를 요구하는 것이다. 오프라인 시장에서는 서점 내 광고비를 서점과 출판사가 나눠 내는 것이 일반적이었다. 아마존은 여기에서 한 발 더 나아가 아마존 검색 결과에서 해당 출판사의 광고를 단독 노출하는 대가로 출판사 전체 매출의 2~5%를 요구했다.[17]

출판사 입장에서 아마존의 요구는 도가 지나친 것이었다. 멜빌 하우스Melville House 출판사를 경영하는 데니즈 존슨Dennis Johnson은 이에 참다 못해 아마존과 맞서기로 했다. 2014년 뉴요커New Yorker와의 인터뷰에서 존슨은 "엿 먹어라, 이것이 제 입장입니다. 아마존은 엄포를 놓고 있어요. 할 테면 어디 해보라죠"라고 말할 정도였다.[18]

존슨에게는 불행한 소식이지만 아마존은 단순히 엄포만 놓은 것이 아니었다. 2004년 4월 1일, 존슨이 퍼블리셔스 위클리Publishers Weekly에 아마존을 공개 비판한 바로 다음 날, 아마존은 멜빌 하우스 책의 판매 페이지에서 구매 버튼을 없애버렸다. 결국 아마존 외에 다른 곳에서는 별다른 매출이 없던 멜빌 하우스는 아마존이 요구하는 공동 광고비에 응할 수밖에 없었고, 이후 구매 버튼이 다시 생겼다.[19] 존슨은 훗날 뉴욕 타임즈New York Times와의 인터뷰에서 "어떻게 강탈이 아니라고 할 수 있습니까? 마피아가 하던 짓과 똑같아요"라고 회상했다.

아마존에게 이런 제안을 받은 출판사는 멜빌 하우스만이 아니었다. 아마존은 출판사와의 계약 과정에서 양사가 공동으로 부담해야 할 비용을 모든 회사에 요구했으며, 그 비용도 날이 갈수록 커졌다고 한다. 2004년에는 전체 매출의 2~5%였던 것이,[20] 2014년에는 큰 출판사에 5~7%, 작은 출판사에는 14%를 요청했다고 전해진다.[21] 북셀러Book Seller의 필립 존스Philip Jones 편집장은 출판 산업에서 아마존이 보여주는 양날의 칼 같은 특성에 대해 BBC 방송 인터뷰에서 이런 분석을 하기도 했다. "출판사에 닥칠 수 있는 가장 큰 불행은 아마존이 사라지는 것이다. 그러나 두 번째로 큰 불행은 출판사가 아마존에 더욱 의존하게 되는 것이다."[22]

이렇게 온라인 유통 채널이 재앙이면서 축복이 되는 것은 출판 업계에만 해당하는 일이 아니다. 아이튠즈는 음악 산업에서 냅스터와 CD의 단점을 보완할 수 있는 축복으로 여겨졌다. 미국음반산업협회 최고경영자인 캐리 셔먼Cary Sherman은 "애플이 음악을 더 쉽게 구입할 수 있게 해주었다"고 평가했다.[23] 그러나 애플은 자신들의 조건을 관철할 수 있는 힘이 있었고, 대형 음반 기획사도 예외는 아니었다. 디지털 시대 음악 산업의 변화를 다룬 『Appetite for Self-Destruction: The Spectacular Crash of the Record Industry』의 저자 스티브 노퍼Steve Knopper는 EMI와 애플의 갈등을 단적으로 묘사한 적이 있다. EMI는 애플이 콜드플레이Coldplay의 'A Rush of Blood to the Head' 앨범을 자신들이 제시한 12.99달러가 아닌 11.88달러에 팔자, 항의할 목적으로 애플 관계자를 만났다. 그러나 이 자리에서 애플 관계자는 가격을 조정하겠다고 하는 대신, "알겠습니다. 그럼 그 노래를 내리라는 거죠?"라고 대답했다고 한다.

엔터테인먼트 업계는 아마존, 넷플릭스와 같은 서비스들이 콘텐츠를 알리고 고객 정보를 수집하는 데 있어 중요한 역할을 하고 있다는 사실을 간과해서는 안 된다. 2009년 NBC 유니버설 스튜디오[Universal Studio]의 대표였던 안젤라 브롬스태드[Angela Bromstad]는 아이튠즈 덕분에 NBC의 인기 드라마 〈오피스[The Office]〉가 성공할 수 있었다고 분석했다. 그녀는 "닐슨 미디어 리서치[Nielsen Media Research]의 데이터가 아닌 아이튠즈에서 나온 데이터를 통해 〈오피스〉 시리즈의 진정한 성공 가능성을 예측할 수 있었다. 아이튠즈 데이터가 없었다면 지금 이 드라마를 방송하고 있었을지 잘 모르겠다"고 했다.[24] AMC 대표이자 최고경영자였던 조쉬 새이펀[Josh Sapan]도 "넷플릭스에서 〈브레이킹 배드[Breaking Bad]〉의 첫 4개 시즌을 전부 공개한 덕분에 다섯 번째 시즌 시청률이 200%나 오를 수 있었다"고 말했다.[25]

표8.1에는 지금까지의 논의를 이해할 수 있는 중요한 통계가 정리되어 있다. 현재 미국에서는 출판, 음반, 영화 콘텐츠를 유통시키는 온라인 업체들이 과거 각 분야의 오프라인 시장에서 2개 회사가 분담하던 시장 점유율을 거의 혼자 차지하고 있다.

온라인 유통 업체들은 미국 내 시장뿐만 아니라 해외 시장에서도 우위를 점하고 있다. 오프라인이 중심이던 시절에서는 1위 사업자의 영향력이 한 국가 안에 머무를 뿐 다른 국가에는 별다른 영향을 끼치지 못했다. 예를 들어 미국에서 지배적인 유통 사업자였던 월마트[Walmart]는 미국 외의 지역에서는 존재감이 미미했다. 그러나 미국 시장에서 우위를 점하는 온라인 사업자는 세계 곳곳에서 지배적 우위를 보이고 있다.

인터넷을 통한 매출이 얼마 되지 않던 시절에는 온라인에서의 시장 주도권이 오프라인 채널이 가진 수익성에 밀려 조금은 성가신 것으로 여겨졌다. 그러나 2008년 영화 시장에서,[26] 2012년 출판 시장에서,[27] 2014년 음반 시장에서[28] 각각 디지털 매출이 오프라인 매출을 앞서자 모든 엔터테인먼트 기업들에게 온라인 유통 채널은 골칫거리로 다가왔다.

재미있는 것은 수십 년간 대형 출판사, 음반 제작사, 영화 제작사가 그들의 주도권을 지키기 위해 높은 진입 장벽과 규모의 경제를 활용했던 것처럼, 대형 온라인 유통 업체들도 비슷한 게임을 펼치고 있다는 점이다.

표8.1 도서, 음반, 영화의 오프라인 시장 점유율 vs. 인터넷 시장 점유율

	시장 점유율	
	오프라인 사업자	온라인 사업자
출판	반즈앤노블 + 보더스 : 22~23%(2013년[a], 종이책)	아마존 : 64%(2013년[b], 종이책) 아마존 : 64~67%(2014~15년[c], 전자책)
음반	베스트바이 : 18%(2000년[d], CD) 월마트 : 16%(2000년, CD)	아이튠즈 : 80~85%(디지털 다운로드, 2015년[e]) 스포티파이 : 86%(미국내 스트리밍)
영화	월마트 : 30~40%[f] (2005~2006년, DVD) 타깃 : 15%[g] (2005~2006년, DVD)	유튜브 : 63%(2012년[h], 비디오 스트리밍) 넷플릭스 : 61%(2010년[i], 영화 스트리밍 및 다운로드) 아마존 : 90%(2005년[j], DVD 판매) 아이튠즈 : 65%(2012년[k], 디지털 영화 다운로드), 67%(2012년, TV 프로그램) 아이튠즈 : 45%(2012년[l], 디지털 영화 대여)

a. The Book Publishing Industry, third edition, ed. A. Greco, J. Milliot, and R. Wharton(Routledge, 2013), p. 221 참조;
http://www.publishersweekly.com/pw/by-topic/industry-news/bea/article/62520-bea-2014-can-anyone-compete-with-amazon.html. 참조

b http://www.publishersweekly.com/pw/by-topic/industry-news/bea/article/62520-bea-2014-can-anyone-compete-with-amazon.html. 이 기사는 인터넷이 종이책 판매의 41%를 차지한다고 강조한다.
http://www.forbes.com/sites/jeffbercovici/2014/02/10/amazon-vs-book-publishers-by-the-numbers/ 이 기사 역시 전자책이 전체 서적 판매의 30%라고 보도했다.

c. http://www.wsj.com/articles/e-book-sales-weaken-amid-higher-prices-1441307826. 참고로 전자책 시장에서 아마존이 차지하는 비중이 65%라고 한 기사 (http://www.forbes.com/sites/jeffbercovici/2014/02/10/amazon-vs-book-publishers-by-the-numbers/)와 67%라고 한 기사 (http://www.publishersweekly.com/pw/by-topic/industry-news/bea/article/62520-bea-2014-can-anyone-compete-with-amazon.html, http://www.thewire.com/business/2014/05/amazon-has-basically-no-competition-among-online-booksellers/371917/)

d. Ed Christman, "Best Buy Acquires Musicland Chain," Billboard, December 2000, pp. 1 and 82.

e. http://www.wsj.com/articles/apple-to-announce-new-music-services-1433183201

f. 2005년 에드워드 제이 엡스타인은 월마트의 DVD 시장 점유율이 30%라고 했으며(http://www.slate.com/articles/arts/the_hollywood_economist/2005/12/hollywoods_new_year.html) 엔피디 그룹은 37%라고 보았다.(http://variety.com/2005/biz/features/store-wars-1117932851/) 2006년 뉴욕 포스트는 40%라고 보도했다.(T. Arango, "Retail-iation: Wal-Mart Warns Studios over DVD Downloads," September 22)

g. 2006년, 월스트리트저널은 타깃의 DVD 매출 점유율이 15%라고 했다.(S. McBride and M. Marr, "Target, a Big DVD Seller, Warns Studios over Download Pricing," October 9, http://www.wsj.com/articles/SB116035902475586468)

h. 닐슨은 유튜브 2012년 5월 비디오 스트리밍 262억 개 중 165억 개를 차지했다고 했다.(http://www.nielsen.com/us/en/insights/news/2012/may-2012-top-u-s-online-video-sites.html)

i. 할리우드 리포터는 엔피디 그룹을 인용해 넷플릭스가 영화 다운로드와 스트리밍의 61%를 차지한다고 했으며, 컴캐스트가 8%, 아이튠즈는 겨우 4%였다고 했다.

j. J. Netherby, Amazon.com Dominates in Online DVD sales, Reed Business Information, Gale Group, Farmington Hills, Michigan.

k https://www.npd.com/wps/portal/npd/us/news/press-releases/the-npd-group-apple-itunes-dominates-internet-video-market/

l. https://www.npd.com/wps/portal/npd/us/news/press-releases/the-npd-group-apple-itunes-dominates-internet-video-market/, https://www.npd.com/wps/portal/npd/us/news/press-releases/the-npd-group-as-digital-video-gets-increasing-attention-dvd-and-blu-ray-earn-the-lions-share-of-revenue/

그렇다면 온라인 사업자들이 활용하는 새로운 진입 장벽과 규모의 경제는 무엇일까? 그리고 이 전략이 엔터테인먼트 산업의 기득권들에게 장기적인 위협이 될 수 있을까? 온라인 사업의 4가지 중요한 측면인 탐색과 전환 비용, 자물쇠[lock-in] 효과, 결합상품[bundling] 효과, 플랫폼 개발이라는 시각에서 이 질문에 대한 답을 찾아보자.

탐색 비용과 전환 비용

앞서 소개한 바와 같이, 1998년 로버트 커트너는 인터넷이 거의 완전한 시장이라는 낙관적 시각을 보였다. 그러나 제프 베조스가 아마존을 세우기 전 근무했던 헤지펀드 D.E. 쇼[D.E. Shaw]의 수장인 데이빗 쇼[David Shaw]는, 그후 1년도 안 돼 뉴욕 타임즈와의 인터뷰에서 커트너의 분석과는 180도 다른 의견을 내놓았다. "무언가를 팔고 싶은 사업자들이 인터넷에 진입하는 것은 정말 쉽다. 그러나 매출을 더 높이고 싶다면 그 진입 장벽은 꽤 높아진다. 앞으로도 계속 그럴 것이다."[29]

쇼의 분석은 우리가 2000년 에릭 브린욜프슨, 조 베일리[Joe Bailey]와 함께 진행했던 연구의 결과와도 일치한다. 당시의 연구에 따르면 대다수 학자들은 크게 두 가지 이유에서 인터넷이 완전경쟁시장이 되기는 어렵다고 보았다.[30] 그 첫 번째 이유는 소비자들이 온라인에서 정보를 찾을 때 소요되는 시간과 노력 때문이다. 온라인에서 정보를 찾기는 쉽지만, 온라인을 이용하는 대부분의 소비자들이 게으른 편이기 때문에 너무 많은 정보에 쉽게 압도된다. 전반적으로 소비자들은 가격 비교를

귀찮아하거나 제품 사이의 차별점이 무엇인지 크게 고민하지 않는다. 혹은 익숙하지 않은 웹사이트의 사용법을 배우느라 시간을 소비한다.[31] 때문에 구매의 편의성을 높여주는 웹사이트에서 결제를 더 많이 하는 것이 사실이다.[32]

두 번째 이유는 불확실성과 관련이 있다. 오프라인이 대세였던 시절에는 소비자들이 서점 자체의 퀄리티에 대해 크게 신경쓰지 않았다. 소비자는 서점 직원에게 돈을 지불하고, 직원은 책을 넘겨주면 그만이었다. 그러나 온라인에서는 안정성과 신뢰가 무엇보다 중요하다. 새롭게 등장한 온라인 서점이 책을 제 시간에 배달해줄까? 환불은 잘 해줄까? 혹시 광고주에게 내 정보를 넘기지는 않을까? 나한테 스팸 메일을 보내진 않을까? 소비자들로서는 확실히 알기 어려운 것이 사실이다. 따라서 안정성이 중요하다. 디지털 시장에서는 오프라인 시대보다 판매자의 신뢰도를 따지는 것이 더 중요하고도 어려운 문제가 되었고, 자연스럽게 소비자들은 자신이 이미 알고 있는 혹은 인기 있는 채널에 끌리게 된다.

또한, 개인별 맞춤형 추천 기능은 전환 비용의 문제를 야기한다. 소비자 취향을 알면 알수록 더 정확한 개별 추천을 할 수 있게 되는데, 신규 사업자들로서는 소비자의 취향에 대한 데이터가 없다보니 진입 장벽에 부딪힌다.

여기에서 핵심은 소비자들의 탐색 비용과 전환 비용 때문에 신규 사업자들이 온라인 시장에 진입하기가 어렵게 되었다는 점이다. 소비자들의 관심과 신뢰를 확보할 수 있는 장벽은 갈수록 높아지고 있다.

자물쇠 효과

두 번째 장벽은 콘텐츠가 디지털 형태일 때 특히 중요해지는데, 이는 첫 번째 장벽과도 관련이 있다. 대부분의 소비자들은 여러 플랫폼이 아니라 하나의 플랫폼에서 디지털 콘텐츠를 소비하려고 한다. 대체 어떤 소비자가 각각의 콘텐츠가 어느 플랫폼에 있는지 일일이 기억할 것이며, 각 플랫폼마다 서로 다른 사용법과 저작권 문제 등을 따로 챙기겠는가?[33]

앞서 언급한 탐색 비용과 전환 비용 외에도 몇몇 디지털 기술을 통해 콘텐츠와 플랫폼 간의 자물쇠 효과가 생겨, 결과적으로 새로운 진입 장벽이 만들어진다. 가령 디지털 저작권 관리Digital Right Management, DRM 기술은 특정한 유통사로 콘텐츠 판매를 제한한다. 법원과 법학자들은 이때문에 소비자들이 아이튠즈에서 계속 영화를 구입하거나 아마존의 킨들만을 찾게 됨으로써 반즈앤노블Barnes & Noble의 눅Nook이나 아마존의 인스턴트 비디오Instant Video 같은 신규 사업자의 진입이 어렵게 되어, 독점이 일어나지 않을까 우려하기도 한다.[34]

결합 상품Bundling 효과

디지털화 덕분에 엔터테인먼트 사업자들은 과거에 비해 더 쉽게 결합 상품을 팔고 수익을 얻을 수 있으며, 이렇게 결합된 콘텐츠는 규모의 경제를 대규모로 실현시킨다. 극단적으로는 한 회사가 결합 상품

을 통해 수익을 차지하는 승자독식 현상이 발생할 수 있다.[35]

결합 상품에 담긴 경제적 원리는 우리가 3장에서 기술한 가격차별화 전략에 담긴 원리와 유사하다. 여러 제품이 개별적으로 팔리고 각각의 소비자들이 제품들에 완전히 다른 가치를 매긴다면, 생산자는 자신의 이익을 극대화하기 위해 가격차별화 전략을 구사해야 한다. 제품이 각각의 고객에게 맞추어 판매될 때, 가격차별화는 가장 효과적인 방식이다. 그리고 판매자는 제품에 대해 각각의 소비자가 기대하는 가치를 정확하게 예측해야 하며 각각의 가치에 적합한 개별 가격을 설정해야 한다.

다수의 콘텐츠를 하나로 묶어서 판매하게 되면 판매자 입장에서는 이 전략을 가장 효율적으로 구사할 수 있다. 넷플릭스에서 1만 개가 넘는 영화를 볼 수 있는 것처럼 여러 제품이 결합되어 제공될 경우, 판매자는 결합 상품에 대한 소비자간의 평균 가격을 예측하기가 쉬워진다. 같은 영화에 모든 시청자가 같은 가치를 매기지 않지만, 결합된 상품의 형태로 존재하게 되면 소비자간 가치의 차이는 결국 평균이 된다. 그리고 판매자가 평균 가격을 잘 예측하게 되면 결합 상품을 사려는 소비자들이 늘어날 것이다. 따라서 판매자 입장에서 남은 과제는 실제 가격을 이 예측치보다 약간 낮게 책정하는 것이다. 그래야 모든 소비자로부터 이익을 남길 수 있기 때문이다.

소비자 쪽에서 생각하면 이해가 더 쉽다. 단일 판매자가 경쟁사보다 더 다양한 제품을 결합 상품으로 판매하고 이것이 소비자에게 더 큰 편의성을 제공하면, 소비자들은 지불 의사를 더 적극적으로 갖게 되고, 경쟁사에 눈을 돌리는 일도 줄어들 것이다. 이는 두 회사의 결합 상품이 경쟁하고 있을 경우, 상대적으로 더 큰 결합 상품을 제공하는 판매자가 소비자의 희망 가격을 더 잘 예측할 수 있게 된다는 뜻이며, 따라서 결합 상품의 규모가 클수록 이익도 커진다. 콘텐츠 확보 측면에서도 더 큰 결합 상품을 보유한 판매자가 그렇지 않은 판매자보다 유리하다. 야니스 바코스[Yannis Bakos]와 에릭 브린욜프슨에 따르면 "콘텐츠 저작권을 따내기 위해 유통회사들이 경쟁하는 경우 더 큰 결합 상품을 파는 회사일수록 더 비싼 값을 부른다. 그런 회사일수록 수익 창출에 자신감이 있기 때문이다."[36]

플랫폼 개발

오프라인 중심의 사업은 규모를 키우려면 보통 땅을 추가로 빌리고, 창고를 늘리고, 직원을 추가 채용해야 하는 등 많은 비용이 들어간다. 그러나 온라인 사업의 경우, 소비자가 접하는 프론트 엔드[front-end] 시스템과 서버나 데이터베이스, 보안 등 운영에 관한 백 엔드[back-end] 시스템만 잘 갖춰져 있다면, 그 규모를 키우는 작업은 상대적으로 쉽다. 시장 진입을 위해 중요한 것은 안정적이고 효율적인 시스템을 구축하기 위한 초기 투자이다.

NBC는 인터넷 콘텐츠 유통 채널인 NBC 다이렉트 플랫폼을 만드는 과정에서 프론트 엔드와 백 엔드 시스템 구축에 적지 않은 비용과 수고를 들였다. 그러나 NBC 플랫폼은 베타[beta] 단계 수준이었고 혹평도 많이 받았다. 와이어드는 이 시스템을 사용하는 건 "무척 고통스럽다"고 했으며 아스테크니카[Arstechnica]는 "NBC의 새로운 전략은 TV 시청을 불편하게 만들어서 시청자들이 훌루나 비트토렌트를 쓰도록 일부러 유도하는 게 아닌가 싶을 정도"라고 비난했다.[37]

디지털 플랫폼을 개발하는 작업에 어려움을 겪는 회사는 NBC뿐만이 아니다. 보통 엔터테인먼트 회사들은 플랫폼 개발에 실패를 자주 겪는다. 음반 회사들이 아이튠즈의 대항마로 내놓은 프레스플레이Pressplay와 뮤직넷Musicnet이 그랬으며, 최근 사례로는 HBO가 HBO Go 스트리밍 플랫폼의 백 엔드 서비스를 만들면서 겪었던 어려움도 있다. 포춘Fortune에 따르면, HBO는 시애틀에 있는 55명으로 구성된 내부 개발팀에 1년 동안 1억 달러를 투자했는데,[38] 2014년 3월 〈트루 디텍티브True Detective〉 마지막 시즌 동안 시스템이 고장났고, 같은 해 4월 〈왕좌의 게임Game of Thrones〉이 처음 공개됐던 시기에도 시스템에 오류가 발생했다. 결국 2014년 12월, HBO는 내부 개발팀을 통한 사업을 중단하고 외부 개발사에 백 엔드를 맡기기로 했다. 그리고, 그 외부 개발사는 바로 메이저리그의 여러 미디어를 담당하는 "메이저리그 베이스볼 어드밴스드 미디어Major League Baseball Advanced Media, MLBAM"였다.[39]

다른 엔터테인먼트 회사에 온라인 콘텐츠 사업의 핵심 기능을 맡기는 것은 어쩌면 위험한 일일 수도 있다. 하지만 HBO의 경우는 그렇지 않았다. HBO와 MLBAM은 서로 다른 영역에서 사업을 진행하고 있었기 때문이다. 그러나 반대의 경우라면 어떻게 될까? 만약 콘텐츠 유통을 담당하던 회사가 콘텐츠를 직접 제작하면서 기존 콘텐츠 제작사들과 경쟁을 벌이게 된다면 그때는 어떤 일이 벌어질까? 이는 가정이 아니라 실제 엔터테인먼트 산업에서 벌어지고 있는 일이다. 다음 장에서는 이러한 변화의 결과에 대해 살펴보자.

9
머니볼

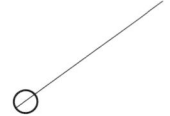

사람들은 보통 자신의 주관과 편견으로 판단한다.
그러나 데이터를 바탕으로 판단을 내릴 때
이러한 주관과 편견은 어느 정도 배제될 수 있다.
존 헨리John Henry, 야구 구단주, 마이클 루이스Michael Lewis의 책 『머니볼Moneyball』(Norton, 2003) 중에서

우리는 모든 시청 데이터를 갖고 있다.
테드 사란도스Ted Sarandos, 넷플릭스 최고콘텐츠책임자

1990년대 후반, 메이저리그 스카우터들은 채드 브래드포드Chad Bradford라는 마이너리그 선수를 눈여겨보기 시작했다. 미시시피 출신의 오른손잡이 투수 브래드포드는 여러 면에서 뛰어난 성적을 보였지만, 한 가지 특이한 점이 있었다. 팔을 허리 아래에서 위로 올리며 던지는 언더핸드underhand 형 투수이면서 평균 구속球速이 시속 130~135km 정도라는 것이었다. 메이저리그에서 이 정도 속도는 상당히 느린 편인데다가, 그의 투구 폼도 좀 특이했다. 마이클 루이스가 2003년 자신의 책

『머니볼』에서 브래드포드를 묘사한 장면이 있다.

"그는 지르박을 추는 댄서가 파트너에게 다가가듯 허리를 굽혀 바닥에 있는 플레이트 쪽으로 팔을 내뻗는다. 그리고는 거의 잔디에 손이 닿을 정도로, 땅에서 1인치도 안 되는 높이에서 공을 뿌린다. 이 장면을 슬로모션으로 본다면 투수가 공을 던지는 게 아니라 마치 비둘기에게 먹이를 주거나 주사위를 던지는 것처럼 보일 것이다."[1]

스카우터들은 이런 투구 폼에 신뢰가 가지 않았다. 브래드포드의 마이너리그 성적이 좋다는 것은 인정하면서도, 대부분의 스카우터들은 그가 메이저리그에서는 오래 살아남지 못할 것이라 여겼다.

그러나 브래드포드는 메이저리그의 다른 투수들과 비교해도 충분히 좋은 실력을 갖추고 있었다. 타자에게 볼넷을 거의 허용하지 않았고, 매회 삼진 하나씩은 잡는 편이었다. 특이한 투구 동작 덕분에 그는 어깨 위로 공을 던지는 오버핸드overhand 형 투수들보다 공을 타석에 더 가깝게 던졌고, 그래서 오버핸드 형 투수들보다 구속은 느려도 타석까지 공이 도달하는 시간은 같았다. 때문에 타자들은 공이 빠르지 않다고 느끼면서도 자주 당황하곤 했다. 또 브래드포드의 공은, 처음에는 솟구치지만 타석 가까이 와서는 가라앉는 궤적을 그렸다. 타자들이 안타를 쳐도 공은 멀리 뻗어나가지 못하고 대부분이 땅볼이었다. 당연히 홈런을 맞는 일이 없었고, 2루타나 3루타도 흔치 않았다.

책으로든 영화로든 '머니볼'을 봤다면 그다음에 무슨 일이 벌어졌는지 잘 알 것이다. 브래드포드에게 관심을 갖던 한 스카우터가 있었는데, 그는 브래드포드가 어떤 자세로 공을 던지는지에 대해서는 별 신경을 쓰지 않았고, 어떻게 좋은 성적을 내는지에 더 관심을 가졌다. 그는 브래드포드를 데려오라고 시카고 화이트삭스^{Chicago White Sox} 구단을 설득했고, 1998년 화이트삭스는 브래드포드를 2군에 영입했다.

화이트삭스에서의 시작은 그리 만만치 않았다. 2군 투수 코치는 브래드포드에게 "눈에 띄지 않는 후보군"이라는 다소 직설적인 평가를 내렸다. 그러나 브래드포드는 투구 연습에만 몰두했다. 캘거리^{Calgary}에서 화이트삭스의 마이너리그 팀인 트리플—에이^{Triple-A} 팀 소속이었던 브래드포드는, 구단에서 그를 메이저리그로 부르지 않을 수 없을 만큼 압도적인 경기를 펼쳐 보였다. 팀은 그를 메이저리그로 불렀고, 브래드포드는 계속해서 승승장구했다. 구원투수로 나섰던 메이저리그 첫 경기에서 타자 7명을 연속해서 아웃시켰고, 1시즌 12회 연속 무실점 투구를 하기도 했다. 그는 단 한 개의 솔로 홈런도 허용하지 않고 방어율 3.23으로 시즌을 마무리했다.

이렇게 아름다운 이야기의 결론은 어떻게 됐을까? 평소 무시당하던 투수에서 비싼 몸값의 메이저리그 투수가 되었을까?

아니다. 루이스에 따르면 "화이트삭스는 브래드포드의 성공을 믿지 않았다. 화이트삭스 프런트는 그의 성적을 믿으려 하지 않았다. 그들은 주관적인 잣대를 들이댔다. 브래드포드는 빅 리거처럼 보이지 않는다거나, 빅 리거처럼 행동하지 않는다고 했다. 브래드포드의 성공은 요행"이라고도 했다.[2] 결국 그해 좋은 성적을 냈음에도 불구하고 화이트삭스는 브래드포드를 트리플—에이로 돌려보냈다. 결국 브래드포드는, 2000년 시즌 말 오클랜드 어슬레틱스^{Oakland Athletics}의 빌리 빈^{Billy Beane} 단장이 23만7천 달러라는 낮은 연봉에 데려가기 전까지 마이너리그에 머물렀다.

빈에게는 계획이 하나 있었다. 메이저리그에서 가장 가난한 팀을 책임지고 있던 그는 저평가된 선수들을 중심으로 팀을 꾸렸다. 빈의 계획은 주관과 직관을 따르는 일반적인 성공의 공식—루이스는 이를 '야구인의 집단지성'이라 불렀다[3]—을 거부하는 것이었지만, 빈 스스로는 잘못된 판단과 오해를 줄여 메이저리그에서 성공할 수 있는 전략이라 생각했다. 빈은 데이터 전문가들과 함께 선수들의 가치를 객관적으로 측정하고 분석할 수 있는 평가지표를 만들어, 우수한 선수들을 낮은 연봉에 영입했다. 루이스는 "빈은 야구에 통계를 활용해 비상식적인 부분을 꿰뚫어볼 수 있었다"고 평가했다.[4] 빈은 오히려 왜 그동안 아무도 통계를 적극적으로 활용하지 않았는지, 이상하게 여겨졌다. 예를 들어 당시 메이저리그에서 투수를 평가하는 핵심 기준은 타자의 출루를 얼마나 많이 허용했는가 하는 것이었다. 그러나 타자의 출루는 투수 한 사람의 실력으로만 결정되는 것이 아니다. 가령 유격수가 전진 수비를 하는 바람에 안타를 허용할 수도 있는 것이다. 빈은 타자의 출루를, 무조건 투수의 실력이 부족해서라고 평가하는 것은 섣부른 판단이라고 보았다.

새로운 기준이 필요하다고 생각한 빈은 보로스 맥크라켄Voros McCracken을 찾아갔다. 맥크라켄은 아마추어 통계학자이자 '수비수와 연계되지 않는 투구 통계Defense Independent Pitching Statistics, DIPS'라는 투수 평가 시스템을 만든 야구팬이었다. 빈이 브래드포드를 데려와야겠다고 결심했던 이유도, 이 시스템을 활용하자 브래드포드의 평가 점수가 높게 나왔기 때문이었다.

빈과 동료 통계학자들은 몇 년 동안 투수뿐 아니라 야구 경기 전반에 걸쳐 이러한 분석을 진행했고, 그러자 자연스럽게 메이저리그에서 저평가되고 있던 선수들로 팀 하나를 꾸릴 수 있게 되었다. 주변에서는 빈의 이런 움직임에 아무런 관심이 없다가, 2002년 메이저리그에서 두 번째로 선수들의 급여가 낮았던 오클랜드 어슬레틱스가 플레이오프에 진출하자 관심이 쏟아지기 시작했다. 이전 3년 동안 약 300만 달러를 쏟아붓고도 플레이오프 진출에 실패했던 큰 구단들은 오클랜드 어슬레틱스가 50만 달러만 투자하고도 어떻게 이런 성과를 얻어낼 수 있었는지 궁금해했다.

답은 물론 통계에 있었다. 단순한 느낌이나 직관에 의지하는 대신 새롭고 더 나은 방법을 빈과 동료들이 고안해낸 덕분이었다. 당시 대부분의 메이저리그 구단주들은 선수 출신이었는데, 자신들이 평생을 바쳐온 야구에 대해서 컴퓨터가 가르쳐줄 수 있는 건 없다고 믿고 있었다. 이러한 시기에 빈은 데이터 기반의 야구 시대를 연 것이다. 빈의 일화는 데이터를 활용해 시장의 숨은 가치를 발견하고 이를 수익으로 연결시킨 넷플릭스를 떠오르게 한다.

———————○———————

우리는 이 책의 첫 부분에서 2011년 넷플릭스가 기존의 방송사들로부터 홀대받던 작품 〈하우스 오브 카드〉를 데이터 기반의 의사 결정을 통해 어떻게 방영하게 되었는지를 이야기했다. 넷플릭스는 테스트 성격의 파일럿 작품을 만드는 대신 1억 달러를 투자해 2개 시즌 분량을 한꺼번에 제작했다. 물론 당시 업계 관계자들 사이에선 무리한 투자라는 의견이 많았으나, 이미 3천3백만 회원들의 시청 습관과 선호도를 파악한 넷플릭스의 데이터 분석가들은, 〈하우스 오브 카드〉를 좋아할 시청자들이 많을 것으로 자신했다. 넷플릭스의 예측은 적중했고, 〈하우스 오브 카드〉는 크게 성공했다.

하지만 넷플릭스의 혁신은 〈하우스 오브 카드〉에서 출발한 것이 아니었다. 1997년 넷플릭스는 우편 DVD 배달 서비스를 시작할 무렵 이미 온라인 DVD 대여 시장의 잠재력을 감지했다. 2000년에 그들은 경쟁사인 블록버스터Blockbuster에 5천만 달러에 매각을 제안한 적이 있는데, 블록버스터 경영진이 온라인 마켓은 중요하지 않다며 거절했다. 블록버스터는 그전과 다름없이 매장 중심의 사업에 집중했고, 넷플릭스보다 4년 늦게 온라인 서비스를 시작했다. 넷플릭스는 2010년 1천4백만 명의 회원 수를 기록했고, 매일 수백만 개의 DVD를 우편으로 배달시키는, 미국 우편국US Postal Service의 주요 고객사가 되었다. 같은 해 블록버스터는 부도를 맞았다. 넷플릭스의 최고경영자인 리드 헤이스팅스Reed Hastings는 "만약 블록버스터가 2년만 더 빨리 온라인 서비스를 시작했더라도 우리는 살아남지 못했을 것"이라고 밝혔다.[5]

하지만 넷플릭스 역시 안주할 수만은 없는 상황이었다. 2010년 DVD 시장은 하락세로 접어들고, 스트리밍 시장이 크고 있었던 것이다. 넷플릭스는 이 변화를 받아들여 자신들의 DVD 대여 사업을 어느 정도 포기하면서까지 온라인 스트리밍 서비스를 시작했고, 마침내 북미 지역의 저녁 시간대 인터넷 트래픽을 가장 많이 차지하는 사업자가 되었다. 넷플릭스 경영진에 따르면 엄청난 양의 정보가 이 트래픽에 담겨 있어서, 시청자들이 어떤 영화나 쇼를 좋아하는지, 얼마나 자주 시청하는지, 얼마나 오랫동안 넷플릭스에 머무르는지, 어떤 부분을 되돌려 보는지, 등을 알 수 있다고 한다. 지금껏 그 어떤 제작사나 방송사도 이렇게 자세한 정보는 알 수 없었다. 그들이 2011년 〈하우스 오브 카드〉의 가능성을 알아보지 못했던 것도 바로 이 때문이다.

더 정확히 말하자면 제작사나 방송사들이 데이터를 활용하지 않으려 한 것은 아니었다. 나름대로 시도해본 회사들도 없지 않았다. 그러나 중요한 문제를 결정할 때 '머니볼 스타일'로 접근하려면 항상 '고참들'이 문제였다. 이들은 마이클 루이스가 묘사한 화이트삭스 구단의 경영진들과 다를 바 없었다. 마이클 루이스의 말을 빌리자면 화이트삭스 구단 경영진들은 "우리에게는 선수 출신의 감독들과 코치들이 있다. 아는 거라곤 컴퓨터밖에 없는 사람들이 어떻게 우리에게 효과적인 조언을 해줄 수 있겠는가"라고 했다.

결국 문제는 문화다. 최근 어느 메이저 홈 엔터테인먼트 회사의 전직 임원은 "아무도 데이터에 근거해 의사 결정을 하려고 하지 않았다"고 밝혔다. "데이터를 어떻게 활용해야 할지 몰랐다"는 이들도 있었으며, 제작을 책임지는 임원들 중에는 뿌리 깊은 고정관념을 가진 사람들이 많다고 한다. 이들은 상을 받거나 크게 성공할 작품이 아니면 손을 대지 않았다. 홈 엔터테인먼트 사업이 영화 매출의 50%가 넘는데도 그들은 이를 무시하려 했다. 어느 직원은 "크고 섹시한 내용을 담은 영화가 우선"이라는 얘기를 들은 적이 있다고도 했고, 또 어느 홈 엔터테인먼트 담당 직원은 "어떻게 오래된 영화나 팔면서 먹고사는지 모르겠다. 당신 같은 직원은 청소부나 다름없다"는 말을 들은 적도 있다고 한다.

우리 역시, 메이저 영화사의 한 고위 임원으로부터 비슷한 말을 들은 적이 있다. "우리에겐 창의력이 있다. 우리는 콘텐츠를 만드는 사람들이다. 우리는 영화를 제작하고 (홈 엔터테인먼트와는 다른) 사업을 한다. 솔직히 특정 구독 서비스(넷플릭스)는 출시 이후 약간 운이 좋았던 것뿐이다." 글쎄 잘 모르겠다. 안타깝게도, 이 말은 화이트삭스 경영진이 채드 브래드포드의 성공이 그저 요행이었다는 말과 크게 다르지 않게 들린다.

지금까지는 데이터와 인간의 전문성이 충돌하는 상황을 주로 다루었다. 엔터테인먼트 업계에는 데이터에 근거해 의사를 결정하는 데 편견이 없는 콘텐츠 제작자들이 계속 늘어나고 있다. 아마존 스튜디오Amazon Studios의 경영진들 역시 넷플릭스처럼 자체 영화와 텔레비전 프로그램을 제작하기 위해 온라인 유통 채널에서 수집한 데이터를 활용하고 있다. 아마존의 디지털 음원 사업과 영상 사업을 담당하는 빌 카Bill Carr 부사장은 2013년 월 스트리트 저널과의 인터뷰에서 "우리는 고객에게 무엇을 전달해야 할지 데이터가 판단하게 한다. 고객이 무엇을 읽고, 듣고, 봐야 할지 결정하는 그 외의 기준은 없다"고 밝혔다.[6]

아마존의 이런 전략은 단지 영화에만 적용되지 않는다. 아마존은 출판 업계가 고수하는 오래된 사업 모델을 대놓고 비판하기도 했다. 아마존의 경영진 중 한 명인 켄 오레타Ken Auletta는 2014년 뉴요커The New Yoker를 통해 "출판업자들은 1968년에 만들어진 재고 시스템과 다이얼

식 전화기, 쓰레기로 가득 찬 창고를 갖고 있는 낡은 실패자들"이라고 비판했다. 이 말은 바로 필자들이 이야기하려는 변화의 특징을 적절하게 드러낸 표현이면서, 출판사 경영진에게는 무언가를 깨닫게 하는 메시지이기도 하다. 랜덤하우스Random House 출판사의 세일즈와 운영을 책임지는 매들린 매킨토시Madelin McIntosh는 2010년 이렇게 말한 바 있다. "출판업은 대화가 많은 산업이다. 우리는 열린 태도로 이야기를 나눈다. 점심을 먹으며 의견을 나누는 문화가 있다. 그런데 아마존은 이런 문화가 아니다. 숫자와 데이터와 수식에서 답을 찾는 믿기 힘든 구석이 있다. 이는 대화를 통해 설득하는 저자 중심의 문화와는 대립하는 면이 많다."[7]

유통 부문 역시 독립 서점을 포함한 기존의 업체들은 변화를 받아들이는 데 어려움을 겪고 있다. 래이니 데이 북스Rainy Day Books의 비비안 제닝스Vivienne Jennings는 2014년 뉴요커와의 인터뷰에서 "우리는 우리의 고객이 누구인지 잘 알고 있다. 다른 서점들도 마찬가지다. 우리는 우리의 고객들이 어떤 책을 찾는지, 다른 어떤 검색 엔진보다 잘 알고 있다"고 말했는데,[8] 제닝스의 이 말은 지역적인 차원에서는 맞을 수도 있다. 그러나 글로벌 시장에서 데이터나 알고리즘을 무시하고 일정 지역에만 특화된 전문성만으로 성공하기는 어렵다. 기술을 담당하는 한 임원은 "이건 공정한 게임이 아니다"라고 말하기도 했지만.

엔터테인먼트 기업들이 데이터를 기반으로 하는 시장에 적응하는 일이 쉽지는 않을 것이다. 지난 100여 년간 특정 지역에 적합한 지식과 전문성은 엔터테인먼트 기업들이 경쟁력을 확보하는 중요한 원천이었다. 역사적으로, 그들은 소비자들의 행태에 대한 직접적인 정보를 가져본 적이 없기 때문이다. 출판사들 역시 각 도서별 판매 실적에 대한 정보는 다루었지만, 독자들에 대한 정보는 거의 가지고 있지 않으며, 음반 제작사들도 시청률 조사 회사인 아비트론Arbitron이 판매하는 시간대별 라디오 음악 송출 자료는 보지만 그들이 만든 음악을 듣는 청취자들이 어떤 사람들이며, 무엇을 좋아하는지, 어떤 장르의 음악을 좋아하는지 알 수 없었다. 영화 제작사 역시 중간에 극장이나 방송국 같은 유통 채널이 있어, 관객이나 시청자들과 직접 교류할 기회는 없었다. 이는 소니Sony의 최고경영자인 마이클 린튼Michael Lynton이 2014년 11월 자사의 해킹 사건 직후 영화 〈더 인터뷰The Interview〉의 배급 여부에 대한 질문에 "우리는 미국 소비자들과 직접 대면하지 않는다. 우리 콘텐츠가 고객에게 전달될 때에는 중간 채널을 꼭 거쳐야 한다"고 말한 것과도 일맥상통한다.[9]

디테일한 소비자 데이터가 없는 상황에서, 엔터테인먼트 기업들은 보통 여러 자료들을 통합해 의사 결정을 내린다. 아비트론이나 닐슨이 제공하는 집계 통계aggregate statistics에 따른 시청 데이터, 포커스그룹 인터뷰에서 얻은 소량의 표본 데이터, 해당 시장을 잘 알고 있는 관계자들의 직감 등이 그 대표적인 자료들이라 할 수 있다. 이러한 회사들은 특히 직감과 직관을 중요시해서, 시장 상황에 능통한 사람들이 회사의 높은 직급에 오르게 마련이라, 엔터테인먼트 회사들은 대부분 직감에 의존해서 투자하는 비용에 비해 데이터 분석에 바탕한 조직 차원의 예산이나 전략적인 중요도가 상대적으로 낮다. 미국의 케이블 채널 FX 네트웍스FX Networks의 대표인 존 랜드그라프John Landgraf는 2013년 뉴욕타임스와의 인터뷰에서 "데이터는 사람들이 과거에 무엇을 좋아했는지를 말해줄 뿐, 미래에 무엇을 좋아하게 될지를 말해주지는 않는다. 실력 좋은 프로그래머가 할 일은 사람들이 텔레비전 프로그램을 통해 채우지 못한 마음속 허전한 부분을 찾는 것이며, 이는 데이터로는 알 수 없는 블랙박스 안에 있다"고 말했다.[10] 메이저 회사들은 오랫동안 이런 식으로 생각해왔고, 또 큰 성공을 거두어왔다. 과거에는 전혀 문제가 되지 않았던 이러한 전략이, 지금은 왜 문제가 되는 것일까? 다시 빌리 빈과 오클랜드 어슬레틱스의 사례로 돌아가보자.

———○———

오클랜드 어슬레틱스의 '머니볼 스타일'의 의사 결정이 갖고 있는 경쟁력에 대해서는 앞에서 많이 다루었다. 그런데 이들의 성공은, 오래가지는 못했다. 빌리 빈의 혁신은, 메이저리그에서 유의미한 성공을 거두기는 했으나 장기적인 관점에서의 경쟁력은 부족했다. 처음 1~2년 정도 어슬레틱스의 머니볼 전략은 확실한 효과가 있었지만, 곧 다른 팀들도 이 전략을 따라 하게 되면서 그들만의 경쟁력을 다시 갖추게 되었고, 결국 큰돈을 들이지 않으면 리그에서 우승하기가 어려워졌다.[11] 어떤 이들은 이 사례에서 엔터테인먼트 산업에서와 비슷한 발전과정을 발견하게 된다고 한다. 넷플릭스나 아마존, 구글은 데이터를 이용하는 혁신을 통해 단기적인 이득을 취할 수 있었다. 하지만, 기존의 메이저 엔터테인먼트 기업들은 머지않아 이 공식을 모방할 것이고, 이를 통해 시장에서의 기득권을 유지할 것이라 예측할 수도 있을 것이다. 하지만 메이저 엔터테인먼트 기업들은 다음의 두 가지 이유로 이런 패턴을 보이기 어렵다.

그 첫 번째는 문화적인 이유 때문이다. 메이저리그 팀들은 데이터를 활용하는 양상이 다들 비슷했다. 따라서 새로운 경영 환경에 적응할 때도 모든 팀들이 같은 선상에서 출발했다. 하지만 새로운 기술을 중심으로 하는 엔터테인먼트 회사들은 사정이 조금 다르다. 데이터 활용 측면에서 기술 중심 회사들의 문화는, 기존 엔터테인먼트 기업들의 문화와 아주 많이 다르다. EA 게임즈[EA Games]의 최고제작책임자인 리처드 힐먼[Richard Hilleman]이 2009년 2월 카네기 멜론 대학 강연에서 게임 업계의 기술 변화를 설명하며 이와 관련한 의견을 피력한 적이 있다. 한 학생이 출판이나 음악, 영화 산업은 왜 데이터에 근거한 의사 결정을 수용하는 데 어려움을 겪고 있는지 묻자, 힐먼은 대답했다. "우리가 기억해야 할 것은 그동안 이 분야에서는 몇몇 사람의 직감에 따라 사업이 진행되어왔고, 그렇게 직관력이 좋은 사람이 승진을 거듭해 높은 자리를 차지하고 있다는 점입니다. 그러나 문제는 이들 회사의 경쟁사가, 직관이 아니라 데이터에 따라 의사를 결정하는 구글이나 아마존, 애플 같은 회사라는 사실입니다."

두 번째는 데이터 접근성 때문이다. 메이저리그에서는 모든 구단이 동일한 데이터에 접근할 수 있었다. 누구나 스태츠[Stats.Inc]나 일라이어스 스포츠 뷰로[Elias Sports Bureau]와 같은 야구 전문 데이터 분석 회사를 통해 오클랜드 어슬레틱스가 사용했던 데이터를 구할 수 있고, 그와 비슷한 전략을 짤 수 있었다. 그러나 야구와 달리 엔터테인먼트 업계에서는 데이터 접근성이 상당히 다르다.

새로운 온라인 유통 플랫폼이 얼마나 많은 양의 데이터를 수집하고 제어하는지 한번 생각해보자. 넷플릭스는 자사 회원들이 어떤 영화를, 얼마나 오랫동안 보는지, 어떤 기기를 이용하는지, 어떤 장면을 건너뛰는지, 어떤 장면을 되돌려보는지 모두 알 수 있다. 아마존 역시 자사의 스트리밍 서비스를 통해 상당한 양의 고객 데이터를 수집할 수 있고, 이를 과거 아마존에서 구입한 제품의 이력과 결합시켜볼 수 있다. 구글도 유튜브에서 비슷한 데이터를 모아, 구글의 다른 플랫폼에서 수집된 고객 데이터와 연결시킬 수 있다.

　　이러한 정보 교환은 고객에게서 플랫폼 쪽으로만 전달되는 것이 아니다. 플랫폼은 수집한 고객 데이터를 바탕으로 서비스를 만들어 고객에게 직접 제공하거나 적절한 상품을 추천해줄 수 있고, 프로모션의 효과를 측정하거나 개별 고객의 취향에 맞춘 마케팅 캠페인을 펼칠 수도 있다. 또한 신규 고객 유치나 휴면 고객의 재방문을 활성화하기 위해 데이터를 활용할 수도 있다. 이와 같이 쌍방향식 정보 교환은, 고객이 제공한 데이터가 더 좋은 고객 경험을 위해 쓰임으로써 해당 플랫폼에 대한 로열티와 방문 빈도를 높이고, 그 결과 더 많은 고객 데이터를 생산하는 선순환을 만든다.

　　물론 이러한 선순환은 플랫폼 업체가 각 제작사나 창작자와 가감 없이 데이터를 공유하고, 플랫폼의 개별 고객들을 위한 콘텐츠를 직접 만들 수 있게 해야 가능하다. 물론 이것은 현실적으로 어려운 일이다. 표9.1에서 볼 수 있는 바와 같이 플랫폼 업체들은 콘텐츠를 제작하는 파트너사들에게 고객 레벨의 데이터를 거의 제공하지 않는다. 예를 들어 애플이 파트너사에게 제공하는 매출 리포트에는 고객식별번호나 우편번호 같은 결제 관련 데이터만 포함된다. 고객식별번호 역시 좋은 데이터인 것은 분명하나, 필자들이 여러 콘텐츠 업체들과 논의해본 결과에 따르면 여기에는 한계가 있다. 오직 애플만이 고객식별번호에 연결된 실제 고객 데이터를 갖고 있었고, 때문에 콘텐츠를 생산하는 업체들은 애플의 협조 없이는 특정 고객을 대상으로 한 마케팅 프로모션을 펼칠 수가 없는 것이다. 또한 콘텐츠를 생산하는 업체들은 자신들의 매출 자료만 볼 수 있는 반면 애플은 아이튠즈에서 결제되는 모든 업체들의 매출 자료를 볼 수 있었다.

표9.1 주요 플랫폼 업체들이 콘텐츠 파트너사에게 제공하는 데이터 현황

플랫폼	결제 관련 데이터	고객 관련 데이터	고객 대상 직접 프로모션
아이튠즈	제공	고객 ID와 우편번호만 제공	불가
아마존	제공	미제공	불가
구글 플레이	미제공	미제공	불가
넷플릭스	미제공	미제공	불가

그나마 애플은 파트너사들에게 고객 개개인에 대한 데이터와 정보를 일부 제공하고 있었으나, 아마존과 구글, 넷플릭스는 더욱 엄격하다. 이 플랫폼 업체들의 매출 리포트에는 고객에 관한 데이터가 전혀 없다. 아마존은 2000년대 중반까지 매출이 발생한 지역의 우편번호를 공유했지만 최근에는 이마저도 더 이상 제공하지 않고 있으며, 구글 플레이와 넷플릭스는 심지어 결제 관련 데이터조차 제공하지 않는다. 두 회사가 제공하는 데이터는 특정 지역에서 발생한 매출의 합계와 조회수 정도이다.[12] 예를 들어, 넷플릭스에 콘텐츠를 제공하는 한 업체가 그들에게서 받아본 분기별 매출 자료에는, 라틴 아메리카 지역의 총매출만 나와 있을 뿐, 멕시코나 브라질 같은 국가별 매출 정보조차 없었다

고 한다.

플랫폼 업체들은 고객 데이터를 공유하는 일에 왜 이렇게 인색할까? 사실 오프라인 시장에서는 데이터 공유가 흔하게 이루어졌다. 식료품 가게를 비롯한 소매점들은 프록터 앤 갬블Procter & Gamble이나 코카콜라Coca-Cola, 펩시코Pepsico 같은 제조사에게 고객 레벨의 상세 데이터를 제공함으로써, 제조사가 매장 고객들에게 직접 마케팅할 수 있도록 했다. 1998년 처음 온라인 비디오 서비스를 시작했을 때만 해도, 아마존은 영화사들의 입점을 유인하기 위해 고객들에 대한 상세 데이터 제공을 약속했다. 당시 이 프로젝트를 주도했던 제이슨 킬라Jason Kilar에 따르면, 아마존이 제공하는 데이터로 무엇을 할 수 있을지 제대로 납득시키기 전까지 영화사들은 단체로 입점을 거부했다고 한다. 아마존의 DVD 카테고리를 처음 만든 앤 헐리Anne Hurley 역시 "그 당시 우리는 어렵게 협상을 이어갔다. 영화 제작사들이 원하는 것은 아마존의 기술력이었다. 우리는 검색 결과를 공유해줄 수 있었고, 고객들이 무엇을 원하는지 알려줄 수 있었다. 이같은 정보는 영화 제작사들이 전에는 쉽게 얻을 수 없는 것이었고, 덕분에 영화 제작사들은 그들이 가지고 있는 인기 영화를 제공하는 일에 집중할 수 있었다"고 밝혔다.[13]

그러나 요즘의 아마존은 데이터 공유에 그리 관대한 편이 아니다. 아마존의 태도가 변한 한 가지 분명한 이유는, 아마존이 더 이상 시애틀의 가난한 스타트업이 아니라는 점이다. 이제 아마존은 자신의 계약 조건을 관철시킬 힘을 가진 유통업계의 대기업이다. 아마존은 그들이 보유한 고객 데이터와 실력 있는 수많은 데이터 사이언티스트data scientist들을 활용해 전략적 자산을 수익화할 수 있고, 파트너들과의 협상에서 우위를 점할 수 있게 되었다. 이제 아마존에서 마케팅을 펼치거나 아마존 고객들을 대상으로 이벤트를 하려면 돈을 지불해야 한다.

그리고 더욱 중요한 문제는 아마존이 콘텐츠 제작 사업을 시작하면서 기존의 콘텐츠 제작사들이 더 이상 파트너가 아닌 경쟁관계가 되고 있다는 점이다. 1998년 그저 영화 유통 채널의 하나이기만 할 때, 영화 제작사들에게 DVD 고객들이 무엇을 원하는지 알려주는 것만으로도 아마존은 사업적으로 좋은 역할을 했다. 그러나 이제는 아니다. 아마존은 2014년 3분기에만 자체 콘텐츠 제작비로 1억 달러 이상을 투자했고, 2015년 초에는 편당 제작비 5백만 달러~2천5백만 달러를 들여 매년 12편의 영화를 만들겠다는 계획을 발표했다.[14] 구글의 유튜브 또한 자체 콘텐츠를 만들기 시작했다. 로스앤젤레스를 비롯한 5개 대도시에 창작자들을 위한 스튜디오를 세웠고, 최소 10편의 영화를 만들겠다는 계획을 밝혔으며, 2016년에는 유료 서비스인 유튜브 레드YouTube Red를 출시했다.[15] 넷플릭스는 2015년에만 24편의 자체 시리즈와 320시간 분량의 신규 콘텐츠를 공개하면서, 케이블 업계에서 오랜 기간 선두를 유지하고 있는 HBO와 FX를 추월했다.[16] 더불어 2016년에는 600시간 분량의 자체 콘텐츠를 제작하겠다고 발표했다.

고객 데이터에 대한 소유권을 가지고 있는 플랫폼 업체들은 자체 제작 콘텐츠가 어느 정도의 시장 가능성을 갖고 있는지 예측하기 위해 데이터를 활용할 수 있는데다, 시청자들과 직접 연결되어 있기 때문에 정밀한 고객 타게팅이 가능하고, 각 고객들의 관심사에 맞추어 마케팅 전략을 펼칠 수 있다. 이는 닐슨의 시청률 데이터나 포커스 그룹 인터뷰로는 얻을 수 없는 것이다. 넷플릭스 대변인인 조나단 프리드랜드

Jonathan Friedland는 "우리의 진정한 강점은 좋은 콘텐츠를 선택할 수 있다는 점이 아니라 마케팅을 더 효과적으로 할 수 있다는 점에 있다"고 밝힌 바 있다.[17] 〈하우스 오브 카드〉 역시 고객 타게팅을 위해 9개의 예고편을 따로 제작했다. 예를 들어 케빈 스페이시를 좋아하는 시청자를 위해 케빈 스페이시를 부각시킨 예고편, 데이비드 핀처 감독을 좋아하는 시청자를 위해 데이비드 핀처 감독의 연출 스타일을 부각시킨 예고편, 강한 여성 리더십을 좋아하는 시청자를 위해 여자 주인공을 부각시킨 예고편 등으로 나누어 제작한 것이다.[18]

요약하자면 플랫폼 업체가 자체 콘텐츠를 제작하는 경우 다음과 같은 세 가지 장점이 있다.

첫째는 앞서 언급했듯 독점적으로 활용이 가능한 데이터들을 그동안 비축했다는 점이다. 자신들이 소유한 많은 양의 데이터와 이에 근거한 의사 결정 문화를 통해, 직관에 의존하는 기존 제작사들이 간과하던 블록버스터 작품을 기획하고 만들어낼 수 있다.

둘째는 롱테일 효과다. 고객들은 플랫폼에서 자신이 보고 싶은 콘텐츠를 온디맨드 방식으로 곧장 볼 수 있으며, 플랫폼 업체들은 개별 고객들에게 맞춤형 마케팅 전략을 펼칠 수 있다. 덕분에 플랫폼 업체는 전통적인 유통 채널에서는 시도할 수 없었던 롱테일 콘텐츠를 만들어 수익을 낼 수 있다. 기존의 영화나 TV 시장에서는 일반 대중을 위한 마케팅을 해야 했지만 플랫폼 업체들은 다르다. 아마존 스튜디오 대표인 로이 프라이스Roy Price는 할리우드 리포터Hollywood Reporter와의 인터뷰에서 다음과 같은 비유를 든 적이 있다. "만약 여러분이 시청자들의 80%가 '좋은 콘텐츠인 것 같다'고 평가해주는 프로그램을 제작했다고 가정해봅시다. 대부분 그 프로그램을 시청하긴 하겠지만, 그들 중 '여러분의 프로그램이 최고다' '내가 가장 아끼는 프로그램이다'고 말해줄 사람은 별로 없을 것입니다. 반대로 시청자들의 30%만이 좋아하는 또 다른 프로그램을 생각해 봅시다. 시청자 수는 적지만 아마 한 사람 한 사람 모두가 여러분의 프로그램을 꼼꼼히 감상하고 사랑해줄 것입니다. 위 두 가지 상황 중 어떤 상황이 더 좋을까요? 소비자의 수요에 맞추어 즉각적으로 맞춤형 서비스를 제공하는 온디맨드 세상에서는 두 번째 상황이 훨씬 가치가 있습니다. 시청자 수가 적고 취향이 뚜렷하기 때문에 접근법도 다릅니다. 그러므로, TV 프로그램 제작에 적합한 포괄적이고 일반적인 규칙이 아니라 시청자들이 좋아할 만한 소재와 주인공을 구체적으로 찾아야 합니다."[19]

이와 같은 온디맨드 주문형 콘텐츠의 특징 때문에, 넷플릭스는 인기 시트콤 〈못 말리는 패밀리Arrested Development〉가 방송사로부터 추가 방영을 거절당하자 후속 시리즈에 대한 권리를 확보하려고 적극적으로 시도했다. 이 시트콤은 나름의 독특한 재미가 있고 팬층이 뚜렷했지만 방송사 입장에서는 큰 수익이 나지 않는 프로그램이었다. 그러나 바로 그 이유로 넷플릭스는 배우 아담 샌들러Adam Sandler와 4편의 영화 제작 계약을 체결했으며, 아마존은 우디 앨런과 텔레비전 프로그램을 찍기로 했다. 두 사람 모두 개성이 강하면서도 아마존이나 넷플릭스가 갖고 있는 데이터와 시청자층이 아니면 만나기 힘들 강력한 팬덤을 보유하고 있는 인물들이다.

셋째는 브랜드 파워다. 플랫폼 업체들은 자신들의 브랜드 파워를 자체 제작 콘텐츠와 연결시켜 시청자들의 충성도를 높이고 새로운 제휴 마케팅을 추진할 수 있다. 이는 기존의 메이저 엔터테인먼트 제작사들이 따라 하기 힘든 전략이다. 그동안 엔터테인먼트 제작사들은 그들이 만드는 콘텐츠와 자신들의 브랜드를 연결시킬 필요가 없었다. 어떤 제작사가 영화 〈쥐라기 월드Jurassic World〉를 찍었는지, 어떤 음반사가 테일러 스위프트Taylor Swift의 최근 앨범을 만들었는지, 어떤 출판사가 〈다빈치 코드The Da Vinci Code〉를 출판했는지 등에 대해, 그동안은 업계 관계자가 아니면 큰 관심이 없었던 것이다.

지금까지의 논의는 주로 영화 업계와 관계된 내용이었다. 그러나 음반과 출판 업계에서도 빅데이터는 중요해지고 있다. 판도라Pandora나 샤잠Shazam, 스포티파이Spotify는 신인 가수를 홍보할 때 유용하게 쓰일 데이터를 수집하고 있다. 스포티파이의 CEO인 다니엘 에크Daniel Ek는 자신들이 모으고 있는 데이터가 상당한 경쟁력을 갖고 있다고 밝혔다. "우리는 수년 동안 이 작업을 해왔습니다. 열성적인 고객들로부터 여러 종류의 데이터를 수집할 수 있었습니다."[20] 스마트폰 앱으로 사용자 주변에서 들리는 음악을 검색해주는 서비스인 샤잠 역시 매일 2천만 건 정도의 검색 요청이 들어오는 덕분에, 수많은 데이터가 쌓이며 경쟁 우위를 갖춰가고 있다. 샤잠의 데이터를 활용한 예측력 덕분에 이들의 서비스는 미국의 음반 관계자들 사이에서 상당한 인기가 있었다. 지난 2014년 2월에는 워너 뮤직 그룹Warner Music Group은 샤잠의 데이터를 활용해 앨범을 만들겠다는 계획을 발표하기도 했다.[21]

결국 플랫폼 업체들은 데이터를 통해 자신들만의 경쟁력을 만들어 고객 충성도와 시장 지배력을 높이고, 이를 활용해 콘텐츠 제작에 이르는 수직적 통합을 이루어내고 있다. 아마존이 처음 출판업에 뛰어들었을 때 이 회사의 주목적이 책 판매가 아니라는 것을 알아차린 사람은 거의 없었다. 출판사 맥밀란Macmillan의 CEO인 존 사전트John Sargent는 2011년 "나는 그저 제프 베조스가 서점을 하려는 줄 알았습니다. 제가 바보였죠"라고 말하기도 했다. 베조스에게 책은 데이터를 얻는 수단이었고, 고객을 끌어들이기 위한 전략이었던 것이다.[22]

———○———

엔터테인먼트 업계 경영진들과 새로운 데이터 시대의 어려움에 대해 이야기를 나눌 때면 보통 아래와 같은 네 가지 이야기를 순차적으로 듣게 된다.

1. 콘텐츠 제작에 대한 의사 결정을 내릴 때는 데이터가 무용지물입니다. 데이터를 이용해 무언가를 하려고 하면 제작 과정을 방해하게 되고 결국 사업도 망하게 됩니다.

2. 우리에겐 우리가 쓰는 데이터가 따로 있고 지난 몇 년간 의사 결정에 이를 잘 활용해 왔습니다. 요즘 새로운 회사들이 사용하는 데이터는 우리가 그동안 활용했던 데이터와 크게 다르지 않습니다.

3. 새로운 회사들은 콘텐츠를 얻기 위해 우리를 필요로 합니다. 만약 이들의 힘이 너무 세지면 우리는 콘텐츠 공급을 중단할 것입니다.

4. 우리도 자체 스트리밍 채널을 열어서 우리가 얻고 싶은 고객 데이터를 모두 얻으면 됩니다.

위의 이야기들을 하나씩 들여다보자.

1. 콘텐츠 제작에 대한 의사 결정을 내릴 때는 데이터가 무용지물입니다. 데이터를 이용해 무언가를 하려고 하면 제작 과정을 방해하게 되고 결국 사업도 망하게 됩니다.

이 답변에는 두 가지 오류가 있다. 첫 번째 오류는 데이터가 넷플릭스의 콘텐츠 제작을 방해하고 있다는 전제다. 넷플릭스의 최고콘텐츠책임자인 테드 사란도스^{Ted Sarandos}는 2015년 미국방송제작자연맹 National Association of Television Program Executives에서 "우리의 데이터는 콘텐츠 투자의 근거를 찾는 데 주로 쓰인다. 성공 가능성이 높은 요인을 찾아서 큰 금액을 투자해도 될지 판단하는 것이다"라고 밝혔다.[23] '머니볼'의 비유가 딱 들어맞는 발언이다. 오클랜드 어슬레틱스도 데이터를 통해 채드 브래드포드가 어떻게 던져야 할지를 알아내지는 않았다. 다만 브래드포드의 투구 스타일이 얼마나 효과적인지를 측정하기 위해 데이터를 활용한 것이다.

두 번째 오류는 콘텐츠를 만들어내는 창작자들이 데이터에 기반한 의사 결정과는 거리가 있다고 보는 점이다. 케빈 스페이시는 2014년 콘텐츠 마케팅 월드^{Content Marketing World}에서 이에 대해 통찰력 있는 강연을 한 적이 있다. 조금 길지만 그의 발언을 옮겨본다.

"요즘 괜찮은 작품들이 넘쳐납니다. 캐릭터도 역동적이고 시나리오도 깊이가 있습니다. 〈소프라노스^{The Sopranos}〉 〈위즈^{Weeds}〉 〈홈랜드 Homeland〉 〈덱스터^{Dexter}〉 〈식스 피트 언더^{Six Feet Under}〉 〈데드우드^{Deadwood}〉

〈대미지Damages〉〈썬즈 오브 아나키Sons of Anarchy〉〈오즈Oz〉〈더 와이어The Wire〉〈트루 블러드True Blood〉〈보드워크 엠파이어Boardwalk Empire〉〈매드맨 Mad Men〉〈왕좌의 게임〉〈브레이킹 배드reaking Bad〉 그리고 〈하우스 오브 카드〉 같은 작품들 말입니다.

솔직히 15년 전만 하더라도 이런 드라마들은 보기 어려웠습니다. 방송사 대표들이 드라마 캐릭터는 무조건 잘생기고, 좋은 직업을 가지고 있어야 하며, 또 가정에 충실한 사람이어야 한다고 생각했으니까요. 미국에서 오랫동안 사랑받은 캐릭터인 바니 파이프Barney Fife는 그가 죽여야 할 대상과 사랑에 빠진 이중간첩이 아니었습니다. 여배우 매리 테일러 무어Mary Tyler Moore 역시 필로폰을 만드는 고등학교 화학선생님 역할이 아니었죠. 최근 들어 훌륭한 작품들이 많이 만들어지는 것은 전에 비해 경영진보다 창작자 및 제작진들이 더 큰 주도권을 가지고 스토리를 만들기 때문입니다. 텔레비전은 세 번째 황금시대를 맞고 있습니다. 예전에는 권력이 소수의 사람들 즉, 방송사, 제작사, 경영진에게 집중되어 있었습니다. 이들은 그저 편하게 둘러앉아 드라마 주제나 제작방법, 예상 시청자에 대해 결정을 내리곤 했습니다.

오래전 제가 방송계에 첫 발을 내딛던 때도 그랬습니다. 그들은 양복을 빼입고 카메라 주위를 돌아다니며 제작에 대한 모든 결정을 내렸습니다. 그들은 제 머리가 왜 그런 모양인지, 왜 그런 넥타이를 매고 있는지, 왜 그런 식으로 연기를 하는지 시시콜콜 따졌습니다. 그때의 기분은 정말 최악이었죠. 그것이 제가 영화 쪽으로 눈을 돌리게 된 이유이기도 합니다. 하지만 넷플릭스와 〈하우스 오브 카드〉를 찍을 때 저는 방송계에서 겪었던 것과 전혀 다른 경험을 맛보았습니다. 넷플릭스와의 작업은 제가 카메라 앞에서 겪을 수 있는 가장 값지고 재미있는 경험이었습니다."[24]

또 하나 주목할 만한 사실은 데이터에 근거해 만들어진 콘텐츠가 꽤 많은 상을 받았다는 점이다. 2015년 골든 글러브 어워드Golden Globe Awards에서 아마존은 〈트렌스페어런트Transparent〉로 베스트 코미디Best Comedy상을 받았다. 당시 경쟁작으로는 넷플릭스의 〈오렌지 이즈 더 뉴 블랙〉, HBO의 〈실리콘밸리Silicon Valley〉와 〈걸스Girls〉, CW의 〈제인 더 버진Jane the Virgin〉이 있었다. 2016년에는 같은 시상식에서 넷플릭스가 8개 부문에 노미네이트되는 기록을 세우며 HBO의 14년 연속 최다 노미네이트 기록을 경신했다.[25] 그러나 사실 당시 넷플릭스의 노미네이트 성적은 ABC(4번), Fox(4번), CBS(2번), NBC(0번) 등 기존 방송사들의 노미네이트 횟수를 합친 것보다는 적다.[26]

유명 작가나 배우들이 데이터를 근거로 한 콘텐츠 제작에 합류하는 경우도 부쩍 늘어났다. 신규 플랫폼으로 사람들이 몰리자, 업계 관계자들 사이에 "인재 가뭄"을 걱정하는 우려가 생길 정도였다.[27]

2. 우리에겐 우리가 쓰는 데이터가 따로 있고 지난 몇 년간 의사 결정에 이를 잘 활용해 왔습니다. 요즘 새로운 회사들이 사용하는 데이터는 우리가 그동안 활용했던 데이터와 크게 다르지 않습니다.

어느 정도는 맞는 이야기다. 그동안 엔터테인먼트 기업들이 여러 데이터를 활용해온 것은 사실이다. 그러나 그 데이터는 자신들이 배타적, 독점적으로 소유한 데이터가 아니었다. 업계 관계자라면 누구나 닐슨이나 아비트론에서 시청률 지표를 구할 수 있었고, 렌트랙Rentrak이나 사운드스캔SoundScan, 북스캔BookScan을 통해 매출 지표를, 컴스코어Comscore 에서 관객 통계를 구할 수 있었다.

반면 넷플릭스, 아마존, 애플, 구글이 갖고 있는 데이터는 업계가 기존에 쓰던 통계 자료보다 훨씬 자세하고, 포커스그룹에서 얻는 것보 다 훨씬 종합적이다. 닐슨의 시청률 데이터나 북스캔의 매출 지표로는 할 수 없는 맞춤형 마케팅과 고객 참여 유도가 플랫폼 업체들의 데이터 로는 가능하다.

3. 새로운 회사들은 콘텐츠를 얻기 위해 우리를 필요로 합니다. 만약 이 들의 힘이 너무 세지면 우리는 콘텐츠 공급을 중단할 것입니다.

엔터테인먼트 기업의 경영진들은 신규 플랫폼의 압박이 심해지면 콘텐츠 공급을 끊어버리면 된다고 말한다. 콘텐츠가 없으면 플랫폼 업 체들은 더 이상 회사 운영을 하지 못하게 될 것이고, 최소한 시장 주도 권이 약해지지 않겠냐는 것이다.

그러나 NBC와 아이튠즈의 갈등에서 볼 수 있듯이 다른 합법적인 대안이 없는 상태에서 콘텐츠 공급을 중단하게 되면 시청자들은 그저 불법 복제물로 눈을 돌리게 된다. 설령 합법적인 대안이 있다고 하더라 도 이미 넷플릭스, 아마존, 구글 같은 업체들의 힘이 너무 세져서 콘텐 츠 공급을 동시에 중단하는 것은 어려운 상황이다. 콘텐츠 회사는 이들 플랫폼이 제공하는 수익에 기대고 있다.[28] 고객들이 디지털 플랫폼을 통 해 자신들의 콘텐츠를 발견하게 함으로써 이점을 누리고 있는 것이다.

4. 우리도 자체 스트리밍 채널을 열어서 우리가 얻고 싶은 고객 데이터를 모두 얻으면 됩니다.

처음에는 좋은 계획 같아 보일지 모르지만 다른 플랫폼들과의 경쟁을 고려하면 그렇게 좋은 생각이 아님을 알 수 있다. 온라인 고객들은 소비 과정의 편리를 매우 중요하게 여기는데다. 대부분의 콘텐츠들은 제작사의 이름으로 브랜드화되어 있지 않다. 예를 들어 폭스 방송사가 온라인 스트리밍 채널을 열었다고 해보자. 시청자들이 그곳에서 자신이 좋아하는 콘텐츠를 얼마나 찾을 수 있을까? 혹은 각 제작자마다 별도의 웹사이트를 열어서 콘텐츠를 서비스한다면 시청자들 입장에서는 일일이 사이트를 돌아다니느라 얼마나 불편할 것인가? 결국, 단일 사이트에서 시청자들이 좋아하는 콘텐츠를 한 번에 찾을 수 있는 것이 제작자들에게도 이익이다. 또한 제작자들이 자신들만의 콘텐츠를 공급하는 스트리밍 플랫폼을 따로 열어 고객 레벨의 데이터를 수집한다고 해도 넷플릭스나 아마존이 갖고 있는 데이터만큼 가치가 높지는 않을 것이다. 넷플릭스나 아마존은 다양한 종류의 콘텐츠를 아우르는 통합적인 시청 데이터를 갖고 있기 때문이다.

———o———

지금까지 살펴본 내용을 전체적으로 정리해보자.

1장부터 4장까지 우리는 엔터테인먼트 산업의 경제학적 기반에 대해 다루었다. 역사적으로 엔터테인먼트 산업에는 규모의 경제와 높은 진입 장벽이 존재한다는 점을 2장에서 살펴보았다. 이런 특성 때문에 소수의 대형 출판사나 음반 제작사, 영화 제작사 들은 유통과 제작을 담당하는 파트너사들에게 자신들이 원하는 계약 조건을 관철할 수 있는 힘이 있었다. 3장에서는 몇몇 메이저 기업들이 수익성을 높이기 위해 어떤 시점에, 어떤 방법으로 고객들에게 콘텐츠를 공급할 것인지를 제어하는 결정권에 대해 살펴보았다.

두 번째 파트에서는 퍼펙트 스톰을 통해 기술의 발전이 몰고 온 엔터테인먼트 산업의 변화에 대해 이야기했다. 롱테일 시장에서의 생존을 비롯해 불법 복제물의 증가, 창작자를 위한 제작과 유통의 새로운 기회, 강력한 신규 플랫폼의 등장과 데이터에 근거한 의사 결정까지. 이 모든 것들이 콘텐츠를 지배하던 메이저 회사에서 고객들을 통제할 수 있는 플랫폼 회사로 힘과 수익 발생의 축을 이동시켰다. 이제 기존 영화제작사, 출판사, 음반 제작사들은 지금껏 익숙했던 두 가지를 극복해야 하는 어려움에 직면해 있다. 첫째는 기존의 사업 모델을 고수하려는 기업 내의 고정 관념과 직관에 따른 의사 결정 시스템이다. 둘째는 제작과 마케팅에 활용할 수 있는 고객 데이터의 부족이다. 이들이 예전과 같은 번영을 누리려 할 때 이 두 가지 문제점은 꼭 풀어야 할 숙제가 될 것이다. 이어지는 세 번째 파트에서는 기존의 엔터테인먼트 업계에 도움이 될 만한 해결책에 대해 더 알아보기로 한다.

곧 마주칠 적군이 그 어떤 과학적인 데이터를 갖고 있더라도
승리는 우리 편이다.

모티 제독,
〈스타워즈 에피소드 4: 새로운 희망〉 중에서

Ⅲ. 새로운 희망

10
오만과 편견

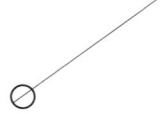

당신이 날 반겨 줄거라 믿었어요. 하지만 내 생각이 짧았네요.
제인 오스틴Jane Austen, 『오만과 편견Pride and Prejudice』 중에서

나는 실증적인 사람이다.
사업은 모름지기 어떻게 굴러가야 한다는 식의 낭만적인 생각은 하지 않는다.
명백한 사실만을 믿는다.
개리 러브먼Gary Loveman, 하라스 엔터테인먼트Harrah's Entertainment 최고경영자[1]

빠르게 변하는 디지털 시대에 엔터테인먼트 산업이 성공하려면
상세한 고객 데이터를 활용할 줄 알아야 하고, 데이터를 근거로 한 의
사 결정을 존중하는 문화가 정착되어야 한다. 이를 위해서는 상당한 조
직적 변화가 필요하다. 그러나 고객 데이터의 중요성이 부각되기 훨씬
이전부터 구조적으로 틀이 단단하게 짜인 산업에 변화를 바라는 것은
쉬운 일이 아니다. 특히 앞서 언급한, 데이터를 기반으로 해 시장에 새

로 진입한 업체들과 경쟁해서 이기기 위해서는 변화가 불가피하다. 이러한 관점에서 2000년대 초반, 데이터를 활용해 시장에서 우위를 점하고 카지노 산업의 선두주자가 된 하라스 엔터테인먼트(현재의 시저스 엔터테인먼트Caesars Entertainment)의 사례는 주목할 만하다.

———o———

하라스는 20세기의 성공 사례였다.[2] 창업주 윌리엄 피시 하라William Fish Harrah는 1937년 미국 네바다 주의 리노Reno라는 지역에 정착해 작은 빙고 오락실과 카지노를 열었다. 당시 리노의 도박장은 술집 스타일로 어둡고 우중충한 분위기였다. 하라는 이 분위기를 깨끗하고 고급스럽게 바꾸면 더 많은 손님을 끌 수 있을 것이라 생각했다.

그의 예상은 적중했다. 하라의 카지노는 문전성시를 이루었다. 하버드 경영대학원의 라지브 랄Rajiv Lal 교수의 표현을 빌리자면 하라는 "게임을 산업화한 인물"이라 할 수 있을 정도이다.[3] 1955년 하라는 자신의 이름을 딴 회사를 세우고, 타오 호수 근처에 세계에서 가장 큰 카지노를 만들었다. 이 건물에는 850석 규모의 극장형 레스토랑이 있었고, 유명 연예인들의 공연이 정기적으로 열렸다. 하라의 카지노는 명소가 되었다. 카지노 바로 옆에는 대형 호텔까지 지어졌다. 하라는 1978년에 사망했지만 회사는 계속 커나갔다. 1970년대와 1980년대에 미국의 많은 주들이 도박을 합법화했고, 1990년대 하라스는 최초로 전국적인 카지노 사업을 펼치며 공격적으로 확장을 이어갔다. 랄 교수에 따르면 "2000년, 하라스 엔터테인먼트는 카지노 산업에서 단연 1위 사업자였다. 하라스의 카지노는 미국 내에 카지노가 합법인 지역이라면 대도시, 부둣가, 선박, 심지어 인디언 거주 지역에 이르기까지, 전국 어디에나 있었다"고 한다.[4]

하라스는 2000년까지 승승장구했지만 카지노 업계에는 변화의 바람이 부는 중이었다. 미국 내에서 도박을 합법화하는 주가 더 이상 늘지 않자 하라스의 확장 전략에도 제동이 걸렸다. 시장에는 한계가 왔고, 하라스는 라스베이거스의 신규 기업들과 경쟁해야 하는 상황을 맞았다. 당시 라스베이거스에는 상어 수족관, 야생 동물, 인조 활화산 등으로 꾸민 미라지[Mirage]와 유리 피라미드, 이집트 유물, 파라오 등으로 인테리어를 한 럭소[Luxor] 등 화려한 리조트가 큰 인기를 끌고 있었다. 라스베이거스 외의 다른 지역에서도 이들 리조트는 하라스 카지노 근처에 고급 쇼핑몰이나 레스토랑, 스파 등 다양한 엔터테인먼트 시설을 세우고 관광객을 유인했다. 2001년 라스베이거스를 찾는 사람들은 카지노보다 쇼핑이나 식사에 3배나 많은 돈을 썼다. 더구나 전국적으로 카지노 산업이 많이 성장하긴 했지만, 1990년 말에도 여전히 네바다와 애틀랜틱시티가 미국 전체 카지노 수익(310억 달러)의 40%를 차지하고 있었다.

50년이 넘도록 하라스는 전국적인 카지노 네트워크를 구축하고, 각 지역별로 독자적인 운영 체제를 유지했다. 이들 수익의 대부분은 레스토랑이나 엔터테인먼트 시설이 아닌 카지노에서 나오는 것이었다. 하라스는 새로운 회사들과 경쟁할 여력이 없었다. 카지노를 다시 짓거나 투자를 늘린다고 해서 해결될 상황이 아니었다. CEO 필립 새틀[Philip Satre]은 다른 길을 찾아야 하는 상황에 다다랐음을 직감했다. 1990년대 중반 새틀은 새로운 계획을 세웠다. "고객 충성도는 우리의 경쟁력입니다. 이 점에 집중한다면 업계 선두가 충분히 될 수 있을 것으로 예상합니다"[5] 1997년, 새틀은 항공사의 마일리지 프로그램에서 착안한 '토탈 골드Total Gold'라는 로열티 프로그램을 선보였다. 카지노 고객은 사용액에 따라 크레디트를 쌓게 되고, 이 크레디트로 식사와 호텔, 쇼를 무료로 즐길 수 있었다. 그러나 하라스 카지노는 지점별로 따로 운영이 되고 있었으므로, 각 지점들은 자신들만의 마케팅 프로그램을 가지고 있었고, 로열티 카드는 해당 카드를 발급한 지점의 시설에서만 사용할 수 있었다.

새틀은 전국 지점에서 모두 통용되는 로열티 프로그램이 중요하다는 사실을 깨달았다. 1998년 새틀은 하버스 비즈니스 스쿨 교수였던 개리 러브먼을 최고 운영 책임자chief operating officer, COO로 영입하면서, 그에게 분명한 방향성을 제시했다. 2003년 러브먼은 "새틀이 나를 COO로 데려온 이유는 각 지점이 독립적으로 운영되는 회사가 아니라 전국 지점에서 모두 통용되는 로열티 프로그램을 갖춘 마케팅 중심의 회사로 바뀌길 원했기 때문입니다"라고 밝혔다.[6]

러브먼은 토탈 골드 프로그램이 지점별로 다르게 운영되고 있는데다, 고객들에게 별다른 혜택을 주고 있지 못하다는 사실을 발견했다. 하지만 러브먼은 이 프로그램에서 중요한 가능성을 발견했는데, 그것은 바로 정교한 데이터 마이닝data mining과 분석에 대한 기대였다. 러브먼은 이에 대해 "토탈 골드가 하라스 고객들의 로열티 제고에는 별다른 도움이 되고 있지는 않았지만, 아무도 모르게 미래의 다이아몬드 광산mine을 캐고 있었습니다"라고 말했다.[7]

그러나 이 데이터를 하라스의 사업 모델에 적용시키는 작업은 쉽지 않았다. 각 지점들이 서로의 정보를 공유하려 하지 않는 것이 가장 큰 이유였다. 러브먼은 당시를 "각 지점은 봉건 영주가 지키는 영토 같았습니다"라고 회상했다. 지점별로 손익을 따지는 상황에서 다른 지점에 도움이 되는 무언가를 한다는 것은 쉬운 일이 아니었다.[8] 물론 이런 식의 경영 구조가 임의로 그렇게 된 것은 아니었다. 원래는 각 지점별로 경쟁을 붙여 독립적으로 운영을 잘하게 만들기 위한 목적이 컸다. 그러나 러브먼이 보기에 이런 사일로silo형 구조♦는 데이터를 활용해 전사적으로 경영하는 것과는 거리가 멀었다.

♦ 사일로는 원래 큰 탑 모양의 곡식저장고를 뜻하지만, 경영학에서는 조직 내 부서 간 장벽이나 부서들 사이의 폐쇄적이고 이기적인 문화를 뜻한다.

러브먼은 전체 조직의 변화가 급선무라고 생각했다. CEO 새틀의 지원에 힘입어, 러브먼은 원래 CEO에게 바로 보고를 하던 지점 대표들에게 자신에게 먼저 보고를 올리라고 지시했다. 하라스의 고객은 개별 지점의 고객이 아니라 하라스 전체의 고객이라는 점을 인식시키기 위한 의도였지만, 지점 대표들 입장에서 이것은 가볍게 넘길 문제가 아니었다. 하라스의 각 지점의 대표들은 대부분이 카지노 업계에서 밑바닥부터 일을 해온 사람들이었다. 자체적으로 지점을 경영할 수 있는 권리는 그들에게 존경과 힘의 상징이었고, 업계 외부에서 온 사람이 명령하는 마케팅 프로그램을 따라야 한다는 사실은 그들에게 자신들이 행사하던 권력에 대한 직접적인 도전을 뜻하는 것이었다. 또한 이 변화는 돈과도 직결되는 문제였다. 대표들이 받는 보너스와 인센티브는 각 지점의 매출에 따라 결정되는 구조였으므로, 다른 지점이 잘되도록 정보를 공유한다는 사실은 그 자체로 일종의 위협이었다.

하라스의 모든 구성원들이 새로운 보고 체계와 기존의 권력이 줄어드는 변화에 적응하는 것은 아니었다. 러브먼은 하라스의 핵심 업장인 리노와 라스베이거스 지점 대표들이 저항하는 모습을 보이자 인사교체를 지시했다.[9] 마케팅 프로그램을 통합하는 과정에서, 각 지점에서 인센티브나 고객들이 받을 혜택을 결정하는 권한을 갖고 있던 직원 중 1/4이 회사를 떠났다.[10]

변화의 과정이 쉽지는 않았지만, 운영 구조를 바꾼 덕분에 각 지점을 연결하는 네트워크를 통합하고 데이터를 체계적으로 분석하는 일에 집중할 수 있게 되었다. 러브먼은 자신들의 데이터베이스에 대해 다음과 같이 설명했다. "정보시스템에 기반해 수백만 고객들의 결제 정보를 분석함으로써 고객 취향에 대한 엄청난 양의 데이터를 축적하게 되었습니다. 토탈 골드 프로그램의 핵심에는 슬롯머신, 레스토랑, 일반 매장 등 우리 지점 내의 모든 결제 포인트에서 수집한 300기가바이트나 되는 결제 정보가 있습니다. 데이터베이스 담당자는 엔터프라이즈 데이터 웨어하우스Enterprise Data Warehouse, 기업형 대규모 데이터베이스에 이름, 주소, 나이, 성별 등 기본적인 고객 정보는 물론 게임을 하며 쓴 결제 정보까지 모두 입력합니다. 이 데이터베이스는 고객 정보를 풍부하게 담은 저장고인 셈입니다."[11]

보고 체계를 바꾸고 데이터 분석을 최고경영진 레벨C-level로 끌어올린 러브먼은 통계에 능통한 고위 임원들을 채용하면서 데이터 분석에 대한 전사적 중요성을 강조했다. '프로펠러 헤드propeller heads'라는 이름의 새로운 팀에는 고객관계관리Customer Relationship Management, CRM를 담당하는 두 명의 부사장이 있었는데, 한 명은 시카고 대학 출신의 수학자 리차드 미르먼^{Richard Mirman}이었고, 다른 한 명은 아메리칸 익스프레스^{American Express}에서 데이터 분석을 담당했던 데이비드 노튼^{David Norton}이었다.

러브먼은 단순한 예감에 의해서가 아니라 정교한 데이터 분석과 검증을 통해 의사를 결정하는 문화를 이끌었다. "저는 마케터들과 새로운 계획을 이야기할 때면 '검증해본 사실입니까?'라고 묻습니다. 사전에 검증 과정도 없이 무언가를 계획한다면 저는 허락하지 않습니다. 그 계획이 아무리 훌륭하더라도 우리는 꼭 테스트를 해봅니다"[12]

새로 통합한 데이터 플랫폼과 분석 시스템을 통해 러브먼과 팀원들은 놀랄 만한 사실을 여럿 발견했다. 우선 고객 관리 체계의 전사적 통합이 각 지점의 수익에 부정적인 영향을 주지 않는다는 사실을 알아냈다. "우리는 라스베이거스로 여행을 가면 이것이 미주리^{Missouri}에 있는 투니카^{Tunica} 지역으로 여행을 가는 데는 부정적 영향을 미칠 것이라는 가설을 실험한 적이 있습니다. 결론은 양쪽이 서로 방해하지 않는 것으로 밝혀졌고, 지점 대표들에게도 이를 보여줬습니다. 분석 시스템을 통해 여러 곳에서 크로스 마켓^{cross-market} 현상이 있음을 증명할 수 있었습니다."[13]

또한 그들은 하라스를 찾는 고객 중 26%가 전체 매출의 82%를 만들고 있다는 사실을 알게 되었다. 그리고 더 중요한 사실은, 가장 수익성이 높은 고객군은 전통적으로 카지노 산업이 주목했던, 큰 금액을 베팅하는 단골들이 아니라 슬롯머신을 즐기는 중년과 노인들이라는 점이었다. 이를 바탕으로 러브먼은, 다른 업체들이 고액 베팅자들에게 집중하는 사이 소액을 베팅하는 고객들을 위한 전략을 구상했다.

러브먼은 데이터를 바탕으로 신규 고객이 어떤 게임을 하는지, 얼마나 베팅을 하는지, 얼마나 빠르게 플레이를 하는지 등 몇 개의 정보만으로도 고객의 평생 가치$^{lifetime\ value}$를 추정했다. 다시 말해 고객을 관찰해 정보를 추출하고 이 고객이 앞으로 어느 정도의 수익을 가져다줄 수 있을지를 파악하는 작업이 가능했던 것이다. 예측치와 실제 관측치를 비교하고 해당 고객에게 어떤 프로모션을 해야 할지도 결정할 수 있었다. 예를 들어, 고객이 평소 고액 베팅 성향을 갖고 있지만 하라스 카지노에 자주 오지는 않는다면 다른 카지노에서 게임을 즐기고 있음을 분석 모델을 통해 알 수 있다. 이럴 경우 하라스는 해당 고객을 대상으로 충성도 제고를 위한 맞춤형 마케팅을 할 수 있다. 비슷하게 단골 고객의 방문 횟수가 준다면 매장 방문 횟수를 늘릴 수 있는 마케팅을 펼치기도 했다.

통합 데이터 플랫폼을 통해 어떤 마케팅 전략이 가장 효과적인지도 실험해볼 수 있었다. 러브먼은 이에 대해 "우리는 하고 싶은 모든 것을 통제군과 대조하여 실험해볼 수 있었습니다. 어느 직원도 효과적으로 통제군을 갖고 실험하지 않으면 해고될 수 있습니다"라고 언급할 정도로 적극적인 실험 문화와 데이터 기반 의사 결정을 강조했다.[14] 예를 들어 그들은, 특정 고객 집단에게는 보통처럼 무료 숙식과 2번의 스테이크 저녁식사 그리고 30달러 상당의 칩 등 총 125달러 상당의 혜택을 제공해주었다. 그리고 다른 고객 집단에는 60달러 상당의 칩만 제공해주었다. 실험 결과는 예상과 달리 후자가 회사에 수익을 많이 가져다주는 것으로 나타났다. 하라스는 고객이 어떤 슬롯머신을 선택하는지에 대해서도 실험을 진행했는데, 여기에는 슬롯머신의 배경색까지 실험 내용에 들어 있었다. 이렇게 모은 정보를 통해 하라스는 각 고객들의 취향에 더 어울리는 디자인과 구조로 슬롯머신을 교체할 수 있었다.

하라스의 마케팅은 상당히 계량화된 것이었다. 그들은 단순히 고객들의 플레이를 관찰하는 것이 아니라 얼마 되지 않는 표본으로도 결과를 추론해서 고객의 플레이를 예측했다. 이러한 차이는 매우 중요한데, 관찰 가능한 플레이만 고려할 경우에는 방문 빈도가 적은 고객들은 덜 중요하게 여기겠지만, 고객의 플레이 전체를 예측하는 경우에는 방문 빈도가 낮더라도 다른 카지노의 단골 고객임을 파악할 수 있기 때문에, 이들을 높은 가치를 갖는 고객으로 분류할 수 있기 때문이다.

이와 같은 접근은 하라스가 고객 충성도를 높이는 방법을 통해 개인화 마케팅에 집중할 수 있게 해주었다. 하라스는 고객들이 "나는 하라스가 나를 잘 알고, 그에 맞춘 혜택을 주기 때문에 하라스를 찾는다. 다른 카지노는 이렇게 하지 못한다"고 생각하길 원했다.[15] 하라스는 고객 충성도를 높이기 위한 자체 알고리즘과 고객 데이터를 통해 선순환을 발견하기도 했다. 러브먼은 이에 대해 "더 많이 실험하고 분석할수록 더 많은 사실들을 알게 됩니다. 고객들을 더 많이 이해할수록 고객들의 전환 비용이 더 커지고 우리는 다른 경쟁업체들을 따돌릴 수 있게 됩니다. 그래서 우리는 가능한 신속하게 움직이려고 노력합니다"라고 했다.

하라스의 데이터 기반 경영은 다음과 같은 세 가지 원칙을 바탕에 두고 있다.

- 데이터를 전사적으로 통합하고 데이터 분석을 최고 경영진 수준의

역할로서 중요성과 권한을 갖게 한다.

- 모든 의사 결정은 관련 데이터와 통제군과 대조군을 활용한 실험을 바탕으로 한다.
- 고객을 개인화하고 개별 고객에 맞춘 마케팅 전략을 수립한다.

이 전략은 시장에서 통했다. 2003년 하라스는 여섯 분기 연속 매출이 성장했으며 2002년에는 매출 40억달러, 순이익 2억3천5백만 달러를 기록했다.[16] 개리 러브먼은 하라스가 데이터의 힘을 활용했다는 점에서 자신의 성공을 자랑스러워했다. 그는 "우리는 고객 데이터를 심도 있게 분석하고, 마케팅 실험을 진행하며, 고객이 다시 찾을 수 있는 서비스를 제공함으로써 카지노 전쟁에서 승리할 수 있었습니다"라고 했다.[17] 2003년 러브먼은 새틀을 대신해 CEO에 올라 2015년까지 자리를 유지했다. 그 기간 그는 하라스를 세계에서 가장 큰 카지노 회사로 탈바꿈시켰으며, 시저스 엔터테인먼트를 인수하고 2003년 15개 지점을 2013년 54개로 늘렸다.[18] 그러나 그가 이룬 가장 중요한 업적은 고객 데이터에 기반한 의사결정을 조직에 이식시킨 것이다. 그가 CEO 자리에서 내려올 때 하라스의 로열티 프로그램에는 5,400만명의 고객이 있었고, 이는 10억달러의 가치로 평가받았다.[19]

——◦——

하라스의 사례는 데이터 중심의 환경에 적응해야 하는 엔터테인먼트 기업들에게 유사한 전략을 실행해야 한다는 중요한 시사점을 제공한다. 우리는 이제 이 변화에 대한 이야기해보려 한다. 주로 영화 산업에 초점을 맞추겠지만 다른 분야의 엔터테인먼트 기업들에게도 필요한 내용이 될 것이다.

먼저 '데이터 창고'에 대한 내용이다. 개리 러브먼 이전에 하라스의 고객 데이터는 각 지점에 흩어져 있었다. 오늘날 영화 산업 역시 마찬가지 상황이다. 영화와 관련한 데이터는 회사 내부 및 개별 사업 단위―극장, 텔레비전, 홈 엔터테인먼트 등―에 분산되어 있다. 이 단위들은 하라스의 각 지점이 예전에 그랬던 것처럼 자신들의 경쟁력을 잃게 될까봐 데이터를 서로 공유하지 않는다. 어느 메이저 영화사의 한 직원은 "우리 회사에는 40개의 '봉건 영토'가 있다"고 말하기도 한다. 이 직원은 또한 "모두 자신만의 것을 소유하려고 한다. 그러나 이런 태도가 회사를 망치고 있다"고도 했다. 이런 식의 회사 구조나 사내 부서 간 경쟁을 통해 성장하고자 하는 전략은 데이터 시대 이전에는 어느 정도 유효했다. 그러나 데이터가 중요해지는 시장 환경에서 이러한 '봉건 영토' 구조는 통하지 않는다. 하라스는 이 사실을 일찍 깨닫고, 데이터를 통합하고 관련 업무를 최고경영진 수준에서 추진함으로써 경쟁사들을 이길 수 있었다. 영화 제작사들도 비슷한 길을 밟아야 할 것이다. 최고경영진 수준에서 데이터를 통합하고 분석하는 다음의 네 가지 방법을 통해 구글, 아마존, 넷플릭스 등 새롭게 시장에 진입한 이들과의 경쟁에서도 유리한 고지에 오를 수 있을 것이다.

첫째, 데이터의 중요성을 인식하는 것이다. 데이터는 여러 데이터 세트들이 서로 연결되어 전체로서 관찰이 될 때 가장 효용이 높아진다. 서로 연결되면 상당한 경쟁 우위를 갖지만, 따로 존재하면 이러한 가치가 발생하지 않는다. 고객 데이터와 시장 데이터가 특히 그렇다. 일반적으로 영화가 출시되는 순서를 생각해보자. 영화는 가장 먼저 극장에서 개봉되고, 이어서 DVD, 텔레비전, 인터넷 순으로 출시된다. 이에 따라 한 채널에서 수립된 가격이나 마케팅 전략은 자연스럽게 다른 채널에도 영향을 미친다. 그러나 영화 제작사들은 각 채널에서 만들어지는 데이터를 수집하거나 통합하려는 움직임을 보이지 않는다. 이런 점에서 데이터를 더욱 중요하게 인식할 필요가 있다.

둘째, 중앙 집중화된 형태의 조직이 데이터 분석의 효과성을 증대시킨다. 데이터 분석은 실험 계획, 통계적 추론, 계량경제학적 모델링 등 다양한 종류의 기술을 필요로 한다. 그러나 이 모든 기술을 한 사람이 갖추기는 쉽지 않다. 따라서, 조직의 집중화된 기능은 각기 다른 기술을 보유한 분석가들의 협업을 가능하게 만들고, 통합된 데이터 수집은 부서별로 반복되는 불필요한 업무를 방지한다.

셋째, 데이터 분석 담당자의 지위와 처우를 높여줘야 한다. 이를 통해 보유한 인재의 이탈을 막고, 데이터 분석 업무를 원하는 새로운 인재를 쉽게 확보할 수 있다. 또한 데이터 분석 업무의 우선순위가 높다는 사실을 사내에 알리게 되고 직원들 각자가 데이터 분석을 유망한 직무로 여기게 되는 효과도 얻을 수 있다.

네 번째 이유가 가장 중요하다. 통합된 데이터 보고 체계는 대립되는 이슈에 대해 객관적인 답을 찾을 수 있도록 도와준다. 만약 데이터 분석 업무가 통합 조직이 아닌 특정 사업 조직의 일부에 속하게 된다면, 데이터 분석 담당자는 자신의 상사가 원하는 답을 만들어내야 한다는 압박을 느끼게 된다. 어느 회사의 경영진이 데이터 분석 보고에 화를 낸 적이 있는데, 이는 분석 결과가 틀려서가 아니라 경영진의 주장을 뒷받침하지 않거나 해당 부서의 단기 목표에 도움이 되지 않았기 때문이었다는 일화를 들은 적이 있다. 만약 데이터 분석가가 자신의 상사나 경영진의 입맛에 맞게 정해진 답을 만들어야 한다면, 데이터를 왜곡하거나 편견을 갖고 결론을 내리게 될 수도 있다. 회사 경영진이 잘못된 분석을 바탕으로 의사 결정을 한다면 이는 장기적 관점에서 그 누구에게도 이익이 되지 않는다.

물론 데이터 분석가들을 실제 업무 부서와 너무 거리를 두게 만드는 것 역시 또 다른 문제를 일으킬 수 있다. 데이터 분석 담당자가 업무 부서의 어려움을 모르면, 문제를 파악하거나 중요한 문제에 대한 신뢰성 있는 답을 도출해내기가 어려워진다. 또한 업무 부서에서 데이터 분석 결과를 신뢰하지 못하면 데이터 중심의 의사 결정이 후순위로 밀리게 된다. 그렇다면 데이터 분석 담당자는 어떻게 각 업무 부서의 요구사항들을 깊이 있게 파악하고 자신만의 객관성을 확보할 수 있을까? 우리가 만난 한 플랫폼 업체의 경영진은 본인 회사의 데이터 분석 담당자들이 데이터 사이언티스트들과 통합된 팀에 소속되어 있다고 했다. 이 팀은 정기적으로 미팅을 갖고 서로 다른 기술을 가진 팀원들과 함께 각자의 프로젝트를 논의한다. 동시에 데이터 분석 담당자는 각 업무 부서에 배치되어 있어 해당 업무 부서에 대한 세부 정보를 얻을 수 있다.

엔터테인먼트 산업에서 데이터를 중시하는 문화는 어떻게 구축될 수 있을까? 데이터 분석 업무가 엔터테인먼트 기업의 경영진들에게 어떤 도움을 줄 수 있는지, 마케팅의 4P 즉, 제품^{product}, 판매 채널^{place}, 가격price, 프로모션promotion의 관점에서 살펴보자.

제품 Product

데이터는 콘텐츠를 어떤 형식으로 시장에 내놓을 것인가에 대한 질문에 가장 적절한 답을 제시해줄 수 있다. 가령 음반 제작사는 어떤 가수의 음악을 앨범의 형태로 출시하는 것이 이익일까, 아니면 앨범과 싱글 음원을 따로 출시하는 것이 이익일까? 이는 아이튠즈가 사람들에게 인기를 얻자 2000년대 후반 음반 업계가 고민하던 질문이기도 하다. 당시 업계에서는 불법 복제물보다 디지털 싱글이 사업에 악영향을 준다는 생각이 일반적이었다. MTV의 공동 창업자인 로버트 피트먼 Robert Pittman은 "음반 업계 사람들은 자신들이 앨범이 아닌 싱글 음원을 판매하는 데서 문제가 생긴다는 것을 잘 알고 있었고, 이 디지털 싱글 판매로 인한 영향만을 계산하고 있었습니다"라고 말했다.[20]

표면적으로 이 논리는 꽤 설득력 있어 보였다. 국제음반산업협회에 따르면 CD 등 음반의 전 세계 총시장규모는 2002년 247억 달러에서 2008년 139억 달러로 떨어졌다.[21] 그리고 디지털 앨범과 디지털 싱글의 매출은 2009년 40억 달러를 기록했다. 모든 형식의 음반 매출을 합쳐도 같은 기간 247억 달러에서 179억 달러로 28%가 감소한 것이다. 이 기간에 무슨 일이 벌어진 것일까? 15~20달러에 팔리는 CD 형태의 '앨범'을 사던 사람들이 이제는 디지털 싱글만을 몇 달러에 결제하고 만 것일까? 그럴 수도 있고 아닐 수도 있다. 하지만 평소 음반을 구입하지 않던 사람들이 싱글 형태의 음원은 구입했다면 어떻게 됐을까? 이제 음반 제작사들은 싱글 판매를 중단하고 예전처럼 앨범만 팔아야 할까? 2009년 우리는 한 메이저 음반 제작사와 함께 이 문제에 대해 실험을 진행한 적이 있다.[22] 특별히 이 회사가 보유하던 2,000개의 디지털 싱글 음원을 활용했으며, 이 회사가 운영하던 플랫폼에서 음원 1곡당 가격을 0.99달러에서 1.29달러까지 무작위로 매겨 판매했다. 이 실험을 통해 우리는 새롭게 가격이 책정된 싱글 음원의 매출이 어떤 변화를 보이는지, 같은 디지털 앨범에 속해 있는 다른 싱글 음원의 매출이 어떤 변화를 보이는지, 싱글 음원이 아닌 디지털 앨범 전체의 매출이 어떤 변화를 보이는지 등을 살펴봤다. 계량경제학적 모델링을 통해 실험을 진행한 결과, 우리는 한 가지 분명한 답을 얻을 수 있었다. 디지털 앨범만 판매했을 때보다 싱글 형태로 함께 판매했을 때 매출이 더 높다는 것이었다.

판 매 채 널 Place

닐슨에 따르면 2015년 1분기 미국 성인들은 2년 전보다 텔레비전을 16분가량 덜 보는 것으로 조사됐다.[23] 이렇게 수치가 떨어진 것에 대해 몇몇 전문가들은 닐슨이 시청자들의 새로운 콘텐츠 소비 행태를 조사하지 못했기 때문이라고 분석했다. 비아콤의 CEO인 필립 다우먼 Philippe Dauman은 닐슨의 조사가 시장의 변화를 따라잡지 못한다고 말했다.[24] 이에 닐슨의 CEO 미츠 반스 Mitch Barnes는 문제는 닐슨이 아니라 텔레비전 콘텐츠의 품질이 떨어지기 때문이라고 반박했다. "콘텐츠 제작자들은 우리를 가끔 희생양으로 삼는다. 시청률이 떨어진 원인이 자신들이 만든 콘텐츠 때문이라고 인정하기 싫은 것이다. 그들은 오히려, 다른 누군가가 해야 할 일을 하지 않기 때문이라 생각한다."[25] 그러나 텔레비전 시청률 하락에는 위의 두 가지 가능성 외에 또 다른 이유가 있는데, 바로 시청자들이 인터넷을 많이 하기 때문이다(미국인들이 인터넷을 사용하는 시간은 2013년 대비 2015년에 42분 늘어났다).

그렇다면 과연 인터넷 사용량 증가가 텔레비전 시청을 줄이는 원인일까? 이 문제에 대해 카네기 멜론 대학의 페드로 페레이라[Pedro Ferreira] 교수는 2015년 케이블 텔레비전 사업과 인터넷 서비스 사업을 같이 하는 한 회사와 공동 연구를 진행했다. 페레이라 연구진은 케이블 가입자 3만 명을 무작위로 선정해 이중 절반(실험군)에게 프리미엄 채널을 볼 수 있는 무료 상품을 제공한 후, 그렇지 않은 절반(대조군)과 비교해 인터넷 사용량이 어떤 변화를 보이는지 살폈다. 실험 결과, 인터넷 사용량의 증가는 텔레비전 시청률 하락과 관계가 깊다는 사실이 발견되었다. 즉 프리미엄 채널을 무료로 보게 된 실험군의 인터넷 사용량이 대조군과 비교해 상당한 수준으로 감소했던 것이다.[26] 인터넷을 많이 하는 사람일수록 텔레비전을 적게 본다는 분석은 관련 업계에서 중요한 의미를 갖는다.

가 격 ^{Price}

데이터는 지금까지 직감에 따라 결정되던 가격 정책에도 중요한 기준을 제시할 수 있다. 2000년 한 대형 출판사의 마케팅 책임자를 초청해 책 가격이 변동될 때 출판사 매출에 어떤 영향이 있는지 이야기를 듣는 자리를 마련한 적이 있다. 경제학자들이 말하는 이른바 가격탄력성이 주제였다. 가장 먼저 간단한 질문이 나왔다. "책의 가격탄력성은 얼마입니까?" 긴 침묵이 이어졌다. 질문이 구체적이지 않아서였을까? "하드커버 책의 가격탄력성은 어떻게 됩니까?" 다시 긴 침묵이 이어졌다. 마케팅 책임자가 가격탄력성이라는 경제용어를 모를 수도 있겠다는 생각이 들어 다시 물었다. "만약 하드커버 책의 가격을 10% 내리면 전체 매출은 어떻게 됩니까?" 세 번째 침묵이 이어졌다. 그리고 마침내 그가 입을 열었다. 사실 출판 업계에서는 가격을 매길 때 계량 분석을 많이 하지 않는다는 게 그의 답이었다. 가격은 업계의 통상적인 관례, 경쟁사 책의 가격, 그리고 다양한 직관을 바탕으로 정해진다고 했다. 출판 업계에서는 오랫동안 이런 식으로 가격을 잘 책정해왔다고 했다. 하지만, 하드커버 책을 비롯해 CD, DVD 등에 대해 10년 전에 정해진 가격 정책이 전자책, 디지털 앨범, 영화 다운로드에도 그대로 적용될 수 있을까? 새로운 디지털 시장에서 통용될 적절한 가격은 어떤 방식으로 책정되어야 할까?

요즘은 너무나 다양한 종류의 영화나 텔레비전 프로그램이 있으므로, 이는 상당히 어려운 질문이다. 소비자들은 DVD를 사거나 빌릴 수 있고, 수많은 케이블 텔레비전 상품들을 선택해서 시청할 수 있다.

아이튠즈, 아마존, 넷플릭스에서 디지털 콘텐츠를 사거나 빌릴 수도 있고, 불법 복제물을 구할 수도 있다. 이런 상황에서 어떤 한 매체에서의 가격 변동은 다른 매체의 가격에도 영향을 끼친다. 따라서 전체적인 고려 없이 특정 판매 채널의 가격을 변동시킬 경우 문제가 생길 수 있다. 즉, 멀티채널을 위한 새로운 가격 정책이 필요한 것이다. 직감에 따른 가격 정책은 오늘날과 같이 지속적으로 변화하는 시장 환경에서는 좋은 선택이 아니다. 엔터테인먼트 기업들은 효과적인 가격 전략을 수립하기 위해 다양한 요인들을 검토할 수 있는, 데이터 기반의 심도 있는 접근을 해야 한다.

예를 들어, 가격 전략은 판매 채널도 고려해야 하지만 타이밍도 복합적으로 고려해야 한다. 구체적으로 설명하자면, 정보재의 수익성을 극대화시키기 위해서는 고객의 지불 의사에 따라 가격을 차별화시켜야 한다는 것이다. 콘텐츠가 출시되자마자 보려 하는 고객에게는 높은 가격을 매기고, 반대로 콘텐츠 출시 후 바로 보지 않고 나중에 보려는 고객에게는 낮은 가격을 매기는 식이다. 이 방법은 수요가 적을 때 가격을 낮추고, 수요가 많을 때 가격을 높이는 탄력적인 특징이 있다. 책이나 음원, 영화의 최적 가격은 시시각각 변할 것이다. 따라서 이제 중요한 질문은 급변하는 시장에서 어떻게 수익을 극대화할 수 있느냐다.

한 가지 상황을 가정해보자. 보통 소비자들은 DVD 1장을 구입하는 데 15~20달러 정도를 지불한다. 그렇다면 디지털 플랫폼에서는 어느 정도 가격까지 부담할 의사가 있을까? 우리는 이 질문에 대한 답을 찾기 위해 한 대형 영화 제작사와 함께 데이터에 근거한 실험을 진행한 적이 있다. 먼저 이 영화 제작사에서 출시 이후 어느 정도 시간이 지난 작품들을 제공받아 온라인 유통 플랫폼에서 낮은 가격에 판매했다. 이 중 일부는 9.99~7.99달러, 일부는 5.99달러, 다른 일부는 4.99달러로 가격을 낮추어 판매했고, 나머지 대조군 역할을 하는 영화는 가격을 변동시키지 않았다. 실험 결과 온라인 소비자들은 가격에 민감했다. 가격이 반으로 내려가자 수요는 3~4배 뛰었다. 이 수요 중 일부는 대여 비용이나 다른 디지털 플랫폼의 영향 때문이기도 하겠지만 대체적으로 온라인 채널의 판매가가 낮아지면 매출과 순익 모두 증가하는 경향을 보였다.[27]

영화가 아닌 다른 엔터테인먼트 분야에서 역시 가격을 최적화할 수 있다. 우리가 진행했던 실험 중에는 디지털 싱글 음원이 전체 앨범 매출에 어떤 영향을 주는지 알아보기 위한 실험이 있었는데, 이를 통해 디지털 싱글 음원과 앨범의 최적 가격을 따져볼 수 있었다. 일반적으로 디지털 싱글 음원의 가격은 30% 정도 낮았고, 앨범 가격은 30% 정도 높았다. 실험을 공동 진행했던 음반 제작사의 경영진들은 가격 최적화를 통해 결과적으로 이전과 비교할 수 없을 만큼 높은 수익을 거둘 수 있었다고 했다. 한 경영진은 "음반 업계 전체가 실수를 하고 있었네요. 우리는 우리가 가격을 제대로 매기고 있다고 생각했는데 잘못된 판단이었어요"라고 말했다.

중요한 사실은, 실험과 데이터 분석을 통해 가격 최적화를 하면 수익이 증가할 수 있다는 점이다. 이는 엔터테인먼트 업계에 분명 좋은 소식이지만, 좋지 않은 소식도 있다. 최적 가격은 시간에 따라 변할 수 있어서, 회사가 지속적으로 가격을 최적화해줄 수 있어야 한다는 점이다. 이러한 관점에서 디지털 플랫폼 업체들이 콘텐츠 제작사들보다 유리하다. 아마존은 1억 개가 넘는 물건을 팔면서 소비자 반응을 살피거나 실험을 진행하면서 실시간으로 가격을 책정할 수 있는 소프트웨어를 가지고 있다. 이 모든 작업이 자동화되어 있기 때문에, 최적 가격보다 몇 퍼센트 정도 낮은 가격으로 책정될 뿐 30~50% 이상 떨어지는 정도로는 가격이 책정되지는 않는다.

플랫폼 업체들은 시장 주도권을 통해 자신들에게 유리한 최적 가격을 책정하기도 한다. 음반 제작사들은 음원의 인기나 장르에 따라 자신들이 원하는 다양한 가격을 책정해서 수익을 증대시킬 수 있다. 그러나 플랫폼 업체들은 소비자들이 자신들의 플랫폼을 이용하게 하기 위해서, 그리고 자신들의 하드웨어를 팔기 위해서, 디지털 음원 가격을 0.99달러나 1.29달러로 통일한다. 물론 이에 대해 음반 제작사들은 다른 의견을 낼 힘이 없다.

프로모션 Promotion

데이터 분석은 엔터테인먼트 기업의 마케팅 효율성을 높일 수 있다. 마케팅 예산은 콘텐츠 제작비의 상당 부분을 차지하며, 어떤 영화의 경우에는 전체 예산의 40%까지도 차지하는데, 문제는 예상 관객에 대한 맞춤형 타게팅이 제대로 되지 않고 있다는 점이다. 기존에는 가능한 한 많은 채널에 광고를 노출시켜 최대한 많은 고객에게 알리는 단순한 방식이 사용되었다. 어떤 전문가는 이런 식의 전략을 "뿌려놓고 기도한다spray and pray"라고 표현하기도 했다.[28] 이 전략을 비판하기에 앞서,

영화 제작사들 입장에서는 이 '뿌려놓고 기도하기' 식 마케팅이 그동안 그들이 할 수 있었던 전부였다는 점을 염두에 둘 필요가 있다. 전통적인 광고 채널에서는 소비자 반응을 측정하기가 매우 어려웠으며, 어떤 소비자가, 어떤 광고에, 어떤 반응을 보이는지 알 수 있는 방법이 없었기 때문에, 마케팅 효율성을 따지기가 거의 불가능했다. 마케팅을 아예 하지 않았을 때 매출이 어떻게 될지를 예측하는 실험 역시 당연히 어려웠다.

하지만 인터넷이 등장함에 따라 기업들은 더 나은 타게팅 전략과 이로 인한 추가 수익을 기대할 수 있게 되었다. 우리는 구글 광고팀 및 영화 제작사와 함께 영화의 예고편을 본 적이 있는 사람들을 대상으로, 온라인 광고의 효율성에 대해 실험을 한 적이 있다. 우선 미국을 400개 지역으로 나눈 다음, 무작위로 광고가 노출되도록 했다. 이 지역 중 1/3에서는 영화 예고편을 보고 있는 인터넷 사용자들에게 디지털 플랫폼에서 해당 영화를 결제하도록 유도하는 광고를 내보냈다. 다른 1/3 지역에서는 이전에 방문한 사이트에서 영화 예고편을 본 적이 있는 인터넷 사용자들에게 같은 광고를 노출시켰다. 나머지 1/3 지역은 대조군으로, 아예 광고를 노출시키지 않았다.

실험 결과는 매우 놀라웠다. 이전에 방문한 사이트에서 영화 예고편을 본 적 있는 사람들을 주 타깃으로 한 광고가 (구글 광고비가 상당히 비쌌음에도) 타게팅을 하지 않은 광고보다 4배~5배나 높은 수익을 가져다주었던 것이다. 이로써 우리는 소비자가 과거 어떤 콘텐츠를 탐색했는지에 대한 정보는 미래에 이 소비자가 무엇을 구입할지 예측하는 좋은 정보가 될 수 있음을 확인했다.

영화 제작사를 비롯한 콘텐츠 기업들의 문제점은 이런 중요한 소비자 정보를 통제하지 못한다는 것이다. 영화 예고편을 본 적이 있는 사람들을 대상으로 광고를 노출할 수 있었던 것은 구글의 허락이 있었기 때문이다. 구글, 아마존을 비롯한 데이터 기반의 회사들이 갖고 있는 정보와 타게팅의 장점에 대해 더 생각해보자.

온라인 광고는 오프라인 광고보다 더 많은 마케팅 잠재력을 갖고 있다. 아이튠즈나 아마존은 특정 영화의 광고를 배너로 내보내거나 관련 트래픽을 추적하고 이 영화에 관심을 가질 만한 사람들에게 이메일을 보냄으로써 영화 선택에 중요한 영향을 끼칠 수 있다. 또한 온라인 플랫폼은 갑자기 수요가 늘어나더라도 오프라인 매장보다 더 잘 대응할 수 있다. 예를 들어 13일의 금요일에는 온라인 플랫폼에서 〈13일의 금요일〉이라는 고전 영화의 매출이 뛰지만 오프라인 매장에서는 전혀 그렇지 않다. 오프라인 매장이라면 이 영화에 대해 미리 광고를 붙여놓아야 하는데다, 짧은 시간 안에 발생하는 이슈에 대해 즉각 대처하기가 어렵기 때문이다. 뿐만 아니라 오프라인 매장에서는 13일의 금요일에 대한 영화를 비치해놓기 위해 미리 주문을 넣어야 하며, 13일 하루가 지나면 안 팔린 제품을 다시 재고 처리해야 하는 불편함이 있다. 따라서 13일의 금요일 하루만을 위해 매장 진열대를 별도로 꾸미는 오프라인 매장을 찾기란 쉽지 않다. 오프라인의 유통 방식과 매장 공간의 한계로 인해 오프라인 매장들은 단기간에 수익을 낼 수 있는 기회에 대해 즉각적으로 대처하기가 어려운 것이 현실이다.

반면 인터넷에서는 수요 변화에 즉시 대처할 수 있다. 온라인에서는 머신러닝^{machine learning}◆과 같은 기술을 통해 사이트 방문자들의 데이

터를 살펴보다가 어떤 변화가 감지되거나 예측
되면 인기 있을 만한 영화를 메인 페이지에 배
치할 수도 있다. 이는 직감으로는 할 수 없는
일이며, 온라인 플랫폼의 허락이 있어야 가능

◆ 인간의 학습능력과 같은 기
능을 컴퓨터에서 실현하고
자 하는 기술 및 기법으로,
컴퓨터가 스스로 방대한 데
이터를 분석해서 미래를 예
측하는 기술.

한 일이기도 하다. 아마존은 이런 점에서 유리하다. 이들은 자신들이
보유한 콘텐츠의 가격을 스스로 정할 수 있기 때문이다. 아마존 첫 페
이지에 광고를 하는 데 10만 달러가 든다고 하면 이득일까, 손해일까?
실험을 해보거나 고객 행동 데이터를 들여다보지 않으면 쉽게 답할 수
없는 질문이다. 그러나 아마존은 수많은 정보의 이점을 바탕으로 이 질
문에 충분히 답할 수 있는 것이다.

───○───

우리는 하라스의 이야기로 이 장을 시작했다. 하라스는 새로운 데
이터 분석 기술과 경영 기법을 활용할 수 있도록 조직 체계를 성공적으
로 변화시켰다. 하라스의 사례는 다른 엔터테인먼트 기업들에게도 유
의미한 메시지를 주고 있으며, 조직 체계의 변화는 앞으로 부딪힐 문제
의 일부분에 불과하다. 대부분의 엔터테인먼트 기업들은 자신들의 소
비자를 한 명의 개인으로 인식하지 못하고 있다. 하라스는 고객들과 직
접 교류한 반면, 다른 엔터테인먼트 기업들은 극장, 서점, 음반 매장 등
이들에게 위협이 되지 않는 다른 채널을 통해 고객들과 간접적으로 교
류하고 있다. 하지만 앞으로는 아마존을 비롯해 아이튠즈, 넷플릭스,
구글 등 고객 행태를 직접 파악하고 데이터 분석에 기반한 의사 결정을

하는 거대 기업들을 중심으로 고객과의 교류가 집중될 것이다. 이들은 고객 데이터를 광범위하게 수집하고, 고객 평생 가치를 측정하고, 마케팅 전략의 효율성을 추적할 수 있으며, 개별 고객의 충성도를 높일 수 있는 프로모션을 펼치는 데 유리하다. 게다가 이들은 콘텐츠 유통에 있어서도 시장 주도권을 높여가고 있으며, 데이터와 플랫폼을 활용해 자신들만의 콘텐츠를 직접 제작하고 있기도 하다.

이는 분명히 나쁜 소식이다. 하지만, 다음 장에서 자세히 논의할 엔터테인먼트 기업들에게는 좋은 소식이 될 것이다. 일부 기업들은 이미 데이터에 근거한 의사 결정과 고객과의 직접 교류를 위해 필요한 기반을 마련하고 있다. 이를 잘 활용한다면 새로운 플랫폼들과의 경쟁에서 분명 우위를 점할 수 있을 것이다.

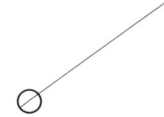

11
쇼는 계속되어야 한다

고객에게 더 가까이 다가가십시오.
고객 자신이 무엇을 원하는지 알아차리기 전에 당신이 먼저 말해주십시오.
카민 갤로Carmine Gallo, 『스티브 잡스 무한 혁신의 비밀』(McGraw-Hill, 2010) 중에서

구글과 아마존, 넷플릭스의 시대에 영화 제작사들이 성공하려면 고객과의 소통에 대해 그전과는 다른 방식으로 생각해야 한다. 즉, 고객 데이터를 수집하고 분석하는 일을 최우선으로 해야 한다.

이를 위해 스티브 잡스가 어떻게 애플을 세계에서 가장 성공한 기업으로 혁신시켰는지 알아보자. 스티브 잡스의 이야기는 이미 많은 사람들이 잘 알고 있지만, 우리는 애플이 데이터를 활용해 고객과 어떤 식으로 소통했는지에 초점을 맞추고자 한다.

1997년 스티브 잡스가 애플로 복귀했을 때, 회사는 어려움을 겪고 있었다. 당시 애플의 컴퓨터 시장 점유율은 겨우 4%였고, 주가는 12년

전으로 돌아가 있었다. 업계 관계자들 중 상당수는 애플이 곧 사업을 접을 것이라 예측했다. 같은 해 10월 6일, 가트너Gartner가 주최한 심포지엄에서 마이클 델Michael Dell이 "만약 내가 애플 경영자라면 문을 닫고 주주들에게 다시 돈을 돌려주겠다"고 말할 정도였다.[1]

애플의 문제점은 낮은 시장 점유율만이 아니었다. 당시 애플은 고객들과 직접 소통할 수 있는 상황이 아니었다. 시어스Sears, 베스트 바이 Best Buy, 서킷 시티Circuit City, 오피스 맥스Office Max 등 다른 소매점들을 통해야 컴퓨터를 팔 수 있었는데, 이 소매점들에겐 애플 고객들의 충성도를 높여야 할 이유가 없었다. 소매점의 판매원들은 애플 컴퓨터에 대해 아는 정보가 거의 없었고, 때로는 애플 컴퓨터가 아닌 윈도우용 컴퓨터를 사라고 고객들을 유도하기도 했다. 애플 컴퓨터는 판매가 부진했고, 매장에서 관리가 제대로 되지도 않았다. 그 결과 애플 컴퓨터의 장점을 많은 사람들이 몰랐다. 잡스는 이 점을 가장 큰 문제로 생각했다. 잡스는 애플이 고객들에게 다시 사랑받는 제품이 되길 원했지만, 고객들과 직접 만날 수 없는데다, 고객들이 어떤 사람들인지도 잘 알 수 없었기 때문에 쉽지 않았다.

이때 잡스는 한 가지 미친 생각을 했다. 애플이 직접 매장을 여는 것이 그것이었다. 잡스의 생각이 미쳤다고 하는 것은, 당시 오프라인 소매점을 여는 것은 돈이 상당히 많이 드는 일이었기 때문이다. 마진이 적은 시장에서 델Dell과 경쟁하기 위해서는 막대한 투자가 필요했기 때문에, 이는 터무니없는 계획처럼 보였다. 델의 경쟁사 게이트웨이Gateway의 경우를 보더라도 가망이 없는 생각이었다. 애플이 자신들의 첫 매장을 열기 4달 전인 2001년 1월, 델과의 경쟁으로 손실이 누적되

던 게이트웨이는 매장 27개의 문을 닫아야만 했던 것이다.[2]

　언론도 애플에 호의적이지 않았다. 비즈니스 위크는 '스티브, 미안하지만 애플 스토어는 성공하지 못할 것입니다'라는 제목의 기사에서 "이제 스티브 잡스가 다르게 생각하기를 멈춰야 할 때가 된 것 같다"고 했고,[3] 애플에서 최고재무책임자를 역임한 요셉 그라치아노Joseph Graziano 역시 "애플의 문제점은 치즈나 크래커로 만족하는 사람들에게 캐비어를 제공해야 회사가 클 수 있다고 생각한다는 점"이라고 말하기도 했다. 채널 마케팅 코퍼레이션Channel Marketing Cooperation의 컨설턴트인 데이비드 골드스타인David Goldstein은 "나는 애플이 고통스럽고 값비싼 실수를 저질러 2년 안에 망할 것으로 생각한다"고 내다봤다.[4]

　현재 애플은 16개 국가에 453개의 매장을 갖고 있다. 2015년 첫 분기 실적 발표를 통해 5억 명에 달하는 사람들이 오프라인 매장과 온라인 스토어를 찾고 있으며, 1평방 피트당 연 수익 4,800달러라는, 미국 소매점 중 가장 높은 수익을 올리고 있다고 밝혔다.[5] 포브스Forbes에 따르면 애플은 전 세계 매장에 5만 명의 직원을 고용하고 있고, 이들은 매일 평균 1백만 명의 고객을 상대하고 있다.[6] 이제 애플이 매장 영업으로 벌어들이는 매출은 2001년 애플 전체 매출보다도 많다.

　애플의 매장이 성공할 수 있었던 원인은 다른 소매점처럼 제품을 부각시키는 것이 아니라, 고객 경험에 초점을 맞추고 있기 때문이다. 특히, 매장을 디자인하는 데도 제품 중심이 아니라 방문객들에게 애플 제품을 활용하는 방법—음악 청취, 사진 및 비디오 촬영, 영화 시청 등—을 알려주는 데 그 목적을 두고 있다. 매장 직원들 역시 방문객들에게 제품 구매와 사용법을 친절하게 알려줄 수 있는 사람들을 고용한다.

물론 이 내용들은 이미 널리 알려져 있는 사실이다. 하지만 잘 알려지지 않은 사실 중의 하나는 애플이 매장에서 제품을 전시하고 판매하는 데 데이터가 활용된다는 점이다.

애플 매장 곳곳에는 실험과 데이터 분석의 결과가 적용되어 있다. 애플은 매장의 레이아웃을 연구하기 위해 돈을 아끼지 않으며, 고객 피드백을 통해 매장 디자인을 개선한다. 인터뷰를 통해 최상의 고객 경험을 도출하고, 지니어스 바Genius Bar를 디자인하는 데 적용하기도 했다. 매장 위치를 결정하는 작업에도 시장 및 인구 데이터가 적극 활용되어, 맥 플랫폼을 찾는 신규 소비자들이―이들 대부분은 마이크로소프트 사용자들이다―애플 매장을 찾는 데 20분 이상을 허비하지 않고 단지 20걸음만 움직이면 되도록 만든다.[7]

애플은 자신들이 갖고 있는 데이터를 활용해 매장과 고객 경험을 만들지만, 반대로 매장에서 고객 데이터를 수집하기도 한다. 지니어스 바와 일대일 교육 공간에서부터 매장 내 고객의 위치를 파악하는 기술에 이르기까지[8] 애플은 데이터 수집에 도움이 될 수 있는 방향으로 공간을 디자인하며, 이렇게 수집된 데이터를 바탕으로 다시 제품을 디자인하거나 고객 경험을 만들어낸다. 또한 애플은 매장에서 고객이 기기를 어떻게 이용하는지, 마음에 들어하는 점과 마음에 들어하지 않는 점이 무엇인지, 구입 후 언제 어떻게 제품이 고장나는지, 고객들이 원하는 것과 필요로 하는 것이 무엇인지 등에 대한 데이터를 적극적으로 모은다. 애플은 매장을 통해 고객과 직접 소통하며 고객을 이해하고 그들의 필요가 무엇인지 파악하는 데 도움이 될 수 있는 정보를 수집한다.

파라마운트 픽처스Paramount Pictures나 유니버설 뮤직Universal Music에게 세계 곳곳에 호화로운 매장을 열라고 제안하는 것은 아니다. 다만 고객과의 직접 소통이 중요해지는 시기에 스스로의 디지털 유통 채널을 갖지 못하면 전략적 이점을 살릴 수 없음을 이야기하는 것이다. 경쟁사 대비 우위를 점하기 위해서는 애플이 했던 방식으로 변화를 추구할 필요가 있다. 즉, 자신만의 채널을 통해 고객과 직접 소통하며 그들을 이해하고 수요를 파악하기 위해 데이터를 수집하고 활용해야 한다. 그렇다면 실제로 어떻게 이런 변화가 가능할까?

먼저 영화 업계를 생각해보자. 소셜미디어는 영화 제작사가 원하는 종류의 데이터를 쉽게 얻을 수 있는 좋은 채널이다. 예를 들어, 레전더리 픽처스Legendary Pictures는 트위터, 페이스북, 구글, 예매 사이트 등을 통해 고객 데이터를 적극적으로 수집하는 분석 팀을 꾸리기 위해 공격적인 투자를 감행했다. 그리고 이렇게 수집한 데이터를 활용해 자신들이 타깃으로 삼으려는 소비자들에게 가장 적합한 마케팅 메시지를 보내는 작업을 진행했다. 레전더리 픽처스의 CEO 토머스 툴Thomas Tull은 "이런 타게팅이 없었다면 우리 회사는 마치 영화 〈다크 나이트The Dark Knight〉를 십대 남자아이들을 상대로 하는 것과 똑같이 80세 할머니에게 마케팅하는 데 돈을 낭비하고 있었을 것이다"고 말하기도 했다.[9]

그러나 영화 업계에 가장 유용한 데이터는 애플이나 아마존, 구글, 넷플릭스만이 배타적으로 보유하고 있는 고객 데이터들이다. 영화 제작사가 실무에 적용할 수 있는 간단한 방법 중 하나는 유통 플랫폼과의 협의 과정에서 개별 고객 데이터에 대한 접근 권한을 요구하는 것이다. 사실 이미 많은 영화 제작사들이 유통 플랫폼에 더 상세한 데이터를 요청하기 시작했지만, 이 방법을 실무에 적용하는 데는 큰 어려움이 따를 것이다. 각 플랫폼들의 허락이 필요하기 때문이다. 게다가 각 플랫폼들의 허락을 받더라도 이들은 자사의 영화와 관련된 데이터만 공유받을 수 있는 반면, 플랫폼들은 모든 영화사들의 데이터에 접근 가능하다는 측면에서 큰 차이가 있다. 또한 영화 제작사들은 플랫폼에서 어떤 실험이나 테스트를 진행하는 것 역시 어렵다. 그리고 가장 중요한 사실은, 영화사가 데이터 수집을 플랫폼에 의존할수록 결국 전략적으로 중요한 정보를 경쟁사들에 의지하여 얻을 수밖에 없는 구조가 형성된다는 것이다.

반면 아마존, 넷플릭스, 구글은 영화 유통뿐만 아니라 제작까지도 추진하게 되면서, 향후 메이저 영화 제작사에 대한 의존도(콘텐츠 확보)가 감소하게 될 것이다. 이 이유 하나만으로도 영화 제작사들은 스스로의 영화 유통 채널을 구축해 플랫폼 의존도를 줄여야 한다. 강력한 브랜드 파워가 있는 영화사부터라도 현재 보유하고 있는 자사의 온라인 사이트로 고객들을 유인하는 대책을 강구할 필요가 있다. J.K. 롤링이 만든 포터모어^Pottermore 웹사이트 사례를 활용하거나 제작자들이 팬들과 여러 정보를 나눌 수 있는 온라인 커뮤니티를 만드는 등의 작업 역시 하나의 방법이 될 수 있다. 이렇게 함으로써 영화 제작사들은 영화 팬들의 행태를 추적하고, 이 정보를 바탕으로 팬들에게 직접 마케팅할 수 있는 가능성을 얻게 된다. 다만 이 과정에서 주의할 것은 편의성이다. 온라인 소비자들은 편리한 것들을 매우 선호한다. 여러 사이트에서로그인을 여러 번 해야 한다거나, 여러 사이트의 새로운 기능을 익혀야 한다면 온라인 소비자들은 다소 부정적인 태도를 보일 것이다. 이런 점에서 영화 제작사들이 각자 개별적인 플랫폼을 만든다면 이 플랫폼에서는 해당 영화 제작사의 영화와 관련된 정보만 수집하게 된다는 한계가 있다.

따라서 만약 영화 제작사들이 파트너십을 통해 연합 플랫폼을 만들어 각 영화와 관련된 데이터를 직접 수집하고 팬들에게 바로 프로모션할 수 있다면, 이는 매우 좋은 방안이 될 수 있다. 실제로 2007년 3월, 메이저 3사인 21세기 폭스^{21st Century Fox}와 NBC 유니버설^{NBC Universal}, 월트 디즈니 스튜디오/ABC 방송^{Walt Disney Studios/ABC Television}은 공동으로 인터넷 비디오 유통 네트워크를 구축했다.[10] 훌루라는 이름의 이 네트워크는 현재 미국에서 아마존 다음인 네 번째로 인기 있는 비디오 스트리밍 플랫폼이 되었다.[11]

그런데 훌루의 성공은 한 가지 해결하기 힘든 문제를 발생시켰다. 훌루가 많은 사람들에게 인기를 얻을수록 각 영화 제작사들이 기존에 보유하던 유통 채널들로부터의 수익이 줄어들고 있다는 것이다. 훌루가 출시될 무렵 훌루에는 광고가 몇 분 노출되어야 하는지, 얼마나 많은 에피소드를 훌루에 출시할 것인지, 텔레비전 방영 이후 며칠 만에 훌루에서 내보낼 것인지 등에 대한 논란이 있었다. 이 논란은 당시 텔레비전 사업의 관점에서 논의되었는데, 텔레비전 사업의 수익 중 절반은 광고에서, 나머지 절반은 케이블 사업자들로부터 받는 재송신료에서 나오고 있었다. 따라서 닐슨의 시청률이나 재송신료에 해가 되는 결정은 모두 위협이 되는 것으로 인식되었다.

홀루를 둘러싼 갈등을 해결하는 방법은, 홀루의 운영과 사업을 기존의 사업과는 별개로 하는 것이다. 즉, 기존의 사업 모델이 자기잠식되더라도 새로운 사업 모델을 계속해서 밀고 나갈 자유를 홀루에 주는 것이다. 실제로 이와 비슷한 아이디어가 2010년 홀루의 기업공개 과정에서 나온 적이 있는데, 홀루를 만든 방송사들은 이를 곧장 거절했다. 웰스 파고^{Wells Fargo}의 분석가인 마르시 리비커^{Marci Ryvicker}는 포춘^{Fortune}과의 인터뷰에서 "홀루에서 수익이 얼마나 나와야 방송사들이 자신의 기득권을 포기할지 모르겠다"라고 말하기도 했다.[12]

2011년 2월 홀루의 CEO였던 제이슨 킬라는, 방송사들이 홀루의 성공을 방해하는 간섭을 막기 위해 방송사 경영진들에게 홀루의 미래를 설명하는 2,000자 분량의 입장문을 홀루 블로그에 올린 적이 있다.[13] 킬라는 텔레비전에 광고가 너무 많고, 시청자들은 자신들의 스케줄에 맞추어 콘텐츠를 소비할 수 있어야 한다고 주장했다. 또한 방송사 입장에서는 재송신료를 벌기 위해서겠지만, 시청자 입장에서는 자신의 관심사와는 거리가 먼 채널들이 포함된 케이블 텔레비전 패키지를 구입하게 만드는 사업은 수명을 다했다고 주장했다. 그러면서 다음과 같은 문장으로 입장문을 마무리했다. "전통적으로 기득권을 가졌던 사업자들은 기존의 관습을 위협하는 새로운 흐름을 거절하려는 경향이 있지만, 그러다가 한 가지 중요한 것을 놓치게 될 것이다. 그것은 바로 고객이다."

방송사들은 킬라의 충고에 그다지 고마워하는 분위기가 아니었다. 한 경영진은 월스트리트저널^{Wall Street Journal}과의 인터뷰에서 "킬라의 말이 80~90%는 맞는 말이에요. 그런데 왜 그렇게 말할 수밖에 없었을까요? 그는 우리가 '너무 고마워요. 당신이 옳아요. 우리가 미처 그렇게 생각하지 못했네요. 재송신료를 포기합시다'라고 할 줄 알았나봅니다"라고 말했다.[14] 파이낸셜 타임즈Financial Times와 인터뷰한 다른 경영진은 킬라의 성과와 업무 능력을 인정하지 않았다. "내게도 수십억 달러 가치의 프로그램들이 주어진다면, 그 정도 사업으로 충분할 겁니다. 사업을 장기적으로 이끌어가려면 모두에게 도움이 되는 방향이어야 합니다."[15] 또 다른 경영진은 더 직설적이었다. "그의 입장문은 미국인 대다수가 어떻게 텔레비전을 보고 있는지를 무시하는, 전형적인 엘리트 식 생각입니다."[16]

결국, 많은 업계 관계자들은 새로운 스트리밍 플랫폼의 사업 모델이 기존의 영화나 방송 산업의 사업 모델과는 다르다는 것을 인정하고 있는 셈이다. 미디어 전문가인 제임스 맥퀴비James McQuivey는 "지금 기득권을 가진 사람들은 새로운 사업이 성공하는 것을 바라지 않습니다. 새로운 플랫폼이 성공하면 자기잠식효과로 인해 방송사가 목을 매고 있는 시청률이 하락하게 됩니다. 그래서 그들은 훌루가 잘되거나 너무 성공하지 않기를 바라고 있는 것입니다"라고 분석했다.[17]

기존의 수익 모델을 저해하는 새로운 디지털 플랫폼에 불이익을 주어야 한다는 생각은 전통적인 엔터테인먼트 산업의 구조 아래서는 그럴듯한 것이었다. 그들은, 콘텐츠를 디지털로 소비하지 못하는 고객들은 결국 오프라인 상품들을 구매할 것이라 생각했기 때문이다. 하지만 과연 그럴까?

우리는 이 의문을 풀기 위해 2012년과 2013년 영화 DVD 매출과 디지털 플랫폼에서의 매출을 자세히 들여다본 적이 있다. 2012년 전까지만 하더라도 영화 업계에서는 대체로 아이튠즈 같은 디지털 플랫폼에서의 출시를 늦추면 DVD 매출이 늘어날 것으로 생각했다. 하지만 2012년부터 2013년 사이에 일부 영화 제작사들은 디지털 버전과 DVD 버전을 동시에 출시하기 시작했고—어떤 경우는 DVD 출시 전에 디지털 버전을 출시하기도 했다—영화 제작사 단계에서의 이러한 전략적 변화 덕분에 우리는 소비자들이 디지털 버전(아이튠즈)과 DVD 버전을 동시에 구입할 수 있는 경우 각 채널의 매출이 어떤 변화를 보이는지 살펴볼 수 있었다.[18] 분석 결과, 디지털 버전의 출시를 늦추는 전략은 상당히 불리한 측면이 있는 반면, 유리한 점은 거의 없었다. 즉, 디지털 버전이 DVD 버전보다 늦게 출시되는 경우 디지털 버전의 매출은 절반으로 줄었고, DVD 매출 역시 거의 오르지 않았다.

이 결과는 우리가 다른 분야에서 연구한 결과와도 일맥상통한다. 킨들의 전자책 스토어(3장), 훌루의 텔레비전 프로그램 스트리밍(6장), 아이튠즈의 텔레비전 프로그램 스트리밍(8장)이 그랬다. 거시적으로는 분명 디지털 버전이 오프라인 상품의 소비를 감소시키지만, 회사의 입장에서는 디지털 버전의 출시를 늦추는 전략만으로 이런 흐름을 거스를 수 없게 되었다. 그리고 디지털 버전의 출시 지연 전략은 오프라인 상품 매출에 거의 영향을 주지 않는다. 왜냐하면 디지털 소비자들은 불법 복제물을 이용하거나 넷플릭스, 아이튠즈, 아마존 혹은 유튜브를 통해 다른 종류의 콘텐츠를 구매하기 때문이다.

더구나 디지털 출시 지연 전략은 영화 제작사 입장에서 디지털 유통의 장점을 전적으로 활용하지 못하게 만드는 단점이 있다. 우리는 앞서 디지털 유통의 5가지 장점을 살펴보았다. 그중 두 가지 즉, 콘텐츠의 잠재 시장을 평가할 수 있다는 점, 콘텐츠 마케팅을 더 효율적으로 할 수 있다는 점에 대해서 깊이 있게 들여다보았다. 넷플릭스는 이 장점들 외에도 시청자들이 콘텐츠에 어떤 반응을 보이는지 실험해볼 수 있다는 세 번째 장점을 유용하게 활용하고 있다. 『넷플릭스드Netflixed』를 쓴 작가 지나 키팅Gina Keating은 넷플릭스가 시청자들의 목소리를 듣기 위해 웹사이트를 어떻게 디자인하는지 다음과 같이 묘사했다.

> 넷플릭스는 자사의 웹사이트를 2가지 목적으로 디자인한다. 하나는 고객 테스트를 목적으로 다양한 버전의 페이지를 보여주는 실험 목적이며, 다른 하나는 고객의 취향과 반응 데이터를 수집하는 목적이다. 예를 들어, 붉은색 로고(A버전)와 파란색 로고(B버전) 중 어떤 버전이 고객 확보 및 방문도를 높이고, 사용성을 좋게 하는지에 대해 A-B 테스트를 진행한다. 이렇게 지속적으로 테스트하고 고객 데이터를 모으고, 그 결과에 따라 웹사이트 구성을 달리하면서 넷플릭스는 매장 기반의 경쟁사들과의 전투에서 우위를 점하고 있다.

물론 다른 회사들이 넷플릭스의 디자인을 쉽게 따라 할 수도 있다. 블록버스터도 넷플릭스의 디자인 요소들을 베껴쓴 적이 있지만, 그 저변에 깔린 넷플릭스만의 알고리즘은 베낄 수 없었다. 블록버스터가 지속적으로 가격 최적화 작업을 하고, 알고리즘을 만들고, 실험을 하지 않는 이상 넷플릭스의 경쟁력을 따라올 수는 없었다.

앞서 언급한 바와 같이 플랫폼 업체들은 소비자들을 대상으로 직접 실험을 진행함으로써 마케팅 전략을 수립하는 데 능숙하다. 개별 고객에 대한 데이터를 분석하지 않고서는 얻기 힘든 인사이트를 이들은 잘 활용하고 있다는 것이 디지털 유통의 네 번째 장점이다. 사실 그전까지는 닐슨이나 다른 마케팅 연구기관이 제공하는 인구통계학적 데이터가 마케터가 활용할 수 있는 거의 유일한 고객 데이터였다고 해도 과언이 아닐 것이다.[19] 그러나 인구통계학적 데이터는 실제 고객이 누구인지, 그들이 무엇을 사려고 하는지에 대해서는 알려주지 못한다. 컴퓨팅 파워가 발달하고 소비자와 디지털로 연결된 시대에 인구통계학적 데이터만으로 마케팅 전략을 수립한다는 것은 거의 무의미한 작업이라고 할 수 있다.

그렇다면 고객에 대한 성별, 결혼 여부, 연령, 학력 등의 기본적인 인구통계학적 정보보다 구매 기록 정보를 알 수 있다는 것은 어느 정도의 가치가 있는 것일까? 1996년 피터 로시Peter Rossi, 로버트 맥컬로치 Robert McCulloch, 그레그 앨런비Greg Allenby는 이에 대해 연구를 진행한 논문을 발표한 적이 있다.[20] 식료품 가게들이 바코드 스캐너와 마일리지 카드를 도입한지 얼마 되지 않은 당시는, 마케터들이 고객 데이터의 중요성을 막 깨달아가고 있던 시점이었다. 처음 식료품 가게들은 마일리지 카드 덕분에 개별 고객에 대한 정보를 알 수 있었다. 세 사람은 개별 고객의 구매 정보를 바탕으로 한 쿠폰과 인구통계학적 정보를 바탕으로 한 쿠폰 그리고 무작위로 배포하는 쿠폰의 효과를 비교하기 위해 매장의 스캐너에서 수집한 데이터를 사용했다. 연구 결과, 인구통계학적 정보에 따른 쿠폰은 무작위 배포 쿠폰에 비해 12% 더 수익성이 높다는 것이 밝혀졌다. 그러나 개별 고객의 구매 정보를 바탕으로 한 쿠폰은 무작위 배포 쿠폰에 비해 무려 155%나 수익이 높다는 사실이 밝혀졌다.

이렇게 10배나 높은 수익성은 아마존의 사업 규모에서는 더욱 강력해질 수 있다. 아마존을 비롯한 플랫폼 업체들은 여기서 한 발 더 나아가, 실시간으로 고객 구매 데이터를 수집하고 이를 마케팅 전략에 반영하고 있다. 아마존은 현재 고객이 어떤 상품을 찾고 있는지, 어떤 페이지를 보고 있는지, 얼마나 자주 클릭을 하는지 등을 파악해 마케팅 전략을 개인화한다. 이런 작업을 통해 마케팅에서 가장 중요한 질문인 '고객이 지금 여기에 왜 있는지'에 대한 답을 찾을 수 있기 때문이다.

고객 데이터를 상세하게 분석함으로써 얻을 수 있는 디지털 유통의 다섯 번째 장점은 고객보다 제품과 관련성이 높다. 다시 1990년대 중반의 식료품 매장으로 되돌아가보자. 식료품 가게가 마일리지 카드를 도입하기 전에는 당시 식품 마케팅 연구소Food Marketing Institute의 연구 결과에 따라 재고율을 줄이기 위해서는 틈새 상품은 매장에서 가능한 한 취급하지 않는 것이 일반적이었다.[21] 그러나 H-E-B 식료품 체인은 식품 마케팅 연구소의 연구가 매장 수익성의 중요한 요소 한 가지를 무시한 연구임을 밝혀냈다. 그것은 매장에서 결제를 많이 하는 고객들이 틈새 상품 역시 많이 구매하는 고객이라는 사실이었다. H-E-B 식료품 체인은 만약 매장에서 천천히 팔리는 틈새 상품을 없애버리면 결제를 많이 하는 고객들까지 잃어버리게 된다는 것을 알게 되었고, 매장 매니저들은 더 많은 틈새 상품을 갖춰놓으려 했다.[22]

온라인 시장에서도 결제를 많이 하는 고객이 상대적으로 인기가 없는 상품에도 관심이 많을까? 이를 위해 우리는 한 메이저 영화 제작사가 보유한 온라인 고객들의 구매 데이터를 분석했다. 분석 결과, 답은 '그렇다'였다. 매출은 전반적으로 블록버스터 영화들에서 발생했다. 그러나 놀라운 사실은, 결제를 많이 하는 고객들의 매출이 무명 영화들에서 주로 발생했다는 점이었다. 전체적으로 결제를 많이 하는 고객들이 '롱테일' 작품 역시 다른 고객들보다 50~200% 더 많이 구매했다.

———○———

향후 엔터테인먼트 기업들이 성공하기 위해서는 고객과 직접 대면해 고객에 대한 데이터를 수집하고 분석하면서도 콘텐츠 제작에 대한 주도권을 놓지 않아야 한다. 이것이 우리가 책 전반에 걸쳐 강조한 내용이다.

1장에서부터 4장까지 다룬 내용은 다음과 같다. 지난 100년 동안 출판사, 영화 제작사, 음반 제작사 등 엔터테인먼트 기업들은 2가지 희소성을 활용해 수익을 창출했다. 한 가지 희소성은 유통과 마케팅 채널의 희소성이었으며, 다른 하나는 콘텐츠 제작에 필요한 돈과 기술이었다. 메이저 엔터테인먼트 기업들은 이 두 가지 희소성을 활용함과 동시에 소비자들의 콘텐츠 구매를 적극 제어함으로써 수익을 발생시켜왔다.

이와는 다르게 5장에서부터 9장까지는 컴퓨터와 저장 기술의 발달, 전 세계적인 커뮤니케이션 채널의 확장이 이런 희소성을 어떻게 약화시켰는지에 대해 살펴보았다. 저가의 제작 장비들 덕분에 이제는 누구나 창작자가 될 수 있으며, 디지털 플랫폼들은 콘텐츠 유통과 마케팅을 위한 새로운 기회를 제공했다. 기술의 변화도 엔터테인먼트 시장 변화에 일조했다. 불법 복제물은 기업이 소비자들의 콘텐츠 소비를 통제하거나 조정하는 인위적인 희소성을 갖는 것을 어렵게 만들었다. 한번 퍼지면 이를 막는 것은 거의 불가능에 가깝다. 반면 디지털화 덕분에 기업들은 온라인에서 소비자들에게 개인화된 서비스와 편의성을 제공하고 주문형 콘텐츠를 판매하면서 신규 사업의 기회를 가질 수 있었다.

10장과 11장에서는 앞으로의 엔터테인먼트 산업에서 수익을 창출할 수 있는 방법은 두 가지의 새로운 희소성에서 찾을 수 있다는 것을 논의했다. 하나는 고객이 필요로 하는 것이 무엇인지를 아는 기술이고, 다른 하나는 고객의 관심을 제어할 수 있는 기술이다. 10장에서 살펴본 바와 같이 엔터테인먼트 기업들은 개별 고객들이 무엇을 원하는지 알아내기 위해 데이터에 근거해 의사 결정을 내릴 수 있어야 한다. 이를 위해서는 조직과 조직문화 변화에 대한 상당한 투자와 노력이 있어야 하며, 새로운 접근과 방법으로 조직의 인재들을 발전시키고자 하는 의지가 있어야 한다. 그리고 고객의 관심을 관리하기 위해서는 고객과 직접 교류할 수 있는 새로운 플랫폼을 위한 과감한 투자가 뒤따라야 한다.

물론 이런 변화를 엔터테인먼트 산업에서 당장 실천하기에는 어려운 것이 사실이다. 그럼에도 엔터테인먼트 산업의 미래는 밝다고 생각한다. 왜냐하면 이 책에서 우리가 제안했던 여러 전략들이 사실은 지금껏 엔터테인먼트 산업에서의 성공을 정의하는 전략과 동일하기 때문이다. 큰 위험을 감수하고, 새로운 능력에 적극 투자하고, 보다 창의적인 방법을 찾고자 하는 열정, 그리고 상상력을 현실화하는 기술 등이 그렇다. 어떻게든 쇼는 계속될 것이며, 그래야만 한다.

국내 콘텐츠사들의 플랫폼 대응 전략

본서가 제안하고 있는 해결책이 적용된 국내 사례가 있어서 독자들께 소개하고자 합니다. 콘텐츠 제공자들이 플랫폼의 역할에 상응하는 연합체를 만들어 대응한 국내 사례입니다. _옮긴이 김형진

"2014년 12월 1일부터 본 프로그램의 한국 내 유튜브 서비스를 중지합니다."

2014년 12월 유튜브 한국 사이트에는 이와 같은 공지문이 붙었고, 국내 주요 방송사들의 클립 영상을 더 이상 시청할 수 없게 되었다.

그 이후 지상파 3사(SBS, MBC, KBS)와 종편 4사(JTBC, MBN, 채널A, TV조선) 그리고 CJ E&M의 모든 채널 클립 영상은 네이버TV, 카카오TV, 곰TV와 각 방송사 사이트를 통해서만 시청할 수 있게 되었다.

당시 유튜브와 방송사는 평균 6:4의 비율로 방송사에 다소 불리하게 수익을 배분하고 있었고, 유튜브는 시청자들의 콘텐츠 및 광고 시청

데이터를 방송사들과 공유하지 않고 있었다. 이에 따라 방송사들은 자신들의 콘텐츠를 직접 관리하지 못했을 뿐만 아니라 데이터 분석에 기반한 콘텐츠 큐레이션 등과 같은 전략적 접근도 불가능한 상황이었다.

결론적으로 방송사들은 콘텐츠를 직접 생산하고 보유하고 있었지만 이에 대한 실질적인 주도권을 유튜브에 빼앗긴 상황이었다. 이에 대한 대응책으로 방송사들은 SBS와 MBC를 중심으로 연합을 이뤄 온라인광고미디어렙사인 스마트미디어렙(Smart Media Representative, 이하 SMR)을 설립하고, 유튜브에 대응하기 시작했다.

방송사들은 2014년 6월 SMR에 자사 방송 클립의 유통 권한을 위임한다는 계약서에 서명했다. 계약은 8개 방송사들이 기존에 각자 유통하던 방송 클립을 SMR에 전부 제공하고 SMR이 이를 관리한다는 내용을 담고 있었으며, SMR은 방송사들의 기존 온라인 창구였던 유튜브에 더 이상 방송 클립을 제공하지 않겠다고 밝혔다. 대신 SMR은 유튜브에 비해 사용자 수가 훨씬 적은 국내 동영상 플랫폼에 방송 클립을 제공하기 시작했다.

SMR의 설립은 압도적 1위 방송 플랫폼인 유튜브를 포기하며 직접적인 매출 감소의 위험까지도 (물론, 일시적일 수 있겠지만) 방송사들이 감수하겠다는 것처럼 보였다. 한국 내에서의 유튜브 성장세를 고려한다면 이는 매우 놀라운 의사결정이었다. 모바일 애플리케이션 기준으로, 2012년에서 2016년 사이 한국 유튜브의 월 평균 체류시간은 매년 약 63.7%씩 성장하고 있었다. 즉 SMR 설립은 방송사로 대변되는 콘텐츠사가 유튜브로 대변되는 플랫폼사에게 빼앗긴 시장의 주도권을 되찾겠다는 강한 의지를 보여준 것이다.

결국 방송사들은 콘텐츠 시장 주도권을 되찾기 위해 유튜브와의 관계를 끊고 네이버TV, 카카오TV, 곰TV를 통해서만 자신들의 방송 클립을 제공하기 시작했다. 유튜브에 밀려 동영상 시장에서 어려움을 겪고 있던 네이버와 카카오 등 국내 온라인 플랫폼사들은 유튜브를 배제한 채 방송사의 프리미엄 콘텐츠를 제공받기 위해 9:1의 수익 배분이라는 불리한 조건에도 불구하고 SMR과의 계약을 전략적으로 받아들였다. 유튜브가 방송사들로부터 받던 수수료보다 더 적은 수익이 예상되었음에도 불구하고, 프리미엄 콘텐츠를 통해 국내 시장에서 점유율을 늘릴 수 있을 것이란 기대가 그 이유였다.

어떠한 변화가 있었을까?

SMR과의 계약의 핵심은 플랫폼사인 네이버TV, 카카오TV, 곰TV는 영상 시청을 위한 온라인 공간만 제공하고, 방송사들이 직접 영상을 관리하고 사업을 운영한다는 점이었다. 따라서 플랫폼사인 유튜브가 콘텐츠사인 방송사들에게 수수료를 제공했던 방식에서 콘텐츠사가 플랫폼사에게 수수료를 제공하는 방식으로 바뀌게 되었고, 방송사들은 주도권을 회복하고 수익을 증가시킬 수 있었다. 여기에 더해 광고 상품을 직접 개발하여 광고대행사 등에게 과도하게 지급하던 수수료를 줄이고 방송사의 수익성을 개선시킬 수 있었다.

수익성만 높아진 것이 아니었다. 방송 영상 파일과 관련한 메타 데이터를 수집하고 이를 플랫폼에 실시간으로 전송하는 시스템인

Platform in Platform (PIP), 시청자들의 방송 클립 시청 패턴을 분석할 수 있는 통계분석시스템^{SMR Wisdom}, 그리고 클립 소비 증대를 위한 정교한 추천 관리 시스템^{SMR RECO}을 도입함에 따라 콘텐츠 큐레이션과 광고 타깃팅이 가능해졌다.

이 책에서는 플랫폼만이 가질 수 있는 장점으로 데이터 분석을 통한 타깃별 추천/큐레이션 가능성을 제시한 바 있는데, 콘텐츠 공급자들의 연합을 통해 이러한 경쟁력을 갖출 수 있게 된 것이다.

콘텐츠 공급자들의 전략적 승리

결과적으로 SMR은 성공적이었다. 시장조사업체 닐슨코리아의 코리안클릭 자료에 따르면, 한국 유튜브의 2014년 10월 모바일 웹 월간 순방문자 수는 592만 명에서 2016년 7월 378만 명으로 214만 명이 줄어든 반면에, SMR이 콘텐츠를 제공하는 네이버TV의 모바일 웹 월간 순방문자 수는 2014년 10월 279만 명에서 2016년 7월 502만 명으로 늘어났다.

체류 시간의 성장세에서도 차이가 났다. 모바일 웹 기준으로 유튜브는 2014년 7월 56,413,000분에 2016년 7월 97,028,000분으로 약 72% 성장한 반면에, SMR이 방송 콘텐츠를 제공하는 네이버 TV는 2014년 7월 30,408,000분에서 비해 2016년 7월 115,849,000분으로 약 280%의 높은 성장률을 기록했다. 이에 따라 SMR의 매출도 급성장했다.

만약 방송사들이 연합하지 않고 각개전투를 벌였다면 어땠을까? 2000년대 신문이 포털에 그 주도권을 빼앗긴 것과 동일한 패턴의 실패를 경험했을 것이다. 본서의 내용에 근거해서 이를 살펴보면, 연합했기 때문에 (1) 사용자에게 시청할 수 있는 다양한 콘텐츠를 플랫폼을 통해 '통합적'으로 제공할 수 있었고, (2) 콘텐츠 관리 권한을 확보하여 '사용자의 데이터'를 직접 관리하고 분석할 수 있었으며, (3) 이를 바탕으로 '추천'과 '큐레이션 서비스'를 제공할 수 있었다. 만약 연합하지 않았다면 NBC가 아이튠즈를 결코 이길 수 없었던 것과 같이 플랫폼에 자신들의 운명을 계속해서 맡길 수밖에 없었을 것이다.

참고자료: Young-Gul Kim, Sanghyeak Yoon, and Hyungjin Kim. "SMR: United against a Global Media Giant," Ivey Case (2018)

엔터테인먼트 산업은 미묘하다. 재미와 어려움을 동시에 갖고 있는 분야기 때문이다. 엔터테인먼트 상품은 화려하고 많은 사람들의 주목을 받는다. 들이는 노력 대비 높은 부가가치를 얻을 수도 있다. 그러나 한편으론 정확한 예측이 힘들다. 어떤 콘텐츠가 언제 어디서 누구에게 인기를 얻을 수 있을지 과학적으로 가늠하기가 쉽지 않다.

이런 산업 특성에도 불구하고 우리나라의 엔터테인먼트 산업은 세계적으로 높은 퀄리티를 자랑한다. 아시아는 물론 유럽, 북미, 남미 등 세계 여러 곳에서 우리의 음악, 게임, 영화, 드라마, 소설 등이 주목을 받고 있다. 싸이가 하버드 대학에서 특강을 하고, 일본 10대들이 '배틀 그라운드' 게임에 흠뻑 빠졌다. 매년 세계 3대 영화제에서 들려오는 우리 영화의 수상 소식은 이제 놀랄 일도 아니다. 뉴욕 도심에 있는 라인 프렌즈 매장에는 브라운, 샐리 등 캐릭터 인형을 사기 위해 많은 외국인들이 방문한다.

그러나 이러한 뛰어난 콘텐츠 제작 능력만으로는 디지털 기술을 기반으로 한 글로벌 산업 경쟁력을 확보하기가 어려운 상황이 되었다.

이 책의 저자들이 방대한 실제 데이터를 기반으로 분석한 바에 따르면, 디지털 기술로 인한 변화는 글로벌 엔터테인먼트 산업에도 거스를 수 없는 퍼펙트 스톰을 몰고 왔다. 종이로 된 백과사전 판매를 고집하던 어떤 기업은 이 변화 때문에 어려움을 겪어야 했고, 반대로 넷플릭스, 구글, 애플, 하라스 등은 디지털의 바람을 타고 완전히 새로운 형태의 비즈니스를 만들어냈다.

이 기업들은 시청자들이 어떤 머리카락 색깔의 여주인공을 좋아할지, 어떤 빠르기의 음악 템포에 신뢰감을 느낄지, 몇 초간 광고를 보여줘야 거부감을 느끼지 않을지 과학적으로 계산해낸다. 그리고 실제 서비스에 반영한다. 넷플릭스의 '하우스 오브 카드' 제작 시스템, 유튜브의 광고 시스템, 하라스의 카지노 운영 시스템, 아마존의 킨들 전자책 출간 전략 등이 대표적이다.

물론 저자들은 성공 사례만 언급하지 않는다. 실패 사례가 더 재미있게 읽힌다. 그 중 한 가지를 들자면 2007년 애플과 NBC의 갈등이 그렇다. 아이튠즈에서 영화나 TV프로그램이 많이 팔리자 당시 아이튠즈 매출의 40%를 차지하던 NBC는 아이튠즈에서 빠지기로 결정했다. 그러나 이 결정은 디지털 시장 구조에 무지했던 NBC에게 오히려 마이너스 매출을 가져다 주었다. 그리고 NBC는 9개월만에 다시 아이튠즈에 콘텐츠를 공급할 수 밖에 없었다.

이렇듯 저자들은 단순히 빅데이터 분석의 필요성이나 디지털 혁신 전략 같은 공허하고 원론에 그칠 수 있는 이야기를 하지 않는다. 대신 첫 장부터 마지막 장까지 실제 성공/실패 사례, CEO 인터뷰, 강연 에피소드, 투자 뒷이야기, 각종 숫자와 그래프를 통해 디지털 기술이 가져온 변화의 '쌩얼'을 있는 그대로 보여준다. 덕분에 옮긴이 입장에서도 번역하는 시간들이 지루하지 않았다. 기존 엔터테인먼트 기업들이 왜 망했고, 신생 디지털 기업들은 왜 성공하게 되었는지 배우게 되어 매우 알찬 시간이었다.

이 책은 콘텐츠 업계^{creative industry}와 데이터 기반 경영에 관심 있는 독자들에게 유익한 책이 될 수 있다. 혹은 오프라인 기반의 전통적인 비즈니스 모델을 지키려는 기존 기업들과 신생 디지털 기업들이 벌이는 권력 싸움에 관심있는 독자에게도 흥미롭게 읽힐 것이다. 또한 단순히 감이나 느낌으로 의사를 결정하는 경영이 얼마나 위험한 것인지를 알고 싶은 독자들에게도 좋은 참고서가 될 수 있다.

끝으로 이렇게 좋은 책을 번역할 수 있도록 이끌어주신 조대곤 교수님과 원저자분들께 이 자리를 빌어 감사의 말씀을 올리고 싶다. 부족한 번역 원고가 한 권의 책으로 만들어질 수 있도록 정성을 쏟아주신 이콘 출판사의 김승욱 대표님에게도 감사함을 전하고 싶다. 또한 KAIST 경영대학 정보경영 석사^{IMMS} 과정의 교수님들과 동기들에게도 고맙다는 말을 남기고 싶다. 바쁜 와중에도 소중한 추천사를 써주신 KAIST 경영대학 교수님들과 조성문님, 차세리님께도 지면을 통해 진심 어린 감사 인사를 드린다.

부디 이 책이 우리나라의 엔터테인먼트 산업, 나아가 데이터 기반의 디지털 경영 발전에 조금이나마 보탬이 되었으면 한다. 번역의 오류로 인해 원서의 깊이가 제대로 전달되지 못했다면 이는 오롯이 옮긴이의 잘못임을 밝힌다.

임재완

옮긴이의 말 Ⅱ

　　본서의 번역작업을 마무리하는 현 시점에서 넷플릭스가 시가총액 1,530억달러(한화 약 165조원)를 기록하며 세계 최대 엔터테인먼트 기업이었던 월트 디즈니를 능가한 최초의 회사가 되었다는 기사를 접했다. 이달 초 NBC와 유니버설 픽처스를 보유 중인 컴캐스트의 시가총액을 앞질렀던 넷플릭스는 새로운 기록들을 달성하며 계속해서 승승장구 하고 있다. 지난 2002년 기업공개IPO를 실시한 이후 넷플릭스의 주가는 3만 3,000배나 성장하였고 페이스북, 애플, 아마존, 알파벳(구글)과 함께 FAANG 주를 구성하기에 이르렀다.

　　10여 년 전 단순히 DVD를 대여해주던 업체에 불과했던 넷플릭스는 어떻게 글로벌 엔터테인먼트 산업의 최강자로 등극할 수 있었을까? 이에 반해 그간 초전성기를 누리던 관련기업들은 어떤 이유로 변화에 적응하지 못했던 것일까?

　　이에 대한 답은 신기술이 만들어내는 '힘의 이동'과 이에 대한 적극적 대처에 있다고 저자들은 이야기한다. 디지털기술이 몰고온 퍼펙트스톰은 거스를 수 없는 (결과적으로는 거스르면 안 되었던) 시대적 흐름이었다. 이를 잘 활용한 기업은 이전보다 훨씬 더 큰 기회를 얻을 수 있었던 반면, 지난 100여 년간의 성공 방정식을 고수했던 엔터테인먼트 기업들은 예상치 못한 위험에 직면할 수밖에 없었던 것이다.

기존의 거대 콘텐츠 생산자에 비해 신생 플랫폼 회사가 더 큰 힘을 갖을 수 있게 된 이유로 저자들은 '데이터 분석'을 꼽고 있다. 상품 비치 공간과 홍보 역량이 더 이상 희소 자원이 아닌 디지털 경제에서는 소비자의 취향을 아는 것이 경쟁우위의 원천이 되고, 이를 가능하게 하는 것이 데이터 분석을 통한 다양한 종류의 추천과 큐레이션이기 때문이다. 2000년대 아마존 판매 책의 33~50%가 대형 오프라인 서점에서 구하기 어려운 책들이었다는 본서의 사례가 이를 반증한다.

박사과정을 마치고 빅데이터를 활용하여 방송, 영화, 음악, 등의 엔터테인먼트 산업을 인공지능화하는 업무를 수행하며 산업의 퀀텀점프Quantum Jump가 일어나는 것을 목도하고 있다. 이제는 인공지능을 통해 계속해서 변화하는 대중들의 취향을 실시간으로 분석하고 다양한 관점과 방식의 추천 및 큐레이션이 가능해졌다. 그리고 수많은 거대 플랫폼들은 이러한 기술 개발에 열을 올리고 있다.

머지 않은 미래에 대부분의 플랫폼 사업자들은 데이터 수집, 분석, 사업화 등의 역량을 갖출 것을 예상한다. 그때에는 콘텐츠와 플랫폼의 대결이 아닌 플랫폼 간의 치열한 전투가 벌어지지 않을까 조심스럽게 예측해본다. 누가 승자가 될 수 있을지에 대한 판단은 독자의 몫으로 남겨두고자 한다.

세계적인 석학의 명저를 번역할 수 있도록 기회를 주신 KAIST 경영대학의 조대곤 교수님과 번역과정을 전반을 이끌어주신 임재완님께 감사의 말씀을 올리고 싶다. 또한 전체 출판 과정을 꼼꼼하게 챙겨주신 이콘 출판사의 김승욱 대표님과 관계자분들께도 감사의 마음을 전하고 싶다. 끝으로 바쁘신 중에도 원고를 읽고 소중한 추천사를 작성해주신 KAIST 경영대학 김영걸 교수님, 정재민 교수님, 박병호 교수님 그리고 마이셀럽스 설립자 도준웅님께 존경과 감사의 인사를 드린다.

김형진

2009년 가을, 박사과정을 시작하며 마치 소녀팬이 아이돌 스타를 만나듯이 떨리고 설레는 마음으로 피츠버그 카네기멜론대학교 교정에서 이 책의 두 저자인 마이클 스미스 교수와 라홀 텔랑 교수를 만난 기억이 있다. 두 분은 이미 2000년대 초부터 디지털 기술 발전이 미디어 산업에 미친 영향에 대해 활발한 연구를 수행 중이었고, 불법다운로드가 소비자 행태에 미친 영향을 집중적으로 연구하면서 학계와 산업계, 언론의 주목을 받았다.

　지금에야 자명한 사실로 보이는 인터넷을 통한 불법 다운로드의 폐해에 대해 당시만 해도 명확한 인과관계를 규명한 연구가 거의 없었던 터라, 실제 현실 데이터를 활용한 그들의 연구는 더욱 의미가 있었다. 그동안 왕성하게 진행된 흥미로운 연구결과들에 깊은 통찰력과 경험이 더해져 이 책이 출간되었고, 두 분 교수님을 만난 지 10년만에 한국에 번역서가 나오는 작업에 참여하게 되어 감회가 새롭다.

　유난히 햇살이 뜨거웠던 지난 2016년 여름, 졸업 후 2년만에 카네기멜론대학교에 방문하여 두 분 교수님을 만나고 있을 때 바로 이 책의 초판 1쇄가 소포로 학교에 도착하였다. 교수님들은 반가운 손님과 책이 한날에 왔다고 "What a coincidence!"를 외쳤고, 나는 누구보다 먼저 이 책을 직접 손에 들었다. 그리고 두 분 저자의 제자로서 내가 꼭 이 책을 한국의 독자에게 소개하는 역할을 하겠다고 다짐했는데, 간절히 바라던 바가 현실이 되어 감사하기도 하다.

두 분을 지도교수로 모시고 박사 학위 과정을 보낸 것은 지금 돌아보면 큰 행운이었다. 거시적인 트렌드 속에서 현상의 관계들을 포착해 명쾌하고 흥미롭게 이야기를 풀어내는 스미스 교수는 타고난 성품과 긍정적인 에너지로 연구뿐 아니라 최고의 강의, 인생의 멘토로 인기가 높다. 끊임없는 노력을 통한 연구의 엄밀성과 창의적인 도전을 강조하시며 때로는 아주 엄격하게 세세한 것 하나하나 챙기시고 때로는 따뜻한 격려로 동기부여 해주신 텔랑 교수는 내게 가장 큰 영향을 준 학자이자 스승이다. 이렇듯 서로 달라보이는 두 분은 환상의 궁합으로 팀을 이뤄 미디어 엔터테인먼트 분야 실제 현장에서 생성되는 데이터를 활용한 연구를 주도하고 있다.

책의 원제목에 나오듯이 인터넷 통신과 기술의 발전은 디지털 콘텐츠의 손쉬운 공유sharing, 실시간 전송과 재생을 의미하는 스트리밍streaming, 그리고 산업 지형 변화에 큰 영향을 준 불법다운로드stealing를 가능케 했다. 그리고 이러한 변화가 한꺼번에 강하게 밀려오기에 100여 년간 유지되어온 미디어 엔터테인먼트 산업 근간은 크게 흔들리고 있고 지금 우리는 그 변화의 중심에 있다. 이 책은 객관적인 데이터에 기반한 분석과 통찰을 제시하며 소비자에 대한 이해의 깊이를 더해주고 디지털 콘텐츠를 생산하고 유통하는 기업들에게 효과적인 마케팅 방안이나 전략을 제시한다.

국내에서도 최근 '비즈니스 애널리틱스^{Business Analytics}' 분야가 주목받으며 엔터테인먼트 산업에서도 데이터를 활용한 마케팅과 고객행태를 이해하고자 하는 움직임이 활발하기에 산업 관계자들은 꼭 읽어보면 좋겠다. 그리고 스마트폰 앱을 통해 음악, TV, 영화, 뉴스, 게임 등 디지털 콘텐츠를 소비하는 것은 우리 삶의 일부가 되었기에 친숙한 사례들로 가득한 이 책은 일반 독자들도 흥미롭게 읽으며 견문을 넓힐 수 있으리라 생각한다.

이 책이 나오는 과정에서 원저자 분들과 자주 교류할 수 있어 감사했고, 번역을 수행한 KAIST 경영대학의 자랑스러운 동문 임재완님과 김형진 박사의 열정을 함께한 소중하고 보람된 시간이었다. 마지막으로 초기 기획부터 출판까지 꼼꼼하게 챙겨준 이콘 출판사 관계자들의 노고에도 감사드린다.

2018년 3월
봄의 기운이 피어오르는 홍릉에서
KAIST 경영대학 조대곤

감사의 말

우리는 이 책에 두 가지 소망을 담고자 했습니다. 첫째는 엔터테인먼트 산업의 성공입니다. 출판이나 음악, 영화 업계가 대중들에게 감동적인 이야기를 전해주고 작가들에게도 적극적인 투자를 멈추지 않았으면 합니다. 둘째는 빅데이터 분석의 성공입니다. 소비자와 시장이 어떻게 움직이는지 이해하기 위해 심도 있는 통계적 데이터 분석을 시도했습니다. 그리고 이 책이 나오기까지 물심양면으로 힘써준 고마운 사람들이 여럿 있습니다.

먼저 카네기 멜론 대학교 동료들에게 감사를 전합니다. 특히 엔터테인먼트 분석 연구 센터가 발전할 수 있도록 도와준 라마야 크리스넌 학장님을 비롯해 비브한슈 아비섹, 피터 보트라이트, 브렛 다나허, 페드로 페레이라, 베이베이 리, 앨런 몽고메리 등 센터 연구자들께 고맙다는 말을 하고 싶습니다. 또한 우타라 아난타크리쉬넌, 조대곤, 사미타 다나소본, 아닌다이아 고스, 징 공, 아뉴 쿠마르, 리론 시반, 라이에마 등 우리와 함께 연구를 진행했던 박사과정 학생들에게도 이 자리를

257

빌려 애정의 마음을 표하고 싶습니다. 정보 시스템 경영 석사과정을 담당하는 앤디 와써와 션 벡스, 공공 정책 및 경영 석사과정의 브랜다 파이서, 엔터테인먼트 산업 경영 석사과정의 존 타노프와 댄 그린 등 카네기 멜론 대학교의 훌륭한 교직원 분들이 없었다면 우리의 연구는 불가능 했을 것입니다. 더불어 우리 연구의 법률 지원을 담당했던 카네기 멜론 대학교 법무실의 매리 베스 쇼와 대외 협력에 대한 조언을 아끼지 않았던 밀리 마이어스에게도 진심 어린 감사의 말을 전하고 싶습니다. 뛰어난 데이터 분석 실력을 보여준 크리스 포프, 리카르도 구이자도, 요세 에듀아도 오로스 차바리아 등 여러 학생들의 헌신적인 도움도 잊지 못할 것입니다.

엔터테인먼트 업계에도 고마운 분들이 많습니다. 특히 음반 업계에 대한 깊은 통찰을 보여줬던 미국 음반 산업 협회의 캐리 셔먼과 출판 업계에 관한 다양한 지식과 데이터를 제공해준 서적 산업 연구 협회의 알 그레코를 언급하지 않을 수 없습니다. 카네기 멜론 대학교의 디지털 엔터테인먼트 분석 계획을 통해 지속적이고 성실한 지원을 아끼지 않았던 미국 영화 협회에도 감사의 말씀을 드리고 싶습니다.

훌륭한 출판 에이전트인 레이프 사가린을 소개해준 앤드류 맥아피의 도움도 컸습니다. 레이프 사가린 덕분에 우리의 연구 결과가 보다 구체화되고 출판까지 이어지는 소중한 기회를 얻을 수 있었습니다. 엠아이티 프레스의 제인 맥도날드를 비롯한 여러 팀원들과의 작업은 유쾌했습니다. 저작권 문제가 잘 해결될 수 있도록 힘을 보태준 전미음악 발행사협회의 나탈리 마다이와 데이비드 이즈라엘리트도 고마운 분들입니다. 끝으로, 항상 유쾌하고 헌신적인 편집자 토비 레스터가 없었다면 우리는 이 책을 완성할 수 없었을 것입니다. 토비는 우리의 모호한 아이디어를 명확한 문장으로 만드는 신기한 능력을 갖고 있습니다.

◆

저의 멘토이자 스승이자 코치였던 MIT 대학의 에릭 브린욜프슨 교수에게 특별히 감사의 말씀을 드리고 싶습니다. 그는 제가 아는 학자 중 가장 훌륭하고 뛰어난 학자입니다. 옆에서 항상 저를 응원하고 믿어주는 아내 론다, 배움과 인내가 무엇인지를 가르쳐준 저희 어머니와 아버지께 무한한 사랑과 고마움을 전하고 싶습니다. 데이비스, 콜, 몰리도 잘 자라줘서 너무 기쁩니다. 무엇으로도 갚을 수 없는 은혜를 내려주신 예수님께 감사 기도를 올립니다.

_마이클 스미스

◆

제 꿈을 지지하고 어떤 상황에서도 저를 신뢰해준 부모님께 감사하다는 말을 전합니다. 제가 열심히 노력할 수 있도록 기운을 불어넣어주는 아내 아쉬위니와 아버지를 믿고 따르는 두 아들 소믹과 시범에게도 언제나 그렇듯 사랑한다는 말을 해주고 싶습니다. 매일 새로운 무언가를 가르쳐주는 저의 모든 멘토들, 동료들, 학생들에게 진심으로 고맙다는 메시지를 남깁니다.

_라훌 텔랑

◆ 미주

1. 하우스 오브 카드

1. 참조: http://bigstory.ap.org/article/netflix-shuffles-tv-deck-house-cards
2. 참조: http://www.vulture.com/2014/05/kevin-reilly-on-fox-pilot-season.html
3. Nellie Andreeva, "Focus: 2009-2010 Pilot Season—Back on Auto Pilot," Hollywood Reporter, March 6, 2009, 인용: Jeffrey Ulin in The Business of Media Distribution(Focal, 2010).
4. Ted Sarandos, 2013 Film Independent Forum(http://www.youtube.com/watch?v=Nz-7oWfw7fY)
5. 위와 같은 문헌.
6. 위와 같은 문헌.
7. http://www.nytimes.com/2013/01/20/arts/television/house-of-cards-arrives-as-a-netflix-series.html
8. http://www.aoltv.com/2011/03/18/netflix-builds-house-of-cards-kevin-spacey/
9. 넷플릭스 전체 회원수 중 2%에 해당한다.
   (http://tvline.com/2014/02/21/ratings-house-of-cards-season-2-binge-watching/)
10. 물론 넷플릭스 회원들이 광고를 회피하는 경향만 있는 것은 아니다. 티보TiVo에 따르면 티보에서 영화 〈워킹 데드The Walking Dead〉를 본 사람 중 66%와 〈매드맨Mad Men〉을 본 사람 중 73%는 광고를 보지 않기 위해 DVR을 사용했다. 30초 광고를 내보내기 위해 7만~10만 달러나 지불한 광고주들에게는 좋지 않은 소식이다.
11. http://www.nytimes.com/2013/01/20/arts/television/house-of-cards-arrives-as-a-netflix-series.html
12. http://www.hollywoodreporter.com/video/full-uncensored-tv-executives-roundtable-648995
13. https://www.youtube.com/watch?v=uK2xX5VpzZ0
14. 예고편은 〈하우스 오브 카드〉를 홍보하기 위한 광고 형태였다.
15. http://www.nytimes.com/2013/02/25/business/media/for-house-of-cards-using-big-data-to-guarantee-its-popularity.html
16. http://variety.com/2014/digital/news/netflix-streaming-eats-up-35-of-downstream-internet-bandwidth-usage-study-1201360914/
17. http://stephenking.com/promo/utd_on_tv/
18. http://www.nytimes.com/2012/08/05/sunday-review/internet-pirates-will-always-win.html

19. 결합 상품에 대해서는 3장에서 더 논의할 것이다.

20. http://www.gq.com/story/netflix-founder-reed-hastings-house-of-cards-arrested-development

21. https://www.sandvine.com/downloads/general/global-internet-phenomena/2011/1h-2011-global-internet-phenomena-report.pdf

22. http://variety.com/2015/digital/news/netflix-bandwidth-usage-internet-traffic-1201507187/

2. 과거에는

1. 다음 3가지 연구를 참조했다.
   - Jan W. Rivkin and Gerrit Meier, BMG Entertainment, Case 701-003, Harvard Business School, 2000
   - Pekka Gronow and Ilpo Saunio, An International History of the Recording Industry(Cassell, 1998)
   - Geoffrey P. Hull, The Recording Industry(Routledge, 2004).

2. http://historymatters.gmu.edu/d/5761/

3. Rivkin and Meier, BMG Entertainment, p. 3.

4. 위와 같은 문헌, p. 4.

5. Gertrude Samuels, "Why They Rock 'n' Roll—And Should They?" New York Times, January 12, 1958.

6. "Yeh-Heh-Heh-Hes, Baby," Time 67, no. 25(1956).

7. Samuels, "Why They Rock 'n' Roll."

8. 위와 같은 문헌.

9. R. Serge Denisoff and William D. Romanowski, Risky Business: Rock in Film(Transaction, 1991), p. 30.

10. "Rock-and-Roll Called 'Communicable Disease,'" New York Times, March 28, 1956.

11. - Reiland Rabaka, The Hip Hop Movement: From R&B and the Civil Rights Movement to Rap and the Hip Hop Generation(Lexington Books, 2013), p. 105
    - Glenn C. Altschuler, All Shook Up: How Rock 'n' roll Changed America(Oxford University Press, 2003), p. 40
    - Peter Blecha, Taboo Tunes: A History of Banned Bands and Censored Songs(Backbeat Books, 2004), p. 26; Linda Martin and Kerry Segrave, Anti-Rock: The Opposition to Rock 'n' Roll(Da Capo, 1993), p. 49.

12. "Boston, New Haven Ban 'Rock' Shows," New York Times, May 6, 1958.

13. Samuels, "Why They Rock 'n' Roll."

14. Gronow and Saunio, An International History of the Recording Industry, pp. 193–194.

15. William Goldman, Adventures in the Screen Trade(Warner Books, 1983), p. 39.

16. BMG Entertainment, p. 8.

17. International Federation of the Phonographic Industry, Investing in Music: How Music Companies Discover, Nurture and Promote Talent, 2014, pp. 7~9.

18. Robert Burnett, The Global Jukebox, as cited in BMG Entertainment.

19. Steve Knopper, Appetite for Self–Destruction: The Spectacular Crash of the Record Industry in the Digital Age(Free Press, 2009), p. 202.

20. Michael Fink, Inside the Music Industry: Creativity, Process, and Business(Schirmer, 1996), p. 71.

21. Hull, The Recording Industry, p. 186; quoted in "Payola 2003," Online Reporter, March 15, 2003.

22. Erik Brynjolfsson, Yu Hu, and Michael Smith, "Consumer Surplus in the Digital Economy: Estimating the Value of Increased Product Variety," Management Science 49, no. 11(2003): 1580–1596.

23. http://www.boxofficemojo.com/studio/?view=company&view2=yearly&yr=2000

24. Albert N. Greco, Clara E. Rodriguez, and Robert M. Wharton, The Culture and Commerce of Publishing in the 21st Century (Stanford University Press, 2007), p. 14.

3. 석양의 건맨

1. http://online.wsj.com/news/articles/SB125427129354251281

2. http://shelf–life.ew.com/2009/10/23/stephen–king–ebook–delay–price–wa/

3. Jeffrey A Trachtenberg, "Two Major Publishers to Hold Back E–Books," Wall Street Journal, December 9, 2009.

4. 출판사들의 또 다른 가정은 비싼 하드커버 책이 저렴한 전자책보다 마진이 높다는 것이다. 그러나 인쇄나 유통에 드는 실제 비용을 따져보면 두 상품의 마진은 그렇게 큰 차이가 없다.

5. 보다 자세한 내용은 이 책의 범위를 벗어나지만, 저자들은 타이밍이 이 실험에 영향을 주는 유효한 외생 변수가 되는지, 책 발매 시기가 예상 매출과 정말 연관성이 없는지에 대해 연구를 진행했다. 관심 있는 독자는 Hailiang Chen, Yu Jeffrey Hu, and Michael D. Smith 의 The Impact of eBook Distribution on Print Sales: Analysis of a Natural Experiment(http://ssrn.com/abstract=1966115) 연구를 참조하면 된다.

6. 영화나 음악의 경우도 마찬가지다. 예를 들어 영화 한 편을 찍고 마케팅 하는 데 드는 비용

은 1억 달러 이상이 될 수도 있다. 그러나 이 영화의 DVD 한 장을 추가로 제작하는 데 드
는 비용은 4.1달러가 들고, 아이튠즈에서 팔리는 디지털 버전을 한 편 복사하는 데 드는 비
용은 0달러다.(참조: The Hollywood Economist: The Hidden Financial Reality Behind the
Movies," Epstein. 2012. Melville House Publishing, Brooklyn, NY.)

7. 더 정확히 말하자면 고객이 지불하려는 금액보다 약간 낮은 수준이다.

8. Arthur C. Pigou, The Economics of Welfare, fourth edition (Macmillan, 1932).

9. 1차 가격차별 전략의 또 다른 문제점은 대부분의 소비자들이 불공평한 대우를 받고 있다고
느낄 수 있다는 것이다. 이는 단지 지불 의사가 있다는 사실만으로 왜 돈을 더 내야 하는지
에 대해 이해하는 것이 어렵기 때문이다.

10. 유료 케이블 채널의 방영 효과와 다른 유통 채널들의 방영 효과를 구별하기 위해 저자들은
영화 제작사들이 유료 채널에서 자신들의 영화를 첫 방영하는 날에는 다른 경쟁 채널에서
해당 영화를 삭제해야 한다는 사실을 참고했다. 예를 들어 우리 논문(Anuj Kumar, Michael
D. Smith, and Rahul Telang, "Information Discovery and the Long Tail of Motion Picture
Content," Management Information Systems Quarterly 38, no. 4(2014): 1057~1078) 에서
2011년 3월에 HBO에서 첫 방영을 하는 영화 〈로빈 후드Robin Hood〉 〈맥그루버MacGruber〉
〈캅 아웃Cop Out〉 〈저스트 라이트Just Wright〉에 대한 연구를 진행한 적이 있다. 이 영화들
은 3월 1일 아이튠즈를 비롯한 다른 경쟁 채널에서는 삭제되었지만 HBO에서는 3월 5일,
12일, 19일, 26일에 각각 방영을 시작했다. 실제 방영을 시작한 날짜와 삭제된 날짜 사이
에 약간의 차이가 발생함에 따라 유료 케이블 채널의 방영 효과와 다른 유통 채널들의 방
영 효과를 구별해서 살펴볼 수 있었다.

11. 무명 영화의 DVD 매출 상승 원인이 단지 해당 영화의 특성이나 마케팅, 유통 과정의 변화
뿐 아니라 HBO에서의 방영과 관계가 있다는 사실에 대한 추가적인 논의는 이 책의 범위
를 뛰어넘는다. 그러나 이에 대해 더 관심 있는 독자는 다음의 연구를 참조하면 된다.(Anuj
Kumar, Michael D. Smith, and Rahul Telang, "Information Discovery and the Long Tail
of Motion Picture Content," Management Information Systems Quarterly 38, no. 4 (2014):
1057~1078.)

12. 8장에서 결합 상품에 대해 더 자세히 살펴볼 예정이다.

13. 5장에서 이 문제에 대한 실증적인 자료들을 더 자세히 살펴볼 예정이다.

4. 퍼펙트 스톰

1. 이번 장에서 논의할 내용은 조지프 슘페터의 창조적 파괴 이론theory of creative destruction, 클
레이튼 크리스텐슨의 파괴적 혁신 이론theory of disruptive innovation, 리처드 포스터의 공격자
우위 개념concept of attacker's advantage과 관련이 깊다. 저자들은 이 이론들을 활용해 기존 기
업이 신규 기업이나 시장의 동시다발적 변수로부터 어떤 위협을 받고 있는지 파악할 수 있
었다.

2. 참조: http://www.prnewswire.com/news-releases/att-launches-a2b-music-withthe-verve-pipe--a-trial-for-the-delivery-of-music-over-the-internet-77352797.html

3. a2b 파일 엔코딩에는 AAC 압축 기술이 사용되었다. 이 기술과 관련한 특허는 T&T Bell Laboratories, Fraunhofer IIS, Dolby Laboratories, Sony Corporation에 속해 있다. 보다 자세한 내용은 AES 17th International Conference on High Quality Audio Encoding, 1999에서 발표된 Karlheinz Brandenburg의 "MP3 and AAC Explained"를 참조하면 된다.(http://www.aes.org/e-lib/browse.cfm?elib=8079)

4. Gronow and Saunio, An International History of the Recording Industry, p. 211.

5. 브리태니커 사례는 다음 문헌을 참고하였다.(Shane Greenstein and Michelle Devereux in The Crisis at Encyclopaedia Britannica, Case Study KEL251, Kellogg School of Management, 2006(revised 2009)).

6. 위와 같은 문헌, p. 2, citing Randall E. Stross, The Microsoft Way.

7. 위와 같은 문헌, p. 5, note 21, quoting Philip Evans and Thomas S. Wurster, The Microsoft Way.

8. 위와 같은 문헌, p. 17, citing Robert McHenry, "The Building of Britannica Online" (http://www.howtoknow.com/BOL1.html).

9. 위와 같은 문헌, p. 17, citing Robert McHenry, "The Building of Britannica Online" (http://www.howtoknow.com/BOL1.html).

10. 위와 같은 문헌, p. 7, citing Dorothy Auchter, "The Evolution of Encyclopaedia Britannica," Reference Services Review 27, no. 3(1999): 291~297.

11. 위와 같은 문헌, p. 17, citing Stross, The Microsoft Way.

12. 위와 같은 문헌.

13. Matt Marx, Joshua S. Gans, and David H. Hsu, "Dynamic Commercialization Strategies for Disruptive Technologies: Evidence from the Speech Recognition Industry," Management Science 60, no. 12(2014): 3103-3123.

5. 블록버스터 법칙과 롱테일 법칙

1. 롱테일의 정의는 "많이 판매되는 소수의 제품들과 달리 적게 판매되는 다수의 제품들"이며 Oxford Dictionaries 웹사이트를 참고했다. (http://www.oxforddictionaries.com/us/definition/american_english/long-tail)

2. Erik Brynjolfsson and Michael Smith, "Frictionless Commerce? A Comparison of Internet and Conventional Retailers," Management Science 46, no. 4 (2000): 563~585.

265

3. 이 내용은 1995년 하버드 비즈니스 리뷰에서 '승자 독식 사회'를 비평했던 경제학자 John Kenneth Galbraith에 의해 처음 제기되었다. 그는 '승자가 독식한다…가끔씩'이라는 제목의 글에서 "저자들이 예시로 삼고 있는 스포츠 경기라는 분야는 흔히 승부가 명백하게 결정되도록 짜여 있다. 그러나 다른 분야들, 심지어 시장 집중도가 높은 분야에서도 이런 현상을 발견하기는 힘들다"고 했다.

4. 연구 방법과 결과에 대한 추가 내용은 다음 연구를 참조하면 된다.(Erik Brynjolfsson, Yu Hu, and Michael Smith, "Consumer Surplus in the Digital Economy: Estimating the Value of Increased Product Variety," Management Science 49, no.11 (2003): 1580~1596.)

5. Bowker, cited in Statistical Abstract of the United States: 2004~2005(Government Printing Office, 2004), p. 721, table 1129.

6. 종이책 출간의 증가는 흥미로운 주제다. Bowker에 따르면 2008년 562,000권이었던 신규 종이책 출간량은 2010년 310만권으로 늘어났으며, 이는 대부분 비전통적인(주로 자가 출판물 등) 성격의 종이책 출간이 증가했기 때문이다. 비전통 출판물이 전체 출판 시장에서 차지하는 비율은 2002년 13%에서 2010년 92%로 커졌다.

7. Luis Aguiar and Joel Waldfogel, Quality, Predictability and the Welfare Benefits from New Products: Evidence from the Digitization of Recorded Music, working paper, University of Minnesota, 2014.

8. Anita Elberse, "Should You Invest in the Long Tail?" Harvard Business Review 86, no. 7/8 (2008): 88~96.

9. Glenn Ellison and Sara Fisher Ellison, Match Quality, Search, and the Internet Market for Used Books. working paper, Massachusetts Institute of Technology, 2014.

10. McPhee의 1963년도 저서는 오래전 절판되었다. 따라서 이 책은 규모가 큰 대학교 도서관이나 아마존에서 25.15달러 정도에 중고로 구할 수 있다.

11. 본 연구는 다음 문헌을 참조하면 된다.(Alejandro Zentner, Michael D. Smith, and Cuneyd Kaya, "How Video Rental Patterns Change as Consumers Move Online," Management Science 59, no. 11 (2013): 2622~2634.)

12. Erik Brynjolfsson, Yu(Jeffrey) Hu, and Duncan Simester, "Goodbye Pareto Principle, Hello Long Tail: The Effect of Search Costs on the Concentration of Product Sales," Management Science 57, no. 8(2011): 1373-1386.

13. Gal Oestreicher-Singer and Arun Sundararajan, "Recommendation Networks and the Long Tail of Electronic Commerce," MIS Quarterly 36, no. 1(2012): 65-83.

14. IMDb를 참조하였다.

15. Miguel Godinho de Matos, Pedro Ferreira, Michael D. Smith, and Rahul Telang, "Culling the Herd: Using Real World Randomized Experiments to Measure Social Bias with Known Costly Goods," Management Science, (2016): 2563-2580.

16. 추가 내용은 다음 문헌을 참조하면 된다. Avi Goldfarb, Ryan C. McDevitt, Sampsa Samila, and Brian Silverman, "The Effect of Social Interaction on Economic Transactions: Evidence from Changes in Two Retail Formats," Management Science(2015): 2963–2981.

17. https://hbr.org/2008/06/debating-the-long-tail and https://hbr.org/2008/07/the-long-tail-debate-a-response.

6. 불법 복제

1. Jeff Goodell, "Steve Jobs: The Rolling Stone Interview," Rolling Stone, December 3, 2003.

2. http://www.indiewire.com/article/guest-post-heres-how-piracy-hurts-indie-film-20140711

3. 미국내 음반 매출은 1999년 146억 달러에서 2009년 630만 달러로 감소했다. (http://money.cnn.com/2010/02/02/news/companies/napster_music_industry)

4. Stan Liebowitz, "The Impacts of Internet Piracy," in Handbook on the Economics of Copyright: A Guide for Students and Teachers, ed. R. Watt(Edward Elgar, 2014).

5. 예를 들어 미국 대법원은 2005년 MGM Studios 와 Grokster(P2P 파일 공유 서비스) 간의 소송에서 "저작권을 침해하기 위한 목적으로 특정 기기를 유통시킨 자는 그에 따른 제3자 의 저작권 침해에 대해서도 책임이 있다"고 판결했다.

6. http://en.wikipedia.org/wiki/Stop_Online_Piracy_Act#cite_note-HousePress-28

7. https://www.riaa.com/physicalpiracy.php?content_selector=piracy-online-scope-of-the-problem

8. http://ftp.jrc.es/EURdoc/JRC79605.pdf

9. http://www.cbc.ca/news/business/digital-piracy-not-harming-entertainment-industries-study-1.1894729

10. Michael Smith and Rahul Telang, "Competing with Free: The Impact of Movie Broadcasts on DVD Sales and Internet Piracy," Management Information Systems Quarterly 33, no. 2(2009): 312–338.

11. Felix Oberholzer-Gee and Koleman Strumpf, "The Effect of File Sharing on Record Sales: An Empirical Analysis," Journal of Political Economy 115, no. 1 2007): 1~42.

12. Brett Danaher, Michael D. Smith, and Rahul Telang, "Piracy and Copyright Enforcement Mechanisms," in Innovation Policy and the Economy, volume 14, ed. J. Lerner and S. Stern(National Bureau of Economic Research, 2014).

13. Brett Danaher, Michael D. Smith, and Rahul Telang, "Copyright Enforcement in the Digital Age: Empirical Economic Evidence and Conclusions," prepared for

tenth session of World Intellectual Property Organization Advisory Committee on Enforcement, Geneva.

14. 25개 논문 중 19개는 2014년 연구에 속해 있고, 2개는 2015년에 발표된 연구에 속해 있다. 나머지 4개 논문은 2015년 연구가 발표된 이후 추가했다.

15. 그렇다면, 불법 복제가 정품 매출에 악영향을 주지 않는다고 밝힌 3개의 연구를 통해 무엇을 알 수 있을까? 가장 자연스러운 분석은 불법 복제가 매출에 부정적인 영향을 주지 않는 어떤 상황이 있다는 것이다. 예를 들어 6장 부록의 표6.1과 같이 영화가 TV에서 방영이 될 때(흔히 극장에서 영화가 개봉하고 수년이 지난 뒤)에는 불법 복제와 매출 하락의 통계적 관계가 떨어진다는 연구가 있다. 그러나 불법 복제가 매출 하락에 부정적 영향을 줄 수 있는 영화의 생애 주기 초반에도 이러한 결과가 그대로 통한다는 것은 아니라는 사실에 주목할 필요가 있다.(Michael Smith and Rahul Telang, "Competing with Free: The Impact of Movie Broadcasts on DVD Sales and Internet Piracy," Management Information Systems Quarterly 33, no. 2, 2009: 312-338, p. 336)
또한 특정한 설정이나 연구자들이 활용한 연구방법에 따라 결과가 달라질 수 있으며 그 예는 다음과 같다.
●Rafael Rob and Joel Waldfogel, "Piracy on the High C's: Music Downloading, Sales Displacement, and Social Welfare in a Sample of College Students," Journal of Law and Economics 49, no.1 (2006): 29-62
●Stan Liebowitz, "How Reliable is the Oberholzer-Gee and Strumpf Paper on File-Sharing?"(http://ssrn.com/abstract=1014399)
●Stan Liebowitz, "The Oberholzer-Gee/Strumpf File-Sharing Instrument Fails the Laugh Test"(http://ssrn.com/abstract=1598037)
●George R. Barker and Tim J. Maloney, "The Impact of Free Music Downloads on the Purchase of Music CDs in Canada"(http://ssrn.com/abstract= 2128054)
그러나 대부분의 사례에서 불법 복제는 매출에 악영향을 주는 것으로 나타난다.

16. Rob and Waldfogel, "Piracy on the High C's."

17. http://www.ifpi.org/content/section_news/investing_in_music.html

18. Joel Waldfogel, "Copyright Protection, Technological Change, and the Quality of New Products: Evidence from Recorded Music since Napster," Journal of Law and Economics 55, no. 4(2012): 715~740.

19. 위와 같은 문헌.

20. 인도 영화 검열국이 발표한 자료에서도 비슷한 결과를 볼 수 있다.(Rahul Telang and Joel Waldfogel, "Piracy and New Product Creation: A Bollywood Story," 2014 (http://ssrn.com/abstract=2478755))

21. http://www.nytimes.com/2012/08/05/sunday-review/internet-pirates-will-always-win.html

22. http://www.bloomberg.com/bw/stories/1998-05-10/the-net-a-market-too-

perfect-for-profits

23. Michael Smith and Erik Brynjolfsson, "Customer Decision Making at an Internet Shopbot: Brand Still Matters," Journal of Industrial Economics 49, no. 4 (2001): 541~558.

24. 대조군에 속한 프로그램 중 53개는 CBS, CW, Fox, NBC 에서 제작했다. 이중 18개는 7월 6일 이전부터 훌루에서 시청 가능했으며, 7월 6일 이후 4주 동안에도 변함이 없었다. 반면 44개 프로그램은 7월 6일 이전에는 훌루에서 이용이 불가능했으며 마찬가지로 7월 6일 이후 4주간 변동이 없었다. 보다 자세한 내용은 다음 연구를 참조하면 된다.(Brett Danaher, Samita Dhanasobhon, Michael D. Smith, and Rahul Telang, "Economics of Digitization: An Agenda," in Understanding Media Markets in the Digital Age: Economics and Methodology, ed. A. Goldfarb, S. Greenstein, and C. Tucker(University of Chicago Press, 2015))

25. Brett Danaher, Michael D. Smith, Rahul Telang, and Siwen Chen, "The Effect of Graduated Response Anti-Piracy Laws on Music Sales: Evidence from an Event Study in France," Journal of Industrial Economics 62, no. 3 (2014): 541~553.

26. Roger Parloff, "Megaupload and the Twilight of Copyright," Fortune, July 23, 2012: 21~24.

27. Brett Danaher and Michael D. Smith, "Gone in 60 Seconds: The Impact of the Megaupload Shutdown on Movie Sales," International Journal of Industrial Organization 33(2014), March: 1~8.

28. https://www.fbi.gov/news/pressrel/press-releases/justice-department-charges-leaders-of-megaupload-with-widespread-online-copyright-infringement

29. Brett Danaher, Michael D. Smith, and Rahul Telang, The Effect of Piracy Website Blocking on Consumer Behavior, working paper, Carnegie Mellon University(available from http://ssrn.com/abstract=2612063).

7. 힘의 이동

1. https://shotonwhat.com/cameras/canon-eos-5d-mark-iii-camera

2. 2010년 아카데미 시상식에서 편집상은 〈소셜 네트워크〉, 2011년에는 〈밀레니엄: 여자를 증오한 남자들〉이 탔다. 파이널 컷 프로로 편집한 영화가 노미네이트 된 사례는 2003년 〈콜드 마운틴〉, 2007년 〈노인을 위한 나라는 없다〉, 2008년 〈벤자민 버튼의 시간은 거꾸로 간다〉가 있다.

3. https://gigaom.com/2012/03/22/419-the-next-self-publishing-frontier-foreign-language-editions/

4. https://www.youtube.com/channel/UCy5mW8fB24ITiiC0etjLI6w

5. http://www.newyorker.com/magazine/2014/02/17/cheap-words

6. https://gigaom.com/2012/06/18/seth-godins-kickstarter-campaign-for-new-book-beats-40k-goal-in-3-5-hours/

7. https://www.kickstarter.com/projects/297519465/the-icarus-deception-why-make-new-from-seth-go

8. http://www.ew.com/article/2013/03/13/veronica-mars-movie-is-a-go-kickstarter

9. http://www.wsj.com/news/articles/SB1000142405270230363640457939732224002695 0

10. http://www.ew.com/article/2013/03/13/veronica-mars-movie-is-a-go-kickstarter

11. https://www.youtube.com/watch?v=CjW9I6jo7bQ

12. http://blogs.ocweekly.com/heardmentality/2014/05/nice_peter_epic_rap_battles_in_history.php

13. http://www.nytimes.com/2013/10/30/arts/television/epic-rap-battles-seeks-staying-power-on-youtube.html

14. http://www.statsheep.com/ERB

15. http://www.riaa.com/goldandplatinumdata.php?artist=%22Epic+Rap+Battles+of+History%22

16. ERB가 유튜브의 유일한 성공 사례는 아니다. PewDiePie라는 이름으로 유명한 스웨덴 출신 남성 Felix Kjellberg는 유머러스한 비디오를 찍어 3,800만 명에 달하는 구독자와 90억 회 이상의 조회수를 전 세계적으로 기록했다. 2014년 자신의 유튜브 채널 수익으로만 약 7백만 달러를 벌었다고 한다.(http://www.bbc.com/news/technology-33425411)

17. http://www.theguardian.com/books/2012/jan/12/amanda-hocking-self-publishing

18. http://www.deseretnews.com/article/865578461/Hip-hop-violinist-Lindsey-Stirling-overcomes-anorexia-critics-to-find-happiness-success.html

19. https://www.washingtonpost.com/blogs/the-switch/wp/2014/05/29/youtube-sensation-lindsey-stirling-on-how-the-internet-can-shape-the-music-industry/

20. https://www.youtube.com/user/lindseystomp/about

21. http://www.forbes.com/sites/michaelhumphrey/2011/10/26/epic-rap-battles-of-history-talking-brash-wit-with-a-youtube-hit/3/

22. http://www.billboard.com/articles/news/1559095/dubstep-violinist-lindsey-stirling-inks-deal-with-lady-gagas-manager

23. http://mediadecoder.blogs.nytimes.com/2011/03/24/self-publisher-signs-four-book-deal-with-macmillan/

24. http://content.time.com/time/arts/article/0,8599,1666973,00.html

25. http://www.wired.com/2007/12/ff-yorke/

26. https://louisck.net/news/a-statement-from-louis-c-k

27. https://louisck.net/news/another-statement-from-louis-c-k

28. http://recode.net/2015/01/31/louis-c-k-s-new-straight-to-fan-special-has-no-buzz-and-its-doing-better-than-his-first-one/

29. http://www.wired.com/2011/06/pottermore-details/

30. http://www.theguardian.com/books/booksblog/2012/mar/28/pottermore-ebook-amazon-harry-potter

31. http://nypost.com/2014/01/02/indie-artists-are-new-no-1-in-music-industry/

32. Joel Waldfogel and Imke Reimers, Storming the Gatekeepers: Digital Disintermediation in the Market for Books. working paper, University of Minnesota, Minneapolis, 2012.

33. http://www.washingtonpost.com/news/business/wp/2014/09/05/tv-is-increasingly-for-old-people/

34. http://www.dailymail.co.uk/news/article-2178341/Hollywood-Cinema-attendance-plummets-25-year-low.html

35. http://www.businessinsider.com/brutal-50-decline-in-tv-viewership-shows-why-your-cable-bill-is-so-high-2013-1

36. http://www.techhive.com/article/2833829/nearly-1-in-4-millennials-have-cut-the-cord-or-never-had-cable.html, http://www.washingtonpost.com/news/morning-mix/wp/2015/01/06/the-espn-streaming-deal-and-how-tv-is-becoming-entertainment-for-old-people/에서 인용

37. http://blogs.wsj.com/cmo/2015/07/24/this-chart-shows-why-comcast-would-be-interested-in-vice-media-and-buzzfeed/

38. http://www.hollywoodreporter.com/news/study-5-percent-millennials-plan-732337

39. http://www.usatoday.com/story/tech/2014/12/19/youtube-diversity-millennials/18961677/

40. http://www.hollywoodreporter.com/news/study-5-percent-millennials-plan-732337

41. http://www.prnewswire.com/news-releases/sprint-and-suave-partner-with-leah-remini-to-create-consumer-generated-webisodes-58432852.html

42. http://www.nytimes.com/2009/03/25/arts/television/25moth.html?_r=1

43. http://adage.com/article/madisonvine-case-study/sprint-suave-find-success-mindshare-s-online-series/125090/

44. http://www.mediapost.com/publications/article/76165/suave-sprint-back-for-in-

the—motherhood—webisod.html

45. http://variety.com/2008/scene/markets—festivals/abc—orders—motherhood—episodes—1117991763/

46. https://ewinsidetv.wordpress.com/2009/03/11/in—the—motherho/

47. Bowker, cited in Statistical Abstract of the United States: 2004-2005(Government Printing Office), table 1129.

48. http://www.bowkerinfo.com/pubtrack/AnnualBookProduction2010/ISBN_Output_2002—2010.pdf
어느 조사에 따르면 아마존은 매 5분마다 신규 서적 1권을 입고한다. (http://techcrunch.com/2014/08/21/there—is—one—new—book—on—amazon—every—five—minutes)

49. http://www.musicsupervisor.com/just—how—many—releases—these—numbers—may—scare—you/

50. https://www.youtube.com/yt/press/statistics.html

8. 괴짜들의 복수

1. http://www.nytimes.com/2007/08/31/technology/31NBC.html

2. http://www.cnet.com/news/nbc—to—apple—build—antipiracy—into—itunes/

3. Philip Elmer—DeWitt, "NBC's Zucker: Apple Turned Dollars into Pennies," Fortune, October 29, 2007(http://fortune.com/2007/10/29/nbcs—zucker—apple—turned—dollars—into—pennies).

4. 인용: "NBC Chief Warns Over iTunes Pricing," Financial Times, October 29, 2007(http://www.ft.com/intl/cms/s/0/8f799be2—865a—11dc—b00e—0000779fd2ac.html).

5. Brooks Barnes, "NBC Will Not Renew iTunes Contract," New York Times, August 31, 2007(http://www.nytimes.com/2007/08/31/technology/31NBC.html).
애플은 NBC 프로그램의 아이튠즈 매출 중 30%를 배분받는다.(http://www.apple.com/pr/library/2007/08/31iTunes—Store—To—Stop—Selling—NBC—Television—Shows.html)

6. https://www.apple.com/pr/library/2007/09/05Apple—Unveils—iPod—touch.html

7. http://www.cnet.com/news/apple—slaps—back—at—nbc—in—itunes—spat/

8. http://www.nytimes.com/2007/09/20/business/media/20nbc.html

9. 타깃은 DVD 시장의 15%를 차지하는 것으로 알려져 있다. (http://www.wsj.com/articles/SB116035902475586468)

10. https://www.apple.com/pr/library/2006/09/12Apple—Announces—iTunes—7—with—Amazing—New—Features.html

11. http://www.hollywoodreporter.com/news/target—blinks—dispute—disney—143682

12. 그림8.1의 수직 축은 로그 척도이다.

13. Brett Danaher, Samita Dhanasobhon, Michael D. Smith, and Rahul Telang, "Converting Pirates without Cannibalizing Purchasers: The Impact of Digital Distribution on Physical Sales and Internet Piracy," Marketing Science 29, no. 6(2010): 1138–1151.

14. 이 기간 동안 NBC 경쟁사들의 불법 복제물은 증가하지 않았다. 따라서 불법 복제물의 숫자가 늘어난 것은 아이튠즈에서 NBC 콘텐츠를 이용할 수 없게 된 사실과 인과관계가 있다고 할 수 있다.

15. 애플이 NBC에 양보한 계약 조건은 콘텐츠에 따른 유동적인 가격 정책이었다. 기본 콘텐츠의 가격은 0.99달러, HD 화질 콘텐츠는 2.99달러의 가격을 매길 수 있도록 해주었다.(http://www.businessinsider.com/2008/9/nbc-s-zucker-we-came-back-to-itunes-because-we-got-variable-pricing) 그러나 이외에 NBC가 원했던 조건, 즉 아이팟에서 불법 복제물을 보기 어렵게 만들어야 한다는 조건과 아이팟 판매 수익 중 일부를 배분해줘야 한다는 조건은 애플이 양보해주지 않았다.

16. Brad Stone, The Everything Store: Jeff Bezos and the Age of Amazon(Little, Brown, 2013).

17. http://www.publishersweekly.com/pw/print/20040531/23431-amazon-co-op-riles-independent-houses.html

18. http://www.newyorker.com/magazine/2014/02/17/cheap-words

19. 위와 같은 문헌.

20. http://www.publishersweekly.com/pw/print/20040531/23431-amazon-co-op-riles-independent-houses.html

21. http://www.newyorker.com/magazine/2014/02/17/cheap-words

22. 인용: Joe Miller, "Amazon Accused of 'Bullying' Smaller UK Publishers,"BBC News, June 26, 2014.(http://www.bbc.com/news/technology-27994314).

23. http://articles.latimes.com/2011/oct/06/entertainment/la-et-jobs-music-20111007

24. Social Problems: Selections from CQ Researcher(Pine Forge Press, 2009), p. 222. http://featuresblogs.chicagotribune.com/entertainment_tv/2006/02/office_workers.html

25. http://www.newyorker.com/magazine/2014/02/03/outside-the-box-2

26. http://variety.com/2009/digital/features/online-distribution-pulls-ahead-of-film-111799As9758/

27. http://www.digitalbookworld.com/2013/e-retailers-now-accounting-for-nearly-half-of-book-purchases-by-volume/

28. http://www.theverge.com/2015/4/15/8419567/digital-physical-music-sales-overtake-globally

29. http://partners.nytimes.com/library/tech/99/03/biztech/articles/14amazon.html

30. Michael Smith, Joseph Bailey, and Erik Brynjolfsson, "Understanding Digital Markets: Review and Assessment," in Understanding the Digital Economy, ed.E. Brynjolfsson and B. Kahin (MIT Press, 2000).

31. E. J. Johnson, S. Bellman, and G. L. Lohse, "Cognitive Lock-in and the Power Law Of Practice," Journal of Marketing 67, no. 2(2002): 62-75.

32. Erik Brynjolfsson, Astrid Dick, Michael Smith가 온라인 가격 비교 사이트의 데이터를 분석한 결과, 가격에 민감한 소비자라도 첫 페이지만 둘러본다는 사실을 발견했다. 비록 다음 페이지부터는 첫 페이지보다 평균 6달러 정도 싼 가격 정보가 있음에도 불구하고 첫 페이지만 둘러본다는 것이다.("A Nearly Perfect Market? Differentiation Versus Price in Consumer Choice," Quantitative Marketing and Economics 8, no.1(2010):1-3).
즉 소비자들은 정보 탐색에 필요한 추가적인 시간이나 노력을 들이지 않는 댓가로 6달러를 포기하려는 의사를 갖고 있다. 이는 다음 연구들과도 관련이 있다.
●이베이 경매에 참여하기(P. Bajari and A. Hortaçsu, "The Winner's Curse, Reserve Prices, and Endogenous Entry: Empirical Insights from eBay Auctions," RAND Journal of Economics 34(2003): 329~355)
●온라인 경매에 비딩하기(I. Hann and C. Terwiesch, "Measuring the Frictional Cost of Online Transactions: The Case of a Name-Your-Own-Price Channel," Management Science 49(2003): 1563~1579)
●교과서 찾기(H. Hong and M. Shum, "Using price distributions to estimate search costs," RAND Journal of Economics 37(2006): 257~275)

33. 이 내용 자체가 DRMDigital Rights Management 소프트웨어를 반대한다는 뜻은 아니다. DRM 소프트웨어는 가벼운 수준의 불법 복제를 방지하는 데 효과가 있다. 예를 들어 Imke Reimers는 DRM 덕분에 전자책 매출이 15.4% 증가했음을 발견했다.(http://www.econ. umn.edu/~reime062/research/piracy_paper.pdf)

34. ●Nicola F. Sharpe and Olufunmilayo B. Arewa, "Is Apple Playing Fair? Navigating the iPod FairPlay DRM Controversy," Northwestern Journal of Technology and Intellectual Property 5, no. 2: 331~349
●Herbert Hovenkamp, Mark D. Janis, Mark A Lemley, and Christopher R. Leslie, IP and Antitrust: An Analysis of Antitrust Principles Applied to Intellectual Property Law, second edition(Wolters Kluwer Law & Business, 2014
●Thorsten Kaseberg, Intellectual Property, Antitrust and Cumulative Innovation in the EU and the US(Bloomsbury, 2012).

35. Yannis Bakos and Erik Brynjolfsson, "Bundling and Competition on the Internet," Marketing Science 19, no. 1(2000): 63~82.

36. 위와 같은 문헌.

37. http://arstechnica.com/uncategorized/2007/11/hands-on-nbc-direct-beta-makes-hulu-seem-utopian-not-ready-for-beta-tag/

38. http://fortune.com/2014/12/09/hbo-streaming/

39. http://variety.com/2014/digital/news/hbo-cto-otto-berkes-resigns-as-network-enlists-mlb-to-build-ott-platform-1201375255/

9. 머니볼

1. Michael Lewis, Moneyball(Norton, 2003), pp. 219~220.

2. 위와 같은 문헌, p. 233.

3. 위와 같은 문헌, p. 57.

4. 위와 같은 문헌.

5. http://www.newyorker.com/magazine/2014/02/03/outside-the-box-2

6. http://www.newyorker.com/magazine/2014/02/17/cheap-words

7. Ken Auletta, "Publish or Perish," The New Yorker, April 26, 2010.

8. http://www.newyorker.com/reporting/2014/02/17/140217fa_fact_packer

9. http://www.hollywoodreporter.com/news/sonys-michael-lynton-defends-studio-759494

10. http://www.nytimes.com/2013/02/25/business/media/for-house-of-cards-using-big-data-to-guarantee-its-popularity.html?_r=1

11. 피츠버그 파이어리츠 구단의 팬으로서 저자들은 씁쓸한 기분이 들었다.

12. 플랫폼 업체들은 특별한 상황 혹은 수수료를 받을 때에만 고객 세부 데이터를 제공하거나 직접적인 마케팅 프로그램을 펼칠 수 있도록 허용한다. 이는 고객 데이터 자체가 중요한 전략적 자산이며, 대형 플랫폼 업체들이 파트너들과의 협상에서 유리한 위치에 설 수 있도록 해준다.

13. http://www.hollywoodreporter.com/news/aftermath-hulu-ceos-bad-boy-101517

14. ●http://variety.com/2014/digital/news/amazon-to-spend-more-than-100-million-on-original-series-in-q3-1201268987/

   ●http://variety.com/2015/digital/news/amazon-studios-to-produce-movies-for-theatrical-digital-releasein-2015-1201408688/

   ●http://www.wsj.com/articles/youtube-seeks-streaming-right-to-tv-shows-movies-1449104356

15. http://youtube-global.blogspot.com/2015/10/red-originals.html

16. http://www.vulture.com/2015/07/netflix-original-programming-hbo-fx.html

17. Gina Keating, Netflixed: The Epic Battle for America's Eyeballs(Portfolio, 2013).

18. http://www.nytimes.com/2013/02/25/business/media/for-house-of-cards-usingbig-data-to-guarantee-its-popularity.html

19. http://www.hollywoodreporter.com/news/amazon-studios-head-roy-

price—721867

20 John Seabrook, "Revenue Streams," The New Yorker, November 24, 2014 (http://www.newyorker.com/magazine/2014/11/24/revenue—streams)

21. http://www.theatlantic.com/magazine/archive/2014/12/the—shazam—effect/382237/

22. http://www.newyorker.com/reporting/2014/02/17/140217fa_fact_packer

23. "A Chat with Ted Sarandos, Mitch Hurwitz, and Vince Gilligan," National Association of Television Program Executives, January 21, 2015(https://www.youtube.com/watch?v=Zdy8—FDV7c0).

24. Kevin Spacey, keynote address, Content Marketing World 2014, Cleveland, September 11, 2014.

25. http://variety.com/2015/tv/news/golden—globe—nominations—2016—hbo—nbc—1201658385/

26. http://deadline.com/2015/12/golden—globes—nominations—2016—tv—series—networks—list—1201664377/

27. http://www.hollywoodreporter.com/news/breaking—bad—how—cable—netflix—619857

28. RBC Capital Markets의 David Bank는 2015년에 방송사와 영화 제작사들이 넷플릭스와 훌루, 아마존으로부터 방영료로 68억 달러를 받을 것으로 예측했다.(http://www.wsj.com/articles/netflix—viewership—finally—gets—a—yardstick—1440630513).

10. 오만과 편견

1. 인용 "How to Survive in Vegas," Business Week, August 9, 2010(http://www.bloomberg.com/bw/magazine/content/10_33/b4191070705858.htm).

2. 하라스 엔터테인먼트의 성공 사례는 다음 자료들을 참조하였다.
    ●Rajiv Lal, Harrah's Entertainment, case study, Harvard Business School, 2002
    ●Victoria Chang and Jeffrey Pfeffer, Case OB—45, Gary Loveman and Harrah's Entertainment
    ●Stanford Graduate School of Business, 2003; Gary Loveman, "Diamonds in the Data Mine," Harvard Business Review, May 2003.

3. Rajiv Lal and Patricia Carrolo, Harrah's Entertainment Inc., case 502—011, Harvard Business School, 2001, p. 3.

4. 위와 같은 문헌.

5. 위와 같은 문헌, p. 5.

6. Loveman, "Diamonds in the Data Mine," p. 4.

7. 위와 같은 문헌.

8. Lal and Carrolo, Harrah's Entertainment Inc., p. 6.

9. Chang and Pfeffer, Gary Loveman and Harrah's Entertainment.

10. Richard Metters, Carrie Queenan, Mark Ferguson, Laura Harrison, Jon Higbie, Stan Ward, Bruce Barfield, Tammy Farley, H. Ahmet Kuyumcu, and Amar Duggasani, "The 'Killer Application' of Revenue Management: Harrah's Cherokee Casino and Hotel," Interfaces 38, no. 3(2008): 161~175.

11. Loveman, "Diamonds in the Data Mine," p. 4.

12. Chang and Pfeffer, Gary Loveman and Harrah's Entertainment.

13. Meridith Levinson, "Harrah's Knows What You Did Last Night," CIO Newsletter, June 6, 2001(http://www.cio.com.au/article/44514/harrah_knows_what_did_last_night/).

14. Chang and Pfeffer, Gary Loveman and Harrah's Entertainment.

15. Richard H. Levey, "Destination Anywhere: Harrah's Entertainment Inc.'s Marketing Strategy," Direct, 1999. 인용: Lal and Carrolo, Harrah's Entertainment Inc.

16. Loveman, "Diamonds in the Data Mine," p. 3.

17. 위와 같은 문헌, p. 4.

18. Gary Loveman in the Gaming Hall of Fame for 2013, Gambling USA, September 14, 2013(http://www.gamblingusa.com/gary-loveman-gaming-hall-fame-2013/).

19. Kate O'Keeffe, "Real Prize in Caesars Fight: Data on Players," Wall Street Journal, March 19, 2015(http://www.wsj.com/articles/in-caesars-fight-data-on-players-is-real-prize-1426800166).

20. Steve Knopper, Appetite for Self-Destruction: The Spectacular Crash of the Record Industry in the Digital Age(Simon and Schuster, 2009).

21. IFPI, "Music industry revenue worldwide from 2002 to 2014, by sector (in billion U.S. dollars)"(http://www.statista.com/statistics/272306/worldwide-revenues-of-the-music-industry-by-category).

22. Brett Danaher, Yan Huang, Michael D. Smith, and Rahul Telang, "An Empirical Analysis of Digital Music Bundling Strategies," Management Science 60, no. 9(2015): 1413-1433.

23. http://www.nielsen.com/us/en/insights/reports/2015/the-total-audience-report-q1-2015.html

24. http://www.wsj.com/articles/viacom-beats-expectations-on-ninja-turtles-transformers-1415881443

25. http://blogs.wsj.com/cmo/2015/06/25/nielsen-mitch-barns-tv-networks-netflix/

26. 다음 연구에서 연구자들은 프리미엄 TV 채널은 보유하고 있지만 Digital Video Recorder 기능은 없는 소비자들의 인터넷 사용량을 분석한 결과 인터넷 사용량의 변화가 없음을 발견했다. 연구자들에 따르면 이는 TV가 인터넷에서의 비디오 스트리밍과 유사한 기능

을 제공하면 사용자들은 TV를 더 사용하는 경향이 있다는 것이다.(Filipa Reis, Miguel Godinho de Matos, and Pedro Ferreira, The Impact of Convergence Technologies on the Substitution Between TV and Internet: Evidence from a Randomized Field Experiment, working paper, Carnegie Mellon University, 2015.)

27. 더 자세한 내용은 다음 연구를 참조하면 된다.(Jing Gong, Michael D. Smith, and Rahul Telang, "Substitution or Promotion? The Impact of Price Discounts on Cross-Channel Sales of Digital Movies," Journal of Retailing 91, no. 2(2015): 343~357.)

28. 물론 이런 식의 전략이 효과적일 때도 있다. 대표적으로 슈퍼볼 광고가 그렇다. 'Super Returns to Super Bowl Ads?'라는 제목의 연구에서 연구자들은 슈퍼볼 광고가 영화 수익에 끼치는 영향을 분석했다.(http://people.ischool.berkeley.edu/~hal/Papers/2015/super.pdf) 연구자들은 특정 지역의 홈팀이 슈퍼볼에 참가하면 해당 지역의 관객 수가 다른 지역 관객 수보다 많다는 사실과 함께 슈퍼볼 광고 물량은 참가 팀이 결정되기 이전에 잘 팔린다는 사실을 기본 전제로 삼고 있었다. 홈팀이 슈퍼볼에 참가하는 지역에서는 경기 중계 시청률이 높아지며 이는 자연스럽게 광고 시청률 증가로 이어진다. 연구자들은 2004년부터 2012년까지 슈퍼볼 광고를 집행한 54개 영화의 관객 수를 분석했으며, 슈퍼볼에 참가한 팀의 지역에서 관객 수가 더 많다는 사실을 도출해낼 수 있었다. 투자 대비 수익 측면에서도 영화 한 편당 300만 달러의 광고비가 들었지만 수익은 평균 840만 달러가 늘었다.

11. 쇼는 계속되어야 한다

1. John Markoff, "Michael Dell Should Eat His Words, Apple Chief Suggests," New York Times, January 16, 2006(http://www.nytimes.com/2006/01/16/technology/16apple.html).

2. http://www.cnet.com/news/gateway-shuts-10-percent-of-u-s-stores Gateway 는 2004년 4월경 나머지 188개 점포도 문을 닫았다.(http://www.pcworld.com/article/115507/article.html)

3. http://www.bloomberg.com/bw/stories/2001-05-20/commentary-sorry-steve-heres-why-apple-stores-wont-work

4. http://www.forbes.com/sites/carminegallo/2015/04/08/why-the-experts-failed-to-predict-the-apple-stores-success/

5. http://fortune.com/2015/03/13/apples-holiday-top-10-retailers-iphone/

6. http://www.forbes.com/sites/carminegallo/2015/04/08/why-the-experts-failed-to-predict-the-apple-stores-success/

7. http://fortune.com/2011/08/26/how-apple-became-the-best-retailer-in-america/

8. http://bits.blogs.nytimes.com/2011/11/25/a-look-at-apples-spot-the-shopper-

technology/

9. http://variety.com/2015/film/news/godzilla-vs-king-kong-legendary-
   ceo-1201656742/

10. http://ir.aol.com/phoenix.zhtml?c=147895&p=irol-newsArticle_print&ID=1354531

11. http://variety.com/2015/digital/news/netflix-bandwidth-usage-internet-
    traffic-1201507187/

12. http://fortune.com/2012/08/20/hulus-network-drama/

13. Jason Kilar, "Stewart, Colbert, and Hulu's Thoughts about the Future of TV," http://
    blog.hulu.com/2011/02/02/stewart-colbert-and-hulus-thoughts-about-the-
    future-of-tv/

14. http://allthingsd.com/20110203/is-jason-kilar-trying-to-get-fired/

15. http://www.ft.com/intl/cms/s/0/2503f886-2f60-11e0-834f-00144feabdc0.html

16. 위와 같은 문헌.

17. Janet Morrissey, "The Beginning of the End for Hulu?" Fortune, January 8, 2013.

18. 보다 자세한 연구 방법과 결과는 다음 연구를 참고하면 된다.(Brett Danaher, Michael
    D.Smith, and Rahul Telang, Windows of Opportunity: The Impact of Early Digital
    Movie Releases in the Home Entertainment Window, working paper, Carnegie Mellon
    University, 2015.)

19. 이와 관련한 초기 연구로는 다음 연구가 있다.(William D. Wells and Leonard A. Lo Sciuto,
    "Direct Observation of Purchasing Behavior," Journal of Marketing Research 3, no. 3
    (1966): 227~233.) 연구자들은 식료품 가게를 찾은 고객들을 직접 따라다니며 데이터를 수
    집했고 1,500건의 사례를 수집하는 데 600시간이 들었다.

20. Peter E. Rossi, Robert E. McCulloch, and Greg M. Allenby, "The Value of Purchase
    History Data in Target Marketing," Marketing Science 15, no. 4(1996): 321-340.

21. Food Marketing Institute, Variety of Duplication: A Process to Know Where You
    Stand. Prepared by Willard Bishop Consulting and Information Resources, Inc. in
    cooperation with Frito-Lay, 1993.

22. Robert D. Austin and Warren McFarlan, H. E. Butt Grocery Company: A Leader
    in ECR Implementation (B) (Abridged), case 9-198-016, Harvard Business School,
    1997, p. 2.

플랫폼이 콘텐츠다
:음악, 영화, 출판 등 콘텐츠 산업의 미래

1판 1쇄	2018년 7월 6일
1판 2쇄	2019년 7월 1일

지은이	마이클 스미스, 라훌 텔랑
옮긴이	김형진, 임재완
감수	조대곤

펴낸이	김승욱
편집	김승욱 조연주
디자인	최정윤
마케팅	최향모 이지민
홍보	김희숙 김상만 이천희 이가을
제작	강신은 김동욱 임현식

펴낸곳	이콘출판(주)
출판등록	2003년 3월 12일 제406-2003-059호
주소	10881 경기도 파주시 회동길 455-3
전자우편	book@econbook.com
전화	031-8071-8677
팩스	031-8071-8672
ISBN	979-11-89318-00-0 03320

- 이 도서의 국립중앙도서관 출판시도서목록(CIP)은 e-CIP 홈페이지(http://www.nl.go.kr/ecip)와
  국가자료공동목록시스템(http://www.nl.go.kr/kolisnet)에서 이용하실 수 있습니다.
  (CIP제어번호: CIP2018019192)